Stephan Lamprecht

Professionelle Recherche im Internet

3., überarbeitete und erweiterte Auflage

Stephan Lamprecht

Professionelle Recherche im Internet

3., überarbeitete und erweiterte Auflage

HANSER

Der Autor:

Stephan Lamprecht, Ahrensburg

Internet: http://www.hanser.de

Die Deutsche Bibliothek – CIP-Einheitsaufnahme

Ein Titeldatensatz für diese Publikation
ist bei Der Deutschen Bibliothek erhältlich.

Gesamtlektorat: Franz Domaschke
Copy-editing: Dominik Geml, München
Herstellung: Monika Kraus
Umschlaggestaltung: Zentralbüro für Gestaltung, Augsburg
Datenbelichtung, Druck und Bindung: Kösel, Kempten
Printed in Germany

ISBN 3-446-21544-1

Vorwort zur dritten aktualisierten Auflage

Offensichtlich hat dieses kleine Büchlein den Geschmack seiner Leser getroffen. Nach der kleinen (Internet-)Ewigkeit von zwei Jahren, darf ich nun erneut das Wort an Sie richten.

"Professionelle Recherche im Internet" wurde mit dieser Auflage erneut überarbeitet und ergänzt. So wurden aktuelle Suchmaschinen und Recherchequellen aufgenommen und der Blick auf weitere Schwerpunktthemen gerichtet, die meiner Erfahrung nach den Internetnutzer gerade heute interessieren. Der gesamte Text wurde durchgesehen und überarbeitet, und erstmals erscheint dieses Buch gemäß der neuen Deutschen Rechtschreibung.

Das Online-Center zu diesem Buch wurde ebenfalls komplett überarbeitet. Sämtliche Verweise in diesem Buch finden Sie hier in einer Übersicht. Änderungen und Ergänzungen sind ebenfalls online verfügbar.

An dieser Stelle möchte ich mich einmal ausdrücklich bei der Vielzahl aufmerksamer Leser bedanken, die sich bei mir per Mail, zum Teil aber auch brieflich gemeldet haben, um mich auf interessante neue Internetangebote aufmerksam zu machen!

Weiterhin viel Erfolg bei Ihrer Arbeit mit dem Internet!

Ahrensburg, im Oktober 2000

Stephan Lamprecht

Vorwort zur zweiten aktualisierten Auflage

Es ist für jeden Autor eine Ehre, wenn sein Werk eine so große Verbreitung gefunden hat, daß eine zweite Auflage nötig wird. Und so freue auch ich mich, an dieser Stelle erneut das Wort an meine Leser zu richten. Seit der ursprünglichen Abfassung des Manuskripts ist mehr als ein Jahr vergangen. In der rasanten Entwicklung des Internets kommt dieser Zeitraum schon fast einer Ewigkeit nahe. Viele Änderungen und Ergänzungen sind allein aus dieser Dynamik heraus notwendig geworden. So wurden alle Verweise der ersten Ausgabe überprüft, gegebenenfalls angepasst, bzw. Angebote, die nicht mehr bestehen, durch ähnliche Seiten ersetzt.

Weiterhin wurden einige Teile des Buches komplett neu geschrieben und neue Kapitel hinzugefügt. So wird jetzt auch u.a. das Augenmerk auf die Arbeitssuche im Netz gelegt.

Zu diesem Buch gibt es auf meiner Web-Site ein Onlinecenter. Dort finden Sie alle Links zum Nachsurfen, übersichtlich nach Kapiteln geordnet. Schauen Sie doch einfach mal unter www.lamprecht.net vorbei.

Ich wünsche Ihnen viel Spaß beim Lesen und vor allem viel Erfolg bei Ihren Recherchen im Internet!

Ahrensburg, im Januar 1998

Stephan Lamprecht

Vorwort

Das Internet – von Experten zuweilen als „Datenkosmos“ oder das „Netz der Netze“ bezeichnet, ist mit seinen Millionen von Seiten im World Wide Web, ungezählten täglich verschickten elektronischen Briefen bis hin zu einigen Terrabyte Software in öffentlichen Archiven ein Informationspool von unschätzbarem Wert.

Möglicherweise ist das Internet die Bibliothek von Alexandria des 20. Jahrhunderts: Ein Ort, an dem das gesamte zeitgenössische Wissen abrufbar ist, ein Fundus an Nachrichten, Quellentexten und zeitgenössischen Dokumenten. Diese Informationsquelle steht wirklich jedem offen, vorausgesetzt, er verfügt über einen Zugang zum Internet. Allerdings bedarf es einiger Kenntnisse, um diesen Informationspool gewinnbringend zu nutzen.

Genau an diesem Punkt setzt dieses Buch an. Es will Ihnen zeigen, wie Sie im Internet nicht ziellos „surfen“, sondern gezielt und effizient nach Informationen fahnden. Dabei wird nicht nur der bekannteste Dienst des Internets, das World Wide Web, in den Mittelpunkt gestellt, sondern Sie werden auch Recherchestrategien für Mailing-Listen und das Usenet kennen lernen.

Auf eine weitere Einführung in die Grundlagen des Internets wurde bewußt verzichtet, nur wo es notwendig erschien, werden zum besseren Verständnis ein paar Worte zur Technik gesagt.

Das Buch bemüht sich, Ihnen die wichtigsten Einstiegspunkte für die Beschaffung von Informationen im Internet nahe zu bringen. Dazu werden die derzeit bedeutendsten Suchdienste ausführlich mit ihren Abfrageoptionen vorgestellt. Einen weiteren Schwerpunkt bilden Quellen für spezielle Recherchen, die seit Jahren zuverlässig zur Verfügung stehen.

Was Sie von diesem Buch nicht erwarten dürfen, ist eine Schritt für Schritt Anleitung zum Thema Recherche. Die Herangehensweise ist für jede spezielle Fragestellung einfach zu individuell, als daß ein Buch Sie auf alle Eventualitäten vorbereiten oder gar Checklisten anbieten könnte. Aus diesem Grunde werden bewußt nur einige allgemeine Recherchestrategien vorgestellt.

Einen Anspruch auf Vollständigkeit kann und will dieses Buch nicht erheben, denn dazu wächst das Internet viel zu schnell. Dennoch hofft der Verfasser, daß es gelungen ist, die wichtigsten Anlaufstellen für spezielle Fragestellungen zusammen zu tragen, auch wenn diese Zusammenstellung rein subjektiv bleiben muß.

Die Sammlung von Referenzen in diesem Buch setzt sich der Gefahr aus, schnell zu veralten, da Angebote im Netz ebenso schnell wieder schließen können, wie sie eröffnet wurden. Um Ihnen möglichst lange ein effektives Arbeiten mit diesem Buch zu ermöglichen, werde ich unter meinem Namen im Netz eine Homepage bereitstellen, wo Sie alle hier angesprochenen Links mit ihren neuesten Adressen finden werden, sofern sich etwas daran ändern sollte.

Wie fast in jedem Vorwort üblich, auch an dieser Stelle ein paar Worte in eigener Sache. Besonderen Dank gebührt Frau Simone Viethen vom Carl Hanser Verlag für die gute Zusammenarbeit und ihre Geduld mit mir. Auch meiner Familie bin ich zu großem Dank verpflichtet, da sie ein weiteres Mal wegen eines Buchprojektes ein wenig zu kurz kam. Und schließlich möchte ich Ihnen, meinen Lesern, dafür danken, daß Sie sich aus der Flut der Publikationen zum Thema Internet gerade für dieses Buch entschieden haben!

Ihren Anregungen oder Ihrer Kritik, ob positiv oder negativ, sehe ich gespannt entgegen. Sie erreichen mich im Netz unter:

Stephan@lamprecht.net

Ahrensburg bei Hamburg im September 1997

Stephan Lamprecht

Inhaltsverzeichnis

1 Allgemeine Hinweise zur Suche im Internet

In diesem ersten Kapitel möchte ich Ihnen einige allgemeine Hinweise zur Suche im Internet geben. Wie gehen Sie am besten an die Suche heran, wie lässt sich eine Recherche gut vorbereiten, was kann das Internet leisten und was nicht? Um diese Fragestellungen geht es in dieser Einleitung.

1.1 Welche Informationen lassen sich im Netz finden?

Als die erste Auflage dieses Buches 1997 erschien, war das Internet, insbesondere das World Wide Web, gerade erst dabei seinen Siegeszug anzutreten. Inzwischen sind drei Jahre einer rasanten Evolution vergangen und mit Fug und Recht kann behauptet werden, dass es mit Sicherheit kaum eine Information gibt, die nicht auch im Netz zu finden ist. Heute stellt sich damit nicht mehr die Frage, ob eine Information überhaupt im Internet gefunden werden kann, sondern ob sie nicht schneller auf anderem Wege zugänglich ist. Die Informationen im Netz stammen aus einer Reihe sehr unterschiedlicher Quellen mit zum Teil unterschiedlicher Qualität:

- Privatleute sind mit Ihren Homepages im Netz vertreten oder tauschen sich in Diskussionsbereichen über alle erdenklichen Themen aus. Wie viele Diskussionsforen und so genannte Communities es wirklich gibt, lässt sich kaum abschätzen. Solche Foren erweisen sich häufig aber zu einer wahren Fundgrube an Wissen.
- Universitäten, die Forschungsergebnisse, Vorlesungsverzeichnisse und andere Informationen bereitstellen.
- Bibliotheken, die meist mit ihren Katalogen vertreten sind.
- Aus der Medienbranche: Vom Fernsehsender über Buchverlage bis hin zu Zeitungen und Zeitschriften sind alle wichtigen Institutionen und Marken im Netz vertreten.
- Verbände und Institutionen. Dabei kann es sich um Ortsverbände von Gewerkschaften handeln, aber auch um Bundesministerien oder Parteien.
- Unternehmen, die sich selbst und ihre Leistungen im Netz präsentieren wollen.

Eine Vielzahl der Internetnutzer bedient sich der faszinierenden Möglichkeiten des elektronischen Publizierens und stellt ihr Wissen auf den unterschiedlichsten Gebieten anderen Nutzern zur Verfügung. Dabei kann es sich um Tipps zur Pflanzenzucht handeln, Reiseberichte, alternative Heilbehandlungsmethoden oder Strategien zur Lösung von Computerspielen. Die Homepages von Privatleuten stellen einen bunten Informationspool dar, in dem sich überaus Nützliches mit Skurrilem paart.

Zu Beginn wurde das Internet hauptsächlich von Universitäten und Forschungseinrichtungen genutzt. Diese sind noch immer sehr stark im Netz vertreten. Gerade Wissenschaftler sind auf einen schnellen Austausch von Informationen und deren leichte Beschaffung angewiesen. Aus diesem Grunde werden im Netz viele aktuelle Forschungsergebnisse präsentiert. Dabei handelt es sich schon längst nicht mehr nur um Arbeiten aus dem Bereich der Naturwissenschaften, sondern auch geisteswissenschaftliche Quellen werden zunehmend im Internet veröffentlicht. Die interessierte Öffentlichkeit kann so Einblick in aktuelle Satellitenbilder und Wetterdaten nehmen, aber auch in Berichte aus dem Bereich der Psychologie oder in historische Texte. Eine Reihe wissenschaftlicher Bibliotheken stellt im Internet ihre Kataloge für Recherchezwecke zur Verfügung. Dies ist zum Beispiel eine vorzügliche Möglichkeit, um sich über die zu einem Thema verfügbare Literatur zu informieren.

Verleger von Zeitungen und Zeitschriften erkannten schnell, dass ihnen in Form des Internets ein durchaus ernst zu nehmender Konkurrent erwachsen kann. Kein Verlag kann es sich heute noch leisten am Internet vorbei zu gehen. Folglich zeigen einige Hundert Publikationen Flagge und präsentieren sich mit mehr oder weniger umfangreichen Online-Ausgaben, die oftmals nicht nur einfach die gedruckte Ausgabe wiedergeben, sondern extra für das Online-Medium recherchierten Inhalt bereitstellen. Ob „Bild“, „Tageszeitung“ oder Fachblätter wie der „Kress Report“: Allen gemeinsam ist, dass sie über aktuelle Geschehnisse kostenlos informieren. Häufig lassen sich täglich erscheinende News sogar abonnieren. Diese landen dann ganz bequem in der eigenen Mailbox. Die Recherche in den Online-Angeboten von Verlagen ist oft lohnenswert, da sich damit häufig ein Gang in die nächste Bibliothek ersparen lässt, weil viele archivierte Artikel auch online abgefragt werden können.

Werden Informationen aus dem Bereich Politik gesucht, Adressen von Behörden oder die Sprechzeiten eines bestimmten Amtes, sind die Online-Angebote von Verbänden, Kommunen und Parteien ein hervorragender Anlaufpunkt. Offizielle Presseerklärungen werden inzwischen am Tag des Erscheinens auch gleich im Internet präsentiert. Auf Seiten der Politik setzt sich in zunehmenden Maße die Erkenntnis durch, dass politische Willensbildungsprozesse transparent gemacht werden sollten. So versorgen Parteien und Verbände interessierte Nutzer mit allerhand Informationen auf ihren Internet-Seiten.

Unternehmen der unterschiedlichsten Bereiche nutzen heute das Internet als Kommunikations- und Werbeplattform. Und da reine Werbung eigentlich uninteressant ist, lassen sich die Marketingstrategen in den Firmen schon einiges einfallen, um Besucher auf ihre Seiten zu locken. Da gibt es kostenlose Demoversionen neuer Software, Produktdatenbanken oder Gewinnspiele. Inmitten all dieser bunten Vielfalt lassen sich aber in der Regel auch ganz handfeste Informationen herauslesen: Kurzbiographien des Managements, Geschäftsberichte, Presseinformationen, aber auch E-Mail-Verzeichnisse der Mitarbeiter.

Schon aus dieser kleinen Aufzählung sollte deutlich geworden sein, dass eine wohl überlegte Recherchestrategie angesichts der Vielfalt der Informationen im Netz geboten ist. Doch leider hindert nicht nur diese Vielfalt den Informationssuchenden daran, an sein Ziel zu gelangen, sondern auch eine Reihe von möglichen Schwierigkeiten, die im nächsten Abschnitt vorgestellt werden sollen.

Abbildung 1-1: Online-Ausgaben von Printmedien, wie hier der Kress Report, haben sich zu einer wichtigen Informationsquelle entwickelt.

1.2 Schwierigkeiten bei der Recherche im Internet

Eines der größten Hindernisse auf dem Weg zur gesuchten Information ist das Netz selbst. Es ist ein sehr dynamisches Gebilde, dem es an einer zentralen Instanz fehlt, die darüber entscheidet, an welcher Stelle jemand etwas veröffentlichen darf. Jeder, der einen Internet-Zugang besitzt, kann Informationen präsentieren, diese aber auch wieder löschen, wann immer er es will. Die Informationen im Netz unterliegen somit einer gewissen Beliebigkeit. Ein anderes großes Problem bei der Informationssuche im Netz ist seine fehlende Struktur. Haben Sie einen interessanten Verweis gefunden, können Sie leider nicht auf den ersten Blick erkennen, ob es sich dabei um eine kurze Notiz, eine längere Abhandlung oder gar um einen Videoclip handelt. Die Inhalte im Netz unterliegen, anders als Sie es von einer Bibliothek gewöhnt sind, keinem Klassifizierungsschema und präsentieren sich ungeordnet. Sie sind also gezwungen, ihre Suche möglichst einzuschränken, um nicht zuviel Zeit bei der Sichtung von Fundstellen zu vergeuden.

Während bei einem Bibliothekskatalog oder einer Datenbank die Verantwortlichen dafür sorgen, dass veraltete Informationen gar nicht mehr zugänglich sind, existiert im Netz keine solche Instanz, die bemüht ist, die Informationen immer auf dem aktuellen Stand zu halten. Informationen oder Anbieterseiten, auf die Sie gestern noch zugegriffen haben, können heute verschwunden sein. Wird ein Dokument vom Betreiber eines Servers in ein anderes Verzeichnis verschoben, greift die bisherige URL, seine Adresse im Netz, ins Leere. Haben Sie bereits länger mit dem Internet gearbeitet, dürfte Ihnen die Fehlermeldung Ihres Browsers

„404-Not Found“ bestens bekannt sein. Manchmal haben Webmaster Vorsorge getroffen und eine Umleitung eingebaut, die dafür sorgt, dass Internetnutzer nach Eingabe der alten Adresse einen anwählbaren Hinweis auf die neue Adresse erhalten. Wurde allerdings nur ein Dokument in ein anderes Verzeichnis verschoben, macht sich kaum ein Webmaster diese Mühe.

In der nachfolgenden Tabelle finden Sie die häufigsten Fehlercodes, die Ihnen Ihr Browser bei der Suche im World Wide Web ausgeben kann.

Fehlermeldung	**Bedeutung**
Host not found	Der von Ihnen angewählte Rechner existiert nicht mehr. Allerdings kann es sich hier auch um ein zeitweiliges Problem handeln, das in enger Verbindung mit der nachfolgenden Fehlermeldung steht.
DNS Lookup Failure	Jeder Rechner, der im Internet angewählt werden kann, wird über seine so genannte IP-Adresse (eine Zahlenkombination) angesprochen. Geben Sie eine Adresse im Klartext ein, etwa www.lamprecht.net sorgt ein DNS-Server (Domain Name Server) dafür, dass aus der Eingabe die IP-Adresse wird. Ist einer der DNS-Server ausgefallen, kommt es zu dieser Fehlermeldung.
Connection timed out	Der Server, den Sie angewählt haben, ist gerade schlecht zu erreichen. Ihr Browser versucht öfter eine Verbindung mit dem System aufzubauen, erhält aber keine Antwort. Meist löst sich das Problem, indem Sie die Adresse später erneut aufrufen.
No such file or directory. 404 Objekt nicht gefunden oder ähnliches	Die Verbindung mit dem Zielsystem konnte hergestellt werden, das Dokument oder die Datei, die Sie abrufen wollten, konnte aber nicht gefunden werden. Möglicher Grund: Die Datei wurde gelöscht oder verschoben. Hier bringt Sie vielleicht der nachfolgende Tipp ans Ziel.
Access denied oder Zugriff verweigert	Die Seite, die Sie aufrufen möchten, ist durch ein Passwort geschützt. Sie brauchen also die Erlaubnis des Anbieters, das Dokument auch betrachten zu können. Meist handelt es sich hierbei um eine kostenlose Registrierung. Versuchen Sie mit Hilfe des nachfolgenden Tipps die Hauptseite zu erreichen. Dort finden Sie wahrscheinlich

Fehlermeldung	Bedeutung
	die entsprechende Eingabemaske für die Registrierung.

Tipp: **Kreatives Raten bringt Sie weiter!** Sind Sie sich zumindest sicher, dass sich das gesuchte Dokument noch auf dem angewählten Server befindet, bietet es sich an, durch das Weglassen von Adressbestandteilen im Verzeichnisbaum des Servers schrittweise in die höheren Ebenen zu gelangen. Vielleicht findet sich auf diese Weise die gesuchte Information ja doch noch? Falls Sie das gewünschte Dokument nicht unter „http://www.firma.com/Umsatz/1995/" finden, versuchen Sie doch einfach einmal „http://www.firma.com/Umsatz/". Hat auch das nicht geholfen, so rufen Sie einmal "http://www.firma.com" auf. Dieses "gezielte Raten" führt häufiger zum Ziel als vielleicht gedacht.

Obwohl weltweit inzwischen so viele Menschen auf das Internet zugreifen, dass heute keine reguläre Rushhour mehr bestimmt werden kann, wird es gerade bei populären Angeboten immer mal wieder vorkommen, dass Sie einen „Connection Time Out" erhalten. Insbesondere in den frühen Abendstunden in Deutschland, in denen dann auch in den USA viele Menschen auf das Netzwerk zugreifen, gehen die Server gerne einmal in die Knie und kommen nicht mehr dazu, sämtliche Anfragen zu bearbeiten. Für längere Online-Recherchen sind in Deutschland immer noch die frühen Morgen- bzw. die späten Abendstunden vorteilhaft. Bei der Arbeit können auch die so genannten Offline-Reader helfen, die mit Hilfe eines Timers automatisch eine Verbindung herstellen und festgelegte Aktionen unbeobachtet durchführen. Solche Programme werden Sie im Verlauf dieses Buches noch kennen lernen.

1.3 Eine Suchstrategie festlegen

Bevor Sie mit Ihrem Modem online gehen, sollten Sie sich einmal fragen, ob es nicht auch noch andere Quellen für die gewünschte Information als das Internet gibt. Wollen Sie zum Beispiel wissen, wie der aktuelle Wechselkurs des japanischen Yen ist, können Sie sich natürlich erst mit Ihrem Computer in das Internet einloggen; viel schneller und billiger kommen Sie aber ans Ziel, wenn Sie einfach Ihren Fernseher einschalten und die entsprechenden Videotextseiten einsehen. Umgekehrt macht es durchaus Sinn, Fahrplanauskünfte aus dem Netz zu holen, da Sie sich nicht mit überlasteten Infotelefonnummern herumschlagen müssen. Sind Sie auf der Suche nach einem bestimmten Buchtitel, kann ein Anruf bei einer Bibliothek Aufklärung geben. Viele Bibliotheken unterhalten eine telefonische Auskunft, bei der sich eine eingeschränkte Anzahl von Titeln schnell recherchieren lässt. Das Internet ist eine Quelle voller Informationen, doch noch ist es nicht unsere einzige und häufig lassen sich die gesuchten Daten schneller auf anderem Wege besorgen.

1.3.1 Tragen Sie alle Fakten zusammen!

Haben Sie sich dafür entschieden, im Netz zu recherchieren, ist es ratsam vor dem Einloggen alle Fakten zusammenzutragen, die Sie schon besitzen.

- Sammeln Sie stichwortartig alles, was Sie über den gesuchten Begriff oder Zusammenhang bereits wissen. Aus welchem Themenbereich stammt die gesuchte Information?
- Assoziieren Sie ruhig eine Zeit lang ganz frei: Sie werden überrascht sein, was Sie schon alles wissen.
- Prüfen Sie, ob die gesuchte Information vielleicht bereits einmal im Zusammenhang mit einer anderen Recherche eine Rolle gespielt hat.
- Falls Sie auf der Suche nach einer vertiefenden Information zu einem Fachbegriff sein sollten, kann auch ein Blick in ein Konversationslexikon nicht schaden. Hier sind immer eine Reihe von Verweisen aufgenommen, die Sie ebenfalls Ihrer Stichwortliste hinzufügen können.

1.3.2 Welche Quelle kommt in Betracht?

Hier hilft Ihnen leider nur etwas Erfahrung weiter. Sie werden mit der Zeit lernen, welche Recherchequelle die erfolgversprechendste ist, was natürlich nicht heißt, dass Sie immer fündig werden.

Angenommen, Sie sind auf der Suche nach vertiefenden Informationen zum Thema HTML. Es ist sicherlich eine gute Idee, zunächst bei einer Quelle anzusetzen, die unmittelbar mit dem Thema zu tun hat. In diesem Falle handelt es sich um das W3-Konsortium, das für die Verabschiedung neuer HTML-Standards zuständig ist.

Die Suche nach dem Wortlaut einer bestimmten DIN-Norm könnte dagegen beim Deutschen Normenausschuss oder beim Verband Deutscher Ingenieure beginnen.

Über neue Regelungen beim Kindergeld oder der Verkehrssicherheit finden Sie mit Sicherheit bei den zuständigen Ministerien ausführliche Informationen.

Fällt Ihnen keine geeignete direkte Quelle ein, gibt es vielleicht ein Medium, das über die entsprechenden Themen berichtet. Ist der Hersteller eines neuen Pflanzenschutzmittels selbst nicht im Netz vertreten, lohnt sich vielleicht ein Besuch bei der Online-Ausgabe einer Zeitschrift für Gartenbau? Wie bereits erwähnt, archivieren eine Reihe von Online-Zeitschriften ihre zurückliegenden Meldungen, die dann über eine Datenbank recherchierbar bleiben.

Tipp: **Immer eine zweite Quelle suchen!** Im weiteren Verlauf des Buches werden Sie eine Reihe von Suchdiensten kennen lernen: Bei einer umfassenden Recherche ist es ratsam, mehrere Suchdienste zu konsultieren. Zwar lassen sich dabei einige Redundanzen nicht vermeiden, verlassen Sie sich aber nur auf eine Quelle, werden möglicherweise nicht alle relevanten Aspekte eines Themas berücksichtigt.

Bestimmte Recherchen machen den Besuch von Spezialsuchdiensten nötig. Sind Sie auf der Suche nach der Online-Ausgabe einer Zeitschrift, werden Sie vielleicht mit Hilfe eines der allgemeinen Suchdienste fündig. Die Wahrscheinlichkeit dafür, einen Treffer zu landen, ist aber bei einem speziellen Dienst, der nur die Adressen von Online-Publikationen sammelt, höher.

1.3.3 Gehen Sie kreativ mit Suchbegriffen um

- Einer der wichtigsten Ratschläge für die Suche im Internet ist, mit dem Suchbegriff kreativ umzugehen. Die publizierten Dokumente stammen aus den unterschiedlichsten Quellen, und nicht jeder Netzautor hat beim Abfassen seiner Artikel auch gleich die aktuellste Version des Duden zur Hand. Versuchen Sie bei einer Recherche, verschiedene Schreibweisen eines Begriffs zu berücksichtigen. Eine Suche nach „Soundkarte“ und „Sound-Karte“ führt Sie vielleicht zu den gesuchten technischen Informationen.
- Hilfreich ist in einem solchen Fall auch, bei der Recherche sowohl die Einzahl als auch die Mehrzahl der Begriffe zu verwenden. Die Suchdienste bieten hier zum größten Teil die nützliche Möglichkeit, mit so genannten Wildcards, also Platzhaltern zu arbeiten, die die Suche nach Ein- und Mehrzahl mit nur einem Suchbegriff ermöglichen.
- Vielleicht existiert zum gesuchten Begriff auch eine Synonym? Die Worte „Glühlampe“ und „Glühbirne“ werden oft synonym gebraucht. Legen Sie sich bei einer Suche auf nur einen der Begriffe fest, entgehen Ihnen wiederum alle Dokumente, in denen das zweite Wort gebraucht wird.
- Seien Sie bei Ihrer Suche nicht zu allgemein. Wenn Sie nach Informationen zur „Harald Schmidt Show“ suchen, reicht eine Suche nach „Harald Schmidt“ allein kaum aus. Es ist stark anzunehmen, dass es reichlich Vertreter dieses Namens gibt, zu denen es reichlich Informationen im Netz gibt. Verfeinern Sie also ruhig Ihre Suche, indem Sie etwa nach „Schmidt Harald Show Fernsehen TV“ recherchieren. Zu stark sollte die Suche aber auch nicht eingeschränkt werden, da Ihnen dann Beiträge, die den gesuchten Begriff unter einem anderen Aspekt behandeln, fehlen.

Tipp: **Konzentrieren Sie sich auf die Suche!** Das World Wide Web verlockt dazu, den angebotenen Verweisen zu folgen. Hat die eigene Neugier gesiegt, ist schnell eine halbe Stunde oder noch mehr vergangen, ohne dass man dem eigenen Ziel auch nur einen Schritt näher gekommen ist. Wer sich leicht ablenken lässt, notiert am besten seine Fragestellung auf einen kleinen Zettel, der neben dem Monitor liegt. Bei jedem möglichen Treffer heißt es dann zu überprüfen, ob die gefundenen Informationen im Zusammenhang mit der eigenen Fragestellung stehen oder nicht.

1.4 Die Grenzen der Recherche – welche Informationen Sie nicht finden werden

Die unzähligen Dokumente im Internet werden durch Suchdienste erst zugänglich und deren technische Perfektion gaukelt dem Anwender vor, es gäbe nichts, was er nicht finden könnte. Doch leider ist dies ein Trugschluss. In diesem Abschnitt möchte ich Ihnen Problemkreise und ihre Auswirkungen auf die Recherche zeigen.

- Dynamisch generierte Seiten: Auf vielen Servern werden die dargestellten Dokumente erst dynamisch erzeugt, wenn der Besucher sie abfordert. Dies ist unter anderem bei Nachrichtendiensten der Fall. Sie erkennen selbst solche Dokumente, wenn Sie in der Adresszeile Ihres Browsers beispielsweise am Ende der Adresse die Endung *asp erkennen. Es handelt sich dann um Seiten, die mit Hilfe der Active Server Pages von Microsoft erzeugt worden sind. Ähnliche Technologien gibt es auch für andere Plattformen.
- Das Datum der Aktualisierung: Die Tatsache klingt trivial, ist es aber nicht. Der Internetnutzer ist froh, ständig aktualisierte Seiten bei einem Anbieter vorzufinden. Doch genau hier liegt das Problem der Verzeichnisdienste und Suchmaschinen. Diese besuchen zwar in regelmäßigen Abständen erneut ein bereits erfasstes Angebot, doch können in den Zeiträumen zwischen diesen Besuchen einige neue Dokumente hinzugekommen sein, die dann noch nicht in das Verzeichnis aufgenommen worden sind und damit auch nicht gefunden werden können.
- Seiten, die nicht verlinkt sind: Die Verzeichnisdienste und Suchmaschinen hangeln sich über die Querverweise durch das Angebot, in dem sie den so genannten Links folgen. Führen keine Links zu einem oder mehreren Dokumente, so bilden diese eine „Insel“, die nicht gefunden werden kann.
- Seiten, die vom Anbieter ausgeschlossen worden sind: Jeder Betreiber eines Web-Servers kann im Stammverzeichnis seines Angebots eine Datei hinterlegen, die Suchmaschinen anweist, welche Verzeichnisse durchsucht und indexiert werden dürfen. Innerhalb dieser robot.txt-Datei kann der Anbieter genau festlegen, welche Bereich von Suchdiensten besucht werden dürfen. Verbotene Bereiche müssen dabei nicht zwangsläufig passwortgeschützt sein, sondern es kann sich dabei durchaus um öffentlich zugängliche Informationen handeln, von denen der Anbieter dennoch nicht wollte, dass sie von Suchmaschinen erfasst werden.
- Suchtiefe der Verzeichnisdienste: Der Traum, dass einmal das gesamte Internet für Recherchen in Suchdiensten erfasst und abgespeichert worden ist, dürfte wohl für immer ein Traum bleiben. Der Grund dafür liegt in der mangelnden Speicherkapazität der Suchinstrumente und im Zeitmangel begründet. Selbst wenn ein Anbieter sich zum Ziel setzen würde, sämtliche Seiten zu erfassen, dürfte eine Lebenspanne nicht für dieses Vorhaben ausreichen, abgesehen von der Tatsache, dass in dieser Zeit unzählige neue Dokumente hinzugekommen wären.

2 Mailing-Listen als Informationsquelle

Ein Informationsmittel des Internet, das häufig zu sehr im Schatten des World Wide Web steht, soll in diesem Kapitel einmal näher vorgestellt werden: Die Rede ist von den Mailing-Listen. Sie werden sehen, um was es sich dabei handelt und wie sich Informationen daraus gewinnen lassen.

2.1 Was ist eine Mailing-Liste?

Wird das Wort Mailing-Liste in seine Bestandteile zerlegt, lässt sich unschwer erkennen, dass es sich von E-Mail und Listen ableitet. Kurzgefasst sind Mailing-Listen elektronische Briefe, die an eine Liste von Empfängern geschickt werden und dabei für alle eingetragenen Empfänger lesbar sind. Im Gegensatz zu anderen Diensten des Netzes müssen Sie sich bei Mailing-Listen nicht aktiv um den Inhalt bemühen, sondern erhalten Informationen rund um die Uhr quasi ins Haus geliefert. Sie brauchen nur in Ihrem elektronischen Postfach nachzusehen.

Es gibt zahlreiche Einsatzgebiete von Mailing-Listen: Unternehmen versenden regelmäßig Newsletter, um interessierte Nutzer über aktuelle Produkte und Entwicklungen zu informieren. Auch Zeitungen und Verlagshäuser bedienen sich dieses Informationsmittels und versorgen ihre Kunden mit aktuellen Nachrichten. Neben dem Einsatz im kommerziellen Umfeld bedienen sich auch viele Privatleute der Mailing-Listen, um in ihnen über die unterschiedlichsten Themen zu diskutieren.

Bei Mailing-Listen lassen sich zwei Typen unterscheiden: es gibt „moderierte" und „unmoderierte" Mailing-Listen. Bei der moderierten Liste entscheidet ein Verantwortlicher, der Moderator, ob eine E-Mail überhaupt an alle anderen Teilnehmer geschickt wird. Gerade Neueinsteiger stellen oftmals Fragen, die von anderen Teilnehmern als überflüssig und damit als lästig empfunden werden. Dabei muss man sich vor Augen halten, dass ja jeder Teilnehmer erst seine E-Mail abrufen muss (auf seine Kosten), um anschließend festzustellen, dass die Nachricht ihn gar nicht interessiert. Da nur die wenigsten Teilnehmer einer solchen Liste über eine Standleitung mit dem Internet verbunden sind, sondern sich über Modem- bzw. ISDN-Verbindung bei einem Provider einwählen, ist jede Minute, die unnötig online verbracht wurde ärgerlich. Ein Moderator sorgt außerdem dafür, dass Mails, die nicht zum Thema der Liste passen, gar nicht erst zu den anderen Teilnehmern gelangen, etwa weil die Inhalte mehr privater Natur sind oder ein Teilnehmer sich nicht zurückhalten konnte, Werbung zu machen.

Bei unmoderierten Listen gelangen sämtliche Mails, die an die Liste gerichtet sind, auch in die Postfächer der Teilnehmer. Bei dieser ungefilterten Verteilung lässt sich dann häufig ein Phänomen beobachten, das Thread-Drift genannt wird. Die Teilnehmer unterhalten sich über gänzlich andere Dinge, als die in der Überschrift der Mail genannten. In aller Regel weisen unmoderierte Listen ein weitaus größeres "Rauschen" auf als dies bei moderierten Listen der Fall ist. Mit "Rauschen" ist gemeint, dass ein nicht unwesentlicher Anteil der Mails im Grunde nichts mit dem eigentlichen Thema der Liste zu tun hat und folglich überflüssig ist.

Neben der Thread-Drift haben Mailing-Listen zum Teil noch ein anderes Problem. Besonders aktive Listen produzieren an einem Tag schnell an die Hundert Mails. Da fällt es schwer, alle Beiträge überhaupt zu lesen bzw. den Überblick in den Diskussionen zu behalten.

2.2 An Mailing-Listen teilnehmen

Um an einer Mailing-Liste teilzunehmen, benötigen Sie nur ein einziges Programm, das Sie wahrscheinlich sowieso schon besitzen: Einen E-Mail Client, der auch Mailer (zum Beispiel Outlook oder Outlook Express) genannt wird.

2.2.1 Funktionsweise einer Mailing-Liste

Um mit einer Mailing-Liste effizient zu arbeiten, sollten Sie zumindest eine Vorstellung davon haben, wie eine solche Liste funktioniert. Egal, ob es sich um eine moderierte oder unmoderierte Liste handelt, die eigentliche Verwaltung der Liste besorgt eine spezielle Software. Die bekanntesten Vertreter dieser Art sind *Listserv*, *Majordomo* und *Listprocc*. Diese Programme nehmen dem Verwalter der Liste eine Menge Arbeit ab, denn sie kümmern sich automatisch um die Verteilung der Mails und nehmen Neubestellungen und Kündigungen entgegen. Wollen Sie eine Liste regelmäßig beziehen, geben Sie diese Bestellung bei einer „Maschine“ auf, die ja bekanntlich sehr stur sein können. Aus diesem Grunde müssen einige starre Regeln eingehalten werden, damit das Verwaltungsprogramm auch Ihre Wünsche versteht.

Die Besonderheiten einer Mailing-Liste beginnen schon damit, dass sie zwei E-Mail-Adressen besitzt. Nehmen wir einmal an, Sie wollen sich an einer Liste beteiligen, die den Namen *Tauchen-L* trägt und auf dem Server wassersport.de zu Hause ist. Wollen Sie diese Liste bestellen, schreiben Sie eine Mail an das Listenprogrammen, zum Beispiel an *listserv@wassersport.de*. Unter dieser Adresse erreichen Sie nur das Verwaltungsprogramm, in diesem Fall die Software Listserv. Wollen Sie hingegen eine Mail an die Liste senden, richten Sie diese an *Tauchen-L@wassersport.de*. Dies ist also die eigentliche postalische Adresse der Listenteilnehmer beim Austausch von Nachrichten über die Liste.

Tipp: Haben Sie sich bei einer Liste erfolgreich angemeldet, bekommen Sie in der Regel eine schriftliche Begrüßungsmail. In dieser wird Ihnen die Bedienung der Liste erklärt und alle notwendigen Adressen mitgeteilt. Bewahren Sie diese Mail gut auf, Sie werden sie sicher noch einmal brauchen.

2.2.2 Eine Liste bestellen

Wie teilen Sie dem Verwaltungsprogramm nun mit, dass Sie am regelmäßigen Bezug der Liste interessiert sind? Handelt es sich bei dem Verwaltungsprogramm um die Software Listserv, dürfte die Adresse meist lauten: *listserv@beispiel-domain*. Schreiben Sie im Nachrichtentext Ihrer Mail dann *subscribe Name_der_Liste Ihr_Vorname Ihr_Nachname*. Um unsere Beispielliste unter dem Namen Fritz Müller zu abonnieren, würde der Nachrichtentext also so aussehen: *subscribe Tauchen-L Fritz Müller*.

Es ist nicht notwendig, in der Betreffzeile einer solchen Mail etwas einzutragen. Die Listserverprogramme ignorieren diese sowieso und lesen nur den eigentlichen Nachrichtentext. Erfordert Ihr Mailer zwingend die Eingabe eines Betreffs, haben Sie die Wahl, irgend etwas einzutragen. Wollen Sie die Liste nicht mehr weiterbeziehen, so genügt eine ähnliche Mail, in der Sie *unsubscribe Name_der_Liste Ihr_Vorname Ihr_Nachname* an das Programm senden.

Die Mailing-Listen bieten den Teilnehmern oft an, eine komprimierte Zusammenstellung der Mails aus der letzten Zeit, den sogenannten *Digest*, zu beziehen. So haben Sie eine kleine Übersicht, welche Themen besprochen worden sind. Um den Digest bei Listserv zu bestellen, schicken Sie eine Mail an Listserv mit dem Nachrichtentext: *subscribe Name der Liste-digest*. Im Beispiel also *subscribe Tauchen-L-digest*.

Das Vorgehen bei einer auf Listproc basierten Liste ist beim Abonnieren und Abbestellen analog. Allerdings unterscheidet sich Listproc bei der Bestellung des Digest. Hier wird *set Listenname mail digest* eingeben.

2.2.3 Beispiel: Eine Mailing-Liste mit Outlook Express abonnieren

Im Folgenden soll eine Mailing-Liste abonniert werden, die sich mit dem Grafikprogramm Freehand beschäftigt.

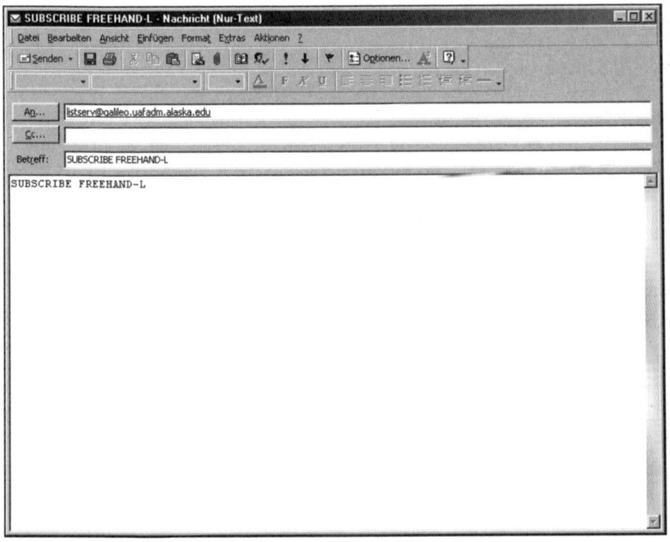

Abbildung 2-1: So muss die Nachricht aussehen, um die Mailing-Liste zu abonnieren.

Zunächst wird eine neue Nachricht mit Outlook Express verfasst. Starten Sie Outlook Express und wählen Sie aus dem Menü `Verfassen` den `Befehl Neue Nachricht`. Als Empfänger ist die Adresse `listserv@galileo.uafadm.alaska.edu` einzutragen. Der Betreff kann in diesem Fall frei bleiben, Sie können hier aber auch den Text der Nachricht wiederholen. Im eigentlichen Textbereich der Nachricht genügt die Zeile: `SUBSCRIBE FREEHAND-L`.

Wenige Minuten später werden Sie die Begrüßungsmail in Ihrer Mailbox vorfinden, die nochmals das Abonnement bestätigt und detailliert die verschiedenen Befehle auflistet, mit dem Sie das Abonnement wieder kündigen können, oder den Bezug kurzfristig unterbrechen, weil Sie etwa eine Urlaubsreise antreten.

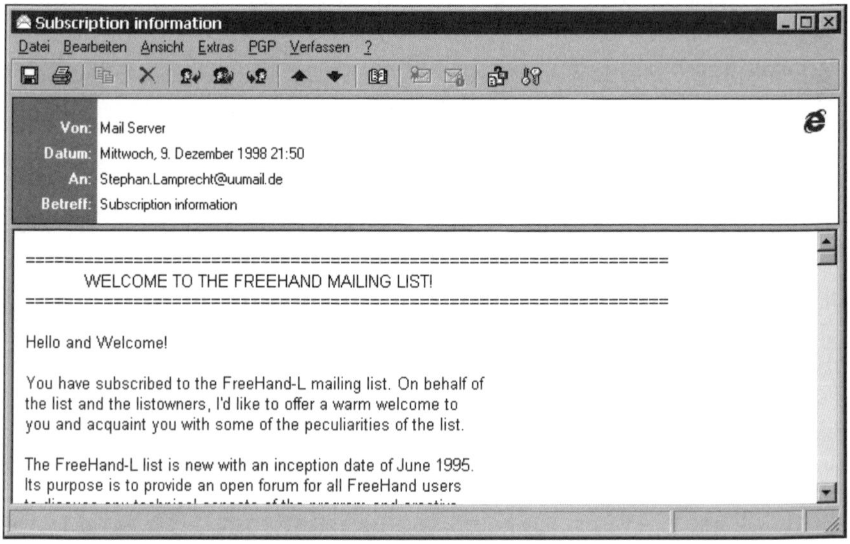

Abbildung 2-2: Sie erhalten wenige Zeit später Ihre Begrüßungsmail, die Sie gut aufheben sollten.

2.3 Mailing-Listen finden

Wie finden Sie nun Mailing-Listen, an denen Sie teilnehmen können? Da die Diskussionen in den Listen in einem privaten Rahmen stattfinden und Sie sich ja zur Teilnahme an der Liste anmelden müssen, sind Mailing-Listen nicht so einfach wie andere Diskussionsplattformen im Netz zu finden. Eine sehr gute Adresse ist das Verzeichnis "Publicly Accessible Mailing Lists" (PAML), das Sie unter

`http://paml.alastra.com/`

im Internet erreichen. Das Verzeichnis gibt einen recht vollständigen Eindruck über die erreichbaren Mailing-Listen. Über 7000 davon sind in dem Katalog aufgeführt.

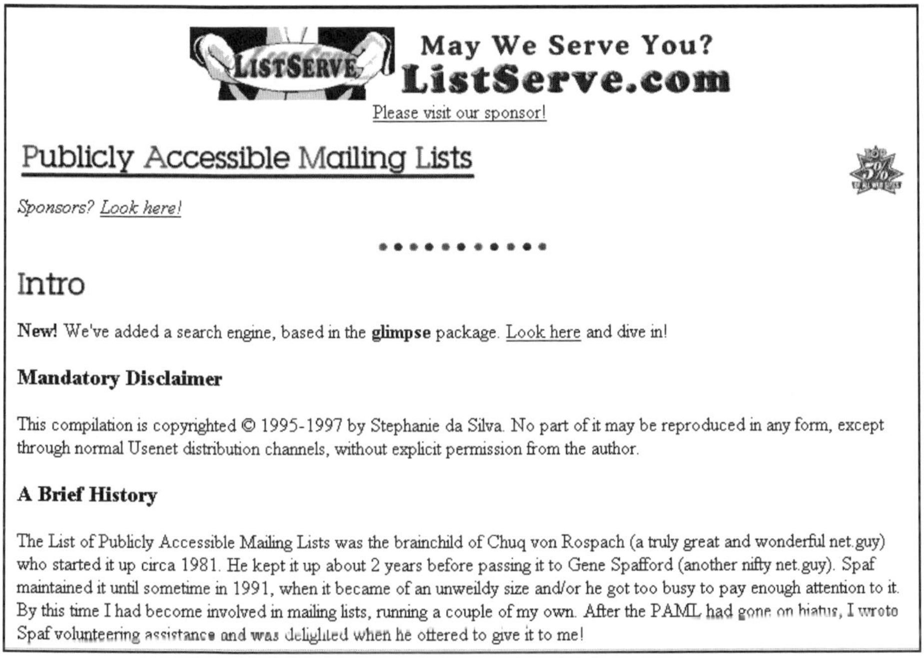
May We Serve You?
ListServe.com
Please visit our sponsor!

Publicly Accessible Mailing Lists

Sponsors? Look here!

Intro

New! We've added a search engine, based in the glimpse package. Look here and dive in!

Mandatory Disclaimer

This compilation is copyrighted © 1995-1997 by Stephanie da Silva. No part of it may be reproduced in any form, except through normal Usenet distribution channels, without explicit permission from the author.

A Brief History

The List of Publicly Accessible Mailing Lists was the brainchild of Chuq von Rospach (a truly great and wonderful net.guy) who started it up circa 1981. He kept it up about 2 years before passing it to Gene Spafford (another nifty net.guy). Spaf maintained it until sometime in 1991, when it became of an unweildy size and/or he got too busy to pay enough attention to it. By this time I had become involved in mailing lists, running a couple of my own. After the PAML had gone on hiatus, I wrote Spaf volunteering assistance and was delighted when he offered to give it to me!

Abbildung 2-3: PAML ist eine gute Zusammenstellung öffentlicher Mailing-Listen.

Eine sehr gute Informationsquelle für Mailing-Listen halten die Betreiber von Liszt.com für Sie bereit. Der Vorteil aus Sicht eines Anwenders besteht darin, dass hier die Mailing-Listen in Kategorien aufgeteilt worden sind. Wer nicht gerade auf der Suche nach Informationen zu einem bestimmten Thema ist, wird diesen Service zu schätzen wissen, da sich hier die Gelegenheit bietet, einmal durch das immense Angebot der Diskussionsforen zu blättern. Sie finden auf der Startseite aber auch eine kleine Eingabezeile, in der Sie Suchbegriffe eintragen können, um eine Liste zum gewünschten Thema zu finden. Wird der Dienst fündig, so werden Ihnen in einer Liste die Namen der Mailing-Listen angezeigt. Folgen Sie einem Verweis, so zeigt Ihnen Liszt.com weitere Informationen zum Forum, unter anderem eine Kurzbeschreibung und, ganz wichtig, wie Sie sich dort anmelden können. Sie erreichen den Dienst unter der Adresse:

`www.liszt.com`

Ein deutschsprachiges Angebot, mit dessen Hilfe Sie nach Mailing-Listen suchen können, ist Meta-List.net. Unter der Adresse `www.meta-list.net` haben sich die Betreiber die Mühe gemacht, die Listen nach Kategorien zu erfassen. Es kann hier nach Herzenslust in dem riesigen Angebot gestöbert werden. Eine Suchfunktion ist ebenfalls integriert, um den Datenbestand gezielt zu durchsuchen. Tragen Sie eines oder mehrere Stichworte in die Eingabezeile ein und wählen Sie die Sprache der Mailing-Liste aus. Meta-List.net durchsucht nicht nur sein Archiv nach Mailing-Listen, sondern hat auch Newsletter indiziert. Nach einer erfolgreichen Suche werden die Ergebnisse in Listenform zusammengefasst. Dabei genügt ein Klick auf den Listentitel, um weitere Informationen abzurufen. Hier können Sie, sofern die Liste eine solche Präsenz unterhält, die URL zum Angebot im WWW einsehen und erfahren, an welche Adresse Sie eine Nachricht senden müssen, um die Liste zu bestellen.

2.4 Informationen aus Mailing-Listen gewinnen

Bevor Sie sich dazu entschließen, eine Nachricht an die Mailing-Liste zu senden, um an die gewünschte Information zu gelangen, rate ich Ihnen zunächst einmal ein paar Tage dem Treiben der Liste zusehen, um ein Gefühl für den Umgangston und die behandelten Themen zu bekommen. Möglicherweise brauchen Sie auch gar keine Nachricht an die Liste zu richten, weil die Frage, die Sie haben, bereits einige Male beantwortet worden ist und im Rahmen einer FAQ ("Frequently Asked Questions") nachzulesen ist. Der Zweck dieser Zusammenstellungen ist, die Teilnehmer nicht immer wieder mit den gleichen Fragen zu langweilen und ein wenig das Mailaufkommen zu reduzieren.

Um zu sehen, ob eine Liste über eine solche FAQ verfügt, sollten Sie sich einmal den Index der Mailing-Liste besorgen. In einem solchen Index sind alle Dateien zusammengestellt, die das Listenverwaltungsprogramm bereithält. Senden Sie eine Mail an das Verwaltungsprogramm, worin die Textzeile *index Name der Liste* enthalten ist. Um wieder unser Beispiel zu nutzen: *index Tauchen-L.* Dieses Kommando funktioniert übrigens mit allen der verbreiteten Programme zur Verwaltung von Listen.

Sie erhalten als Antwort auf diese Anfrage per Mail eine Auflistung aller Dateien, die für Sie bereitgehalten werden. Finden Sie in dieser Aufstellung eine FAQ, können Sie sich diese zuschicken lassen, indem Sie wieder eine Mail an den Listserver absetzen. In dieser Nachricht geben Sie als Nachrichtentext ein: *get Name_der_Datei.* Dieser Text weist das Listenverwaltungsprogramm an, Ihnen die entsprechende Datei an Ihren Rechner zu senden. Möglicherweise haben Sie auch nach dem Studium des Index noch nicht gefunden, wonach Sie suchen. Aber selbst dann müssen Sie noch keine Nachricht an die Liste schreiben.

2.4.1 Ihr erstes Posting in einer Liste

Vielleicht haben Sie noch nie etwas im Netz veröffentlicht, deshalb möchte ich Sie an dieser Stelle auf die so genannte Netiquette hinweisen.

In einer Mailing-Liste etwas zu schreiben ist ein wenig so, wie bei jemanden zu Hause eingeladen zu sein. Hier wie dort herrschen gewisse Regeln und Gepflogenheiten, an die man sich besser halten sollte, damit es zu einem erfreulichen Miteinander kommt. Das wichtigste Gebot eine Mailing-Liste ist sicherlich, keine kommerziell gemeinten E-Mails abzuschicken. Eine Mailing-Liste ist keine Werbeplattform. Wenn die anderen Teilnehmern von Ihnen Produktempfehlungen oder andere Werbung erhalten möchten, werden sie Ihnen das schon mitteilen.

Tippfehler und grammatische Fehler kommen immer wieder einmal vor. Vermeiden Sie tunlichst auf solche Schnitzer hinzuweisen oder gar diese „oberlehererhaft“ zu korrigieren. Auch inhaltliche Irrtümer sollten Sie erst dann korrigieren, wenn Sie bemerken, dass der Fehler einem anderen nicht aufgefallen ist. Bei besonders auffälligen Irrtümern („Die Erde ist eine Scheibe“) können Sie sich darauf verlassen, dass bestimmt jemand schneller war als Sie.

Sind Sie im Zweifel über den Inhalt Ihres eigenen Postings, dann schicken Sie es lieber nicht ab. Es schont einfach Ihre Nerven, denn auf die verärgerten Nachrichten der anderen Teilnehmer zu reagieren, kostet Zeit.

Passen Sie Ihre Ausdrucksweise an das Medium an! Ironie wird nicht von allen Teilnehmern als solche verstanden. Unterstreichen Sie nicht ganz so ernst gemeinte Passagen durch die üblichen Emoticons und Akronyme.

Eine gelungene Mail in einer Mailing-Liste setzt sich aus folgenden empfehlenswerten Bestandteilen zusammen:

- Eine aussagefähige Betreffzeile.
- Eine Zusammenfassung dessen, wonach Sie suchen.
- Falls Sie bereits gesucht haben: Was Sie bisher unternommen haben.
- Ob man Ihnen in der Liste antworten soll, oder die Antworten lieber an eine bestimmte E-Mail-Adresse geschickt werden sollten.

Wenn Sie auf der Suche nach Informationen über die Startaufstellung zum Großen Preis von Deutschland der Formel 1 im Jahre 1965 sind, wäre eine aussagefähige Betreffzeile: „GP Deutschland 1965 Startaufstellung?“ Ungeeignet dagegen ein schlichtes „Formel 1“ oder ähnliches. Die meisten Nutzer des Internets schauen sich zuerst die Betreffzeilen eingegangener Nachrichten an und entscheiden danach, ob es sich überhaupt lohnt, die Mail zu lesen. Seien Sie hier also möglichst präzise.

2.5 Software, die Sie unterstützt

Noch vor zwei Jahren waren die E-Mail-Programme, die mit den Internet-Browsern der großen Hersteller mitgeliefert wurden, nicht wirklich ernst zunehmen. Programm wie Eudora und Pegasus verwöhnten den Anwender mit einer Reihe zusätzlicher Funktionen wie etwa der Verwaltung mehrerer E-Mail-Konten oder automatischen Filterfunktionen. Doch inzwischen haben sich die Programme Outlook Express und der Messenger des Netscape Communicators auf breiter Front durchgesetzt. Bei beiden Programmen lassen sich Mails in verschiedenen Ordnern ablegen und verwalten. Mit Hilfe von Filtern oder „Regel-Assistenten“ können eingehende Nachrichten nach Belieben in verschiedene Ordner einsortiert und dann bei Bedarf gesichtet werden.

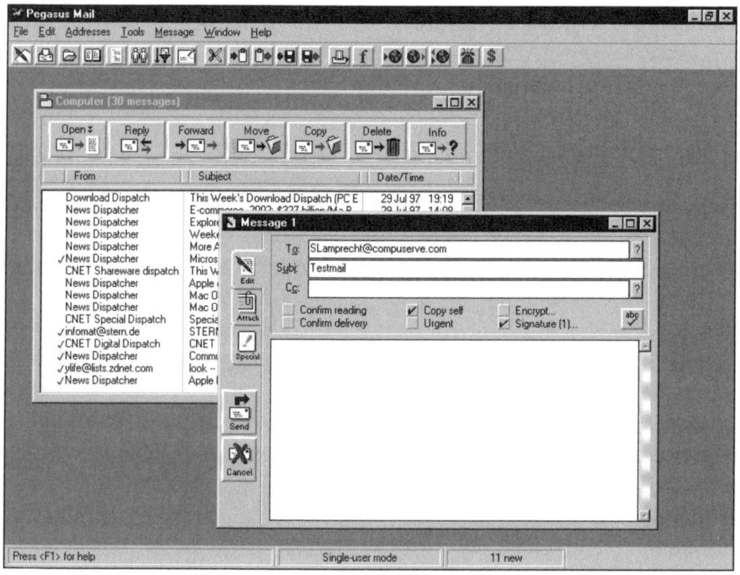

Abbildung 2-4: Trotz der neuen Browser immer noch beliebt: Pegasus für Windows.

Ein kostenloses Programm ist Pegasus für Windows, das Sie auch in Firmennetzwerken als Mailprogramm einsetzen können. Erst wenn Sie ein gedrucktes Handbuch wünschen, werden für diesen zusätzlichen Service Gebühren fällig. Pegasus bietet das interessante Feature, dass Sie Mails mit einem Kommandozeilenaufruf versenden können. Sie brauchen also nicht gleich eine ganze Kommunikationssuite hochzufahren, um aktuelle Nachrichten an Ihre Korrespondenzpartner zu versenden.

Eine aktuelle Version von Pegasus bekommen Sie mit Sicherheit bei einer der im weiteren Verlauf des Buches genannten Softwarequelle wie zum Beispiel TUCOWS.COM.

Ein anderes sehr beliebtes Programm ist Eudora. Auch diese Software ist für den Anwender kostenlos, da es sich dabei um die abgespeckte Version eines kommerziellen Produktes handelt. Darüber hinaus bietet der Hersteller Qualcomm auch eine Sponsored Version an, bei der während der Benutzung Werbebanner eingeblendet werden. Dafür ist diese Version mit dem Vollprodukt identisch. Vom Leistungsumfang ist es mit Pegasus fast identisch. Für welches der Produkte Sie sich entscheiden, ist letztlich von Ihrem persönlichen Geschmack abhängig. Beide haben aber am Markt noch eine Reihe von Konkurrenten, die sich in ihrem Funktionsumfang nur graduell unterscheiden.

2.6 Die Mailflut mit Outlook Express und Outlook 2000 bewältigen

Eine diskussionsfreudige Mailing-Liste schafft leicht den Ausstoß von 100 Nachrichten am Tag. Bekommen Sie zusätzlich Nachrichten von anderen Personen, so schwindet schnell einmal die Übersicht. Zum Glück bietet fast jedes Mailprogramm an, eingehende Nachrichten nach Stichworten zu durchsuchen und die eingehende Post automatisch zu sortieren.

In diesem Abschnitt soll am Beispiel von Outlook Express einmal ein solcher Filter eingerichtet werden.

Bevor Sie mit der Arbeit beginnen, müssen Sie prüfen, welche Gemeinsamkeiten die Mitteilungen der Mailing-Liste haben. In aller Regel wird dies zum Beispiel die Adresse des Absenders sein, oder es findet sich in jedem Betreff eine besondere Wortkombination.

Legen Sie für die Nachrichten der Liste einen eigenen Ordner an. Wählen Sie dazu aus dem Menü `Datei` den Befehl `Ordner` und dort dann `Neuer Ordner`. Geben Sie in dem nachfolgenden Fenster dem Ordner einen Namen und wählen Sie gegebenenfalls den Ordner aus, in dem sich dieser neue Ordner befinden soll.

Nun müssen Sie dafür sorgen, dass die Nachrichten der Liste in diesen Ordner nach Eingang einsortiert werden. Dies erledigt in Outlook Express der `Posteingangs-Assistent`. Diesen aktivieren Sie über seinen Menüeintrag im Menü `Extras`.

Es öffnet sich das Übersichtsfenster des Assistenten. Drücken Sie nun auf die Schaltfläche `Hinzufügen`, um eine neue Regel für eingehende Nachrichten zu entwerfen.

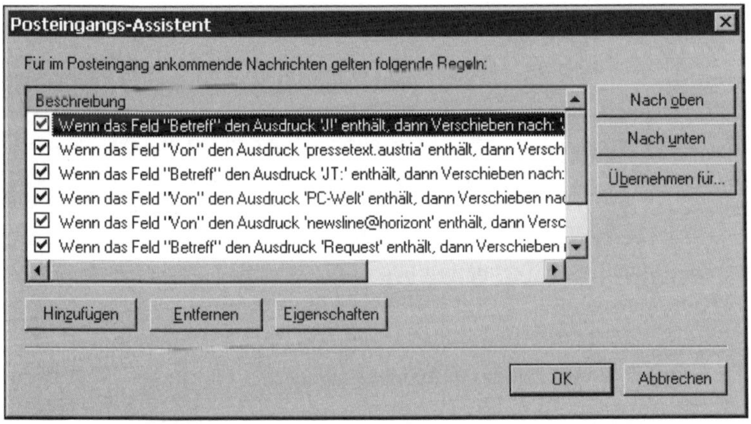

Abbildung 2-5: Das Übersichtsfenster des Posteingangs-Assistenten.

Es öffnet sich ein zweigeteiltes Fenster. Im oberen Teil legen Sie die eigentlichen Kriterien fest, nach denen die eingehenden Mails durchsucht werden sollen. So haben Sie hier die Auswahl zwischen den Felder `An`, `Von` oder auch `Betreff`. Tragen Sie nun in jedes Feld die entsprechenden Daten ein, also zum Beispiel die Absenderadresse der Mailing-Liste oder das Kürzel, das jeder Betreff enthält.

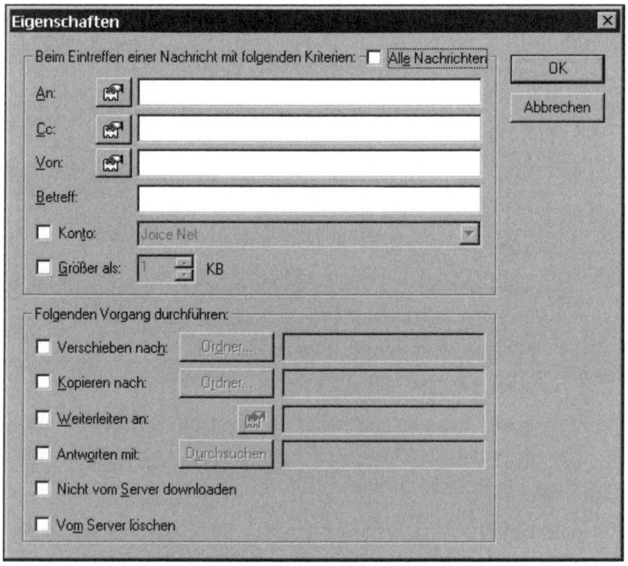

Abbildung 2-6: In diesem Fenster definieren Sie dann die eigentliche Regel für den Posteingang.

Im unteren Teil des Fensters finden Sie dann die Aktionen, die Outlook Express mit den eingehenden Nachrichten durchführen kann. Sollen die Nachrichten zum Beispiel automatisch in den gerade erstellen neuen Ordner verschoben werden, so klicken Sie das Optionsfeld vor dem Eintrag `Verschieben nach` an. Sie können nun nach einem Druck auf die Schaltfläche `Ordner` ganz bequem den Ordner bestimmen, in den die Nachrichten sortiert werden sollen. Wie Sie sehen, könnten Sie auch automatisch eine solche Nachricht an eine dritte Person weiterleiten, was Sie aus Gründen der Netiquette besser nicht tun sollten, oder die Nachrichten an einen anderen Account schicken.

Die Aktionen lassen sich genauso wie die Regeln kombinieren, sie könnten eine Nachricht also sowohl in einen anderen Ordner verschieben als auch weiterleiten, bzw. nach Schlüsselbegriffen im Betreff und der Absenderangabe durchsuchen lassen. Haben Sie alle Schlüsselbegriffe und Aktionen festgelegt, schließen Sie das Fenster mit einem Druck auf `OK`. Damit gelangen Sie wieder zur Übersicht des Regelassistenten. Hier können Sie nun eine weitere Regel festlegen, indem Sie wieder auf die Schaltfläche `Hinzufügen` klicken. Möchten Sie die Arbeit abschließen, so beenden Sie die Eingabe mit einem Druck auf `OK`.

In Outlook 2000 ist ebenfalls ein Regel-Assistent enthalten, dessen Bedienung sich aber ein wenig von Outlook Express unterscheidet. Sie erreichen den Assistenten über den Eintrag Regel-Assistent aus dem Menü Extras. In dem nachfolgenden Fenster klicken Sie auf die Schaltfläche Neu, um eine neue Regel aufzustellen. Es erscheint nun ein zweigeteilter Dialog. Im oberen Teil können Sie aus einer Reihe von verschiedenen Regelarten wählen. Entscheiden Sie sich hier zum Beispiel für das Überprüfen einer Nachricht nach ihrem Eingang. Klicken Sie nun auf Weiter. Im oberen Bereich des nachfolgenden Dialogs markieren Sie eine der angebotenen Bedingungen, die überprüft werden sollen. So ist es etwa möglich, nach

Begriffen im Betreff suchen zu lassen. Markieren Sie die gewünschte Option, wird die Bedingung im unteren Bereich angezeigt. Dabei sind die Stichworte als Hyperlink ausgeführt, die weiter editiert werden können.

Haben Sie sich zum Beispiel entschieden, nach einer Reihe von Stichworten suchen zu lassen, können Sie diese erst dann hinzufügen, wenn Sie auf den Hyperlink geklickt haben, worauf sich ein neuer Dialog öffnet, in den Sie die Suchbegriffe eintragen. Haben Sie die Optionen eingestellt, klicken Sie auf `Weiter`. In dem nun erscheinenden Dialog legen Sie fest, was mit der Nachricht passieren soll, wenn die Kriterien erfüllt sind. Sie können Sie in einen bestimmten Ordner sortieren lassen oder an eine beliebige Adresse weiterleiten. Wieder wählen Sie die zur Verfügung stehende Option am oberen Bildrand aus, während Sie die Details im unteren Fenster festlegen. Klicken Sie erneut auf `Weiter`.

Im nachfolgenden Dialog lassen sich, falls dies notwendig ist, Ausnahmen der Regel definieren. Klicken Sie zum Abschluss auf `Weiter`. Im letzten Dialog des Assistenten werden Sie nun dazu aufgefordert, der Regel einen Namen zu geben. Klicken Sie abschließend auf `Fertig Stellen`, um die Regel in die Regelliste aufzunehmen.

Wie Sie sehen, kann Ihnen Ihr Mailer eine Menge Arbeit sparen, nur lesen müssen Sie die Nachrichten schon noch selbst.

2.7 Egroups (Onelist) – das Mailing-Listen Universum

Viele Mailing-Listen fristen ihr Dasein im Verborgenen. Vielen von ihnen ist eines gemeinsam: Die Betreiber der Listen benötigen eines der bereits vorgestellten Verwaltungsprogramme, um die notwendigen Administrationsaufgaben bewältigen zu können. Dazu wird allerdings auch der Zugriff auf einen eigenen Server, auf dem die Software läuft, notwendig. Einen solchen Server haben aber nur die wenigsten Internet-Nutzer zu ihrer freien Verfügung. Wer dennoch komfortabel eine Mailing-Liste betreiben will, kann auf öffentliche Angebote zurückgreifen, die ihren Kunden die Software bereitstellen und die Administration ganz komfortabel über das WWW ermöglichen. Ein solches Angebot ist Egroups (Onelist), das auf den folgenden Seiten etwas eingehender beschrieben werden soll.

2.7.1 Mailing-Listen bei Egroups finden und abonnieren

Unter der Internetadresse

`www.egroups.com`

erreichen Sie die Einstiegsseite des Angebots.

Auf dieser Seite finden Sie eine Eingabezeile, mit deren Hilfe Sie nach einer für Sie interessanten Liste suchen können. Tragen Sie hier einen oder mehrere Suchbegriffe ein und Sie erhalten wenige Augenblicke später eine Liste der Treffer. Folgen Sie einfach einem Link dieser Trefferliste und Egroups zeigt Ihnen Details zur Liste an. Im rechten Bereich der Seite finden Sie einen Link, der mit `Subscribe` ausgezeichnet ist. Klicken Sie hierauf, wenn Sie der Meinung sind, dass Sie diese Liste wirklich beziehen wollen.

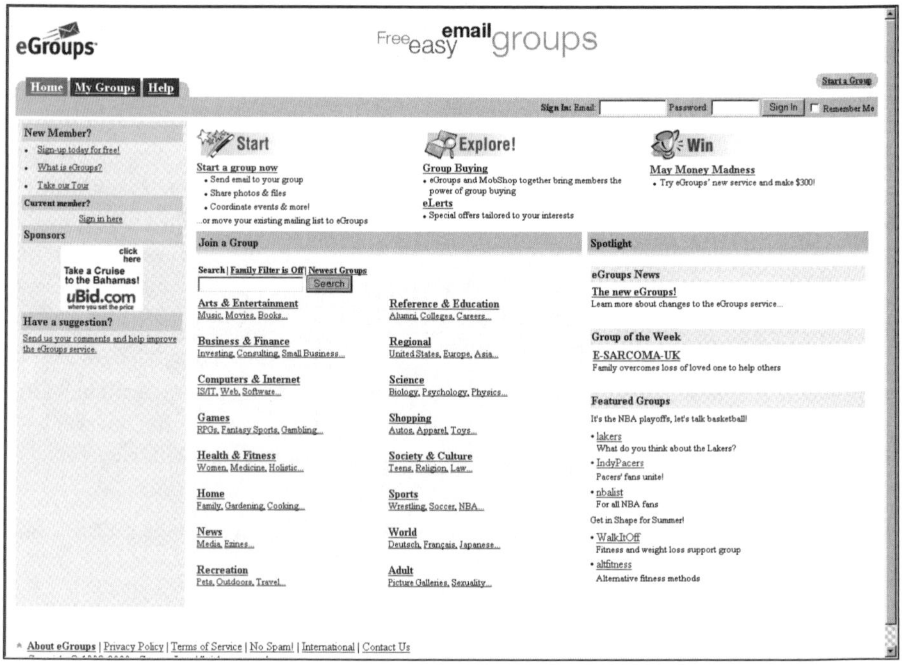

Abbildung 2-7: Die Homepage von Egroups.

Egroups verlangt von den Teilnehmern, dass diese Mitglied innerhalb des kostenlosen Dienstes werden. Dies wird aus zwei Gründen verlangt. Zum einen kann der Dienst über die Registrierungen beweisen, wie viele Nutzer er tatsächlich hat und damit Werbekunden genau nachweisen, wie viele Menschen von Werbebannern erreicht werden können. Ein nicht unwesentliches Argument bei einem Service, der sich ausschließlich über Werbung finanziert. Der zweite naheliegende Grund dient der Absicherung der Betreiber. Verstößt einer der Teilnehmer gegen gesetzliche Bestimmungen, können die Behörden leichter in Aktion treten. Sie brauchen sich aber keine Sorge darüber zu machen, dass Ihre Daten etwa an Werbetreibende verkauft werden und Sie in Zukunft Werbemails erhalten. Egroups garantiert Ihnen den Schutz Ihrer Privatsphäre in seinen Datenschutzbestimmungen.

Die Registrierung ist recht schnell erledigt. Sie brauchen nur einige wenige Angaben zu Ihrer Person zu machen und schon werden Sie in das Angebot von Egroups gelassen.

Sofern Sie noch nicht Mitglied bei Egroups sind, sollten Sie dem Verweis `Sign Up` folgen und die Eintragungen vornehmen. Sie erhalten wenige Augenblicke später eine E-Mail, die Sie zurücksenden müssen, damit Onelist davon ausgehen kann, dass Sie auch wirklich persönlich den Antrag gestellt haben und Mails erhalten möchten.

Sobald Sie erfolgreich angemeldet sind, loggen Sie sich zukünftig mit Ihrer Mailadresse und Ihrem Passwort auf den Seiten von Onelist ein, um Zugriff auf die von Ihnen abonnierten Listen zu bekommen.

Auf der Homepage finden Sie ein Register, das mit My Groups betitelt ist. Mit einem Klick hierauf gelangen Sie zu einer Übersichtsseite, die Ihnen die abonnierten Listen anzeigt. Mit einem Klick auf den jeweiligen Link erreichen Sie dann die Homepage der Liste, innerhalb der Sie Einstellungen verändern, Nachrichten lesen und schreiben, aber auch Dateien auf Ihren Rechner herunterladen können.

2.7.2 Empfangsoptionen bei Egroups ändern

Die Voreinstellung einer Mailing-Liste, die Sie abonniert haben, sieht vor, dass Sie jede Nachricht der anderen Teilnehmer automatisch in Ihr Postfach erhalten. Diese Einstellung kann individuell geändert werden. Dazu rufen Sie die Homepage von Onelist auf. Loggen Sie sich nun als Mitglied ein, indem Sie Ihre E-Mail-Adresse und Ihr Passwort eintragen. Nach dem erfolgreichen Log-In klicken Sie auf den Verweis `MyGroups`, um zur Übersicht Ihrer Mailing-Listen zu gelangen. Neben jedem Eintrag finden Sie ein kleines Auswahlfeld, das Ihnen die verfügbaren Optionen anbietet.

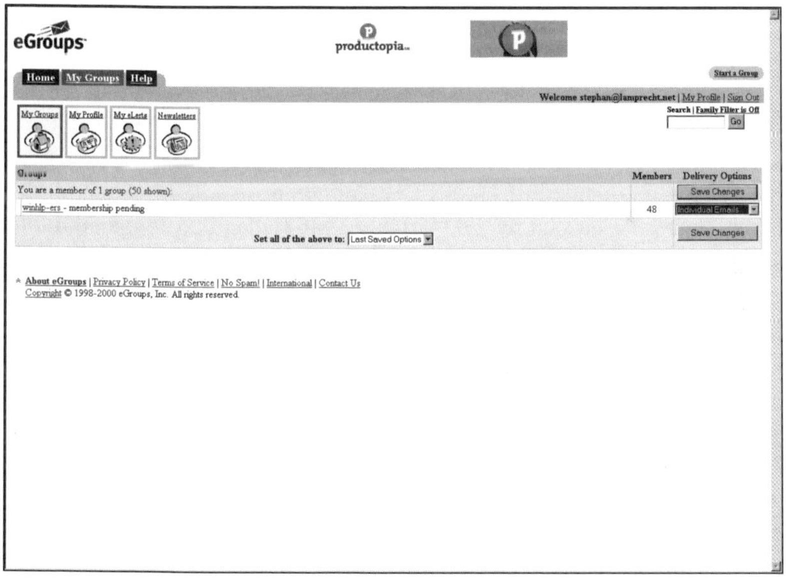

Abbildung 2-8: In diesem Fenster legen Sie die Zustellungsoptionen für Egroups fest.

Sie haben die Wahl zwischen

- dem Empfang aller Nachrichten per E-Mail,
- der Übersendung eines Digest per E-Mail. In diesem Digest erhalten Sie nur eine Übersicht der Betreffzeilen der anderen Nachrichten,

- der Option, nur über das Web teilnehmen zu können. Sie müssen sich dann selber die Nachrichten auf der jeweiligen Homepage der Mailing-Liste ansehen und gegebenenfalls beantworten.

Wählen Sie die gewünschte Option aus und drücken Sie anschließend auf den Schalter `Save Changes`.

2.7.3 Eigene Mailing-Listen mit Egroups betreiben

Für jeden, der sich bereits einmal mit dem Gedanken getragen hat, eine eigene Mailing-Liste zu betreiben, ist Egroups ein interessantes Angebot. Der Nutzer braucht sich keine besondere Software anzuschaffen, sondern kann bequem mit seinem Web-Browser eine Mailing-Liste einrichten und verwalten. Die Einrichtung ist binnen weniger Minuten erledigt.

Auf der Homepage finden Sie einen deutlichen Hinweis, der mit `Start your own list` beschriftet ist. Klicken Sie auf diesen Verweis und Sie werden in den mehrstufigen Prozess geleitet, der vor dem Betrieb einer Mailing-Liste geschaltet wurde.

Im ersten Schritt füllen Sie die notwendigen Angaben aus. Geben Sie der Liste zunächst einen Namen. Legen Sie anschließend fest, ob es sich um eine moderierte oder nicht moderierte Liste handeln soll. Bedenken Sie jedoch, dass es viel Arbeit machen kann, eine solche Liste zu moderieren, insbesondere dann, wenn Sie ein interessantes Thema anbieten.

Darüber hinaus sind zwei weitere Optionen festzulegen. Zum einen, ob Ihre Liste im Verzeichnis von Onelist erscheinen soll. In diesem Falle können andere Anwender, wie es auch bereits im Abschnitt 2.7.1 gezeigt worden ist, Ihre Liste finden und abonnieren. Möchten Sie eine private Liste betreiben, deaktivieren Sie die entsprechende Option.

Des weiteren besteht die Möglichkeit, den Benutzerkreis der Liste einzuschränken. Entscheiden Sie sich im Bereich `Membership` für `Open`, kann jeder, der Ihre Liste interessant findet, nach seiner Registration bei Onelist Ihre Liste abonnieren. Entscheiden Sie sich hingegen für `Restricted`, erhalten Sie eine Nachricht darüber, dass die jeweilige Person Ihre Liste abonnieren möchte. Sie können dann von Fall zu Fall entscheiden, ob Sie dieser Anfrage entsprechen möchten.

In dem Formular haben Sie nun zwei weitere Felder auszufüllen. Zum einen eine kurze Beschreibung zur Liste, so wie sie im Katalog von Onelist auftaucht. In dem zweiten Feld kann die Liste dann detaillierter beschrieben werden.

Schließlich legen Sie abschließend fest, welche Sprache die Mitglieder nutzen sollen. Auch diese Sprache erscheint im Katalog. Nachdem Sie nun die Nutzungsbedingungen von Onelist akzeptiert haben, gelangen Sie zum zweiten Schritt des Einrichtungsvorgang.

In diesem zweiten Schritt müssen Sie Ihre neue Mailing-Liste in eine Kategorie einordnen. Dabei sind Ihnen die Betreiber behilflich. Sie wählen eine Hauptkategorie aus. Sofern es für die Kategorie weitere Unterkategorien gibt, werden Ihnen diese auf den nachfolgenden Bildschirmseiten angeboten. Folgen Sie den entsprechenden Verweisen, bis Sie zu der Ihrer Meinung passenden Kategorie gekommen sind. Aktivieren Sie dort die angebotene Schaltfläche.

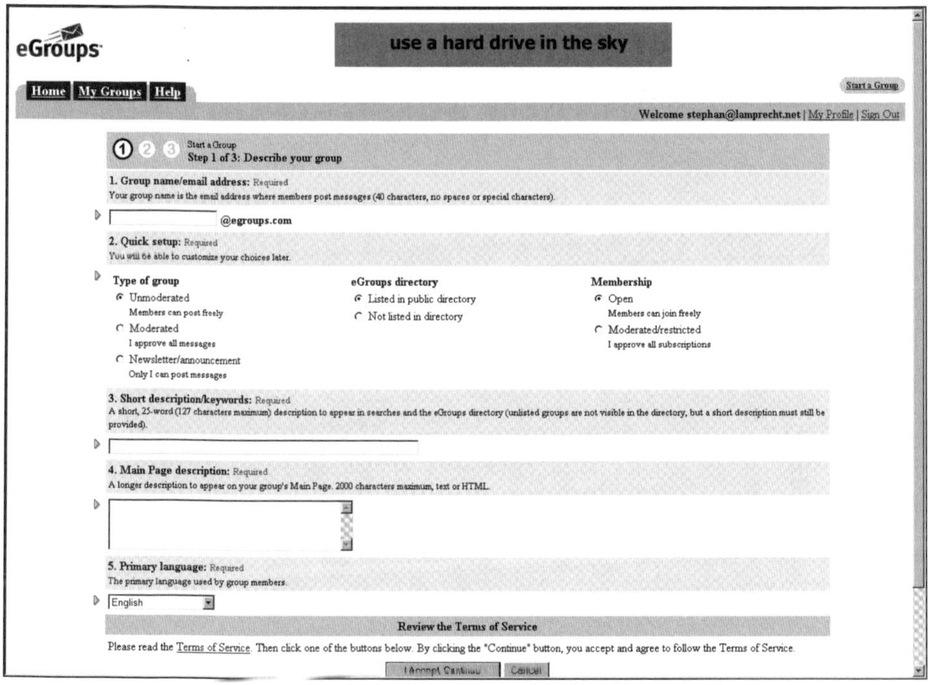

Abbildung 2-9: Der erste Schritt zur Einrichtung der eigenen Mailing-Liste.

Damit gelangen Sie zum letzten Schritt des Anmeldevorgangs. In diesem können Sie Freunde oder Bekannte anschreiben lassen, um sie von der neuen Mailing-Liste zu informieren und einzuladen. Die Empfänger der Einladungsschreiben finden in ihren E-Mails einen Link vor, der sie komfortabel zum Abonnementsbildschirm der Liste geleitet.

Herzlichen Glückwunsch, Sie sind nun Betreiber einer eigenen Liste!

3 Newsgroups als Informationsquelle

In diesem Kapitel lernen Sie eine weitere nützliche Recherchequelle kennen, die Ihnen bei der Arbeit mit dem Internet kostenlos zur Verfügung steht. Von den Newsgroups des Internet behaupten Spötter, dass sich in ihnen das gesamte Wissen der Welt befindet und dieses jede Woche neu aufgeschrieben wird. Nun, dies mag etwas übertrieben sein, aber tatsächlich gibt es wohl kaum ein Thema, zu dem es nicht auch ein entsprechendes Diskussionsforum gibt. In diesem Kapitel möchte ich Ihnen zeigen, wie Sie an den Newsgroups teilnehmen und welche Informationen sich aus ihnen gewinnen lassen.

3.1 An den Newsgroups teilnehmen

Am Beginn der Entwicklung der Newsgroups stand das Bedürfnis zweier Studenten, unkompliziert Daten untereinander austauschen zu können. Sie beschlossen, ihre UNIX-Rechner miteinander zu verbinden, und schrieben eine Software, die es ermöglichte, Nachrichten an ein elektronisches schwarzes Brett zu heften. Diese Grundidee ist bis heute unverändert geblieben.

Heute gibt es einige Tausend Newsgruppen. Wie viele es tatsächlich genau sind, vermag niemand wirklich realistisch zu sagen. Die Server-Systeme, die Zugriff auf diese Foren erlauben, halten in der Regel nur einen guten Querschnitt bereit. Zwischen 20.000 und 30.000 Newsgroups kommen schon dabei zusammen. Das Themenspektrum der Newsgroups ist äußerst vielfältig und reicht von Hinweisen zur Tierhaltung bis hin zu philosophischen Diskussionen.

Möchten Sie an den Diskussionen teilnehmen, brauchen Sie ein spezielles Programm, das Newsreader genannt wird. Sie haben hier die Wahl zwischen speziellen Applikationen oder aber Sie nutzen die den aktuellen Browsern mitgelieferten Programmen, Outlook Express oder Netscape Messenger. Besonders komfortabel arbeiten Offline Reader, die Ihnen beim Sparen von Zugangsgebühren helfen. Ein solches Programm wählt sich automatisch bei Ihrem Netzanbieter ein, führt eine Reihe festgelegter Aufgaben durch und trennt die Verbindung wieder. Im ersten Schritt informieren Sie sich über die neuesten Beiträge innerhalb eines Newsgroup. Die Verbindung wird anschließend getrennt. Nun können Sie in aller Ruhe festlegen, was Sie interessiert und die jeweiligen Beiträge markieren. Im nächsten Schritt wählt sich der Offline-Reader wieder ein und empfängt die markierten Artikel.

Aufgrund der ausgefeilten Gratis-Software, die heute den Browsern beiliegt, ist der Markt für reine Newsreader sehr klein geworden. Die meisten Applikationen, werden als Shareware angeboten, d.h. Sie können das Programm über einen definierten Zeitraum in Ruhe testen und müssen sich erst später entscheiden, ob Sie die Software erwerben wollen.

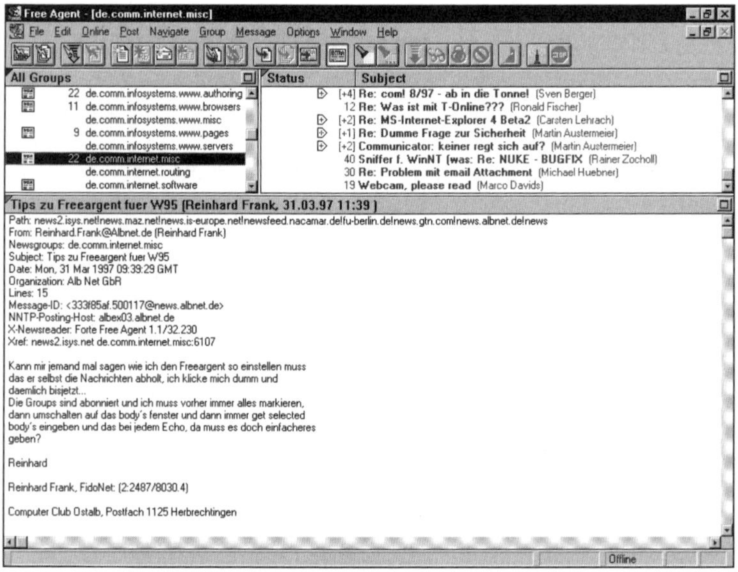

Abbildung 3-1: Der Offline-Reader Free Agent.

Damit Sie sich schneller in der Welt der Newsgroups zurecht finden, lohnt es sich, einen Blick auf die Organisationsstruktur der Newsgroups zu werfen.

3.1.1 Organisation der Newsgroups

Die Newsgroups sind hierarchisch organisiert. Jede Gruppe trägt dabei einen eindeutigen Namen, der etwas über ihren Platz innerhalb der Hierarchie und etwas über ihren Inhalt aussagt. Als Beispiel soll hier die Gruppe *de.alt.binaries.pictures.comix* dienen. Das Zeichen „de" signalisiert, dass es sich hier um eine Newsgroup handelt, in der deutsch geschrieben wird. Das Kürzel „alt" bezeichnet eine Klasse in der Hierarchie der Newsgroups. Die wichtigsten sind:

- **Comp** ist die Abkürzung für Computer. Zu dieser Klasse gehören Diskussionsforen, die sich mit allerlei Themen rund um den Computer beschäftigen. Hier finden Sie unter anderem Hilfe für das Programmieren in unterschiedlichen Sprachen, Diskussionen, die sich mit Betriebssystemen beschäftigen oder auch Tipps rund um Hardwarefragen.

- **Rec** steht für Recreation. Die Newsgroups innerhalb dieses Bereichs behandeln Freizeitaktivitäten aller Art. Das Themenspektrum reicht vom Briefmarkensammeln oder das Mountainbiking bis hin zu Sportthemen wie Fußball oder Motorsport.

- **Sci** ist die Abkürzung für Science. In den Foren dieses Bereichs dreht sich alles um die Wissenschaft. Biologie, Physik, Chemie, Astrophysik: jede Wissenschaft ist mit wenigstens einer Newsgroup vertreten.

- Hinter dem Begriff **Soc** verbergen sich Gruppen, die sich gesellschaftlichen Themen widmen. Vielen Ländern sind eigene Gruppen gewidmet, wie in der Klasse soc.culture.*, darunter auch Deutschland, Pakistan oder Frankreich.

- **Talk**: Am treffendsten lassen sich die Newsgroups dieses Bereichs wohl mit l'art pour l'art kennzeichnen. Hier steht die Kommunikation selbst im Vordergrund. Mehr oder weniger ernsthaft wird hier gestritten oder auch Unsinn getrieben.

- **News**: Die Gruppen dieser Klasse sind für Neuigkeiten rund um die Newsgroups selbst reserviert. Hier wird die Gründung neuer Gruppen diskutiert und Anfänger erhalten Antworten auf ihre Fragen.

- **Alt** steht für „alternative". In diesen Bereich gehören alle Themen, die sich nicht in das bisher vorgestellte Schema einordnen lassen. Hier steht die leichte Kost im Vordergrund. Allerdings werden auch durchaus ernsthafte Themen besprochen. Immer wieder sorgen die Gruppen dieser Hierarchie für Schlagzeilen, weil in ihnen zum Teil pornografisches Material publiziert und getauscht wird.

Zurück zu unserem Beispiel *de.alt.binaries.pictures.comix*. In dieser Gruppe wird also nicht nur deutsch gesprochen, sondern sie gehört auch zur Hierarchie der „alternativen" Gruppen. Das „binaries" im Namen signalisiert, dass in dieser Gruppe nicht Nachrichten, sondern binäre Dateien ausgetauscht werden.

Damit hat es folgende Bewandtnis: Eigentlich ist das Internet zum Austausch von Textbotschaften konstruiert worden, die einen 7-Bit-ASCII Zeichensatz verwenden. Binäre Dateien enthalten aber einen 8 Bit Code. Damit diese Dateien, wie Textdokumente , über das Netz transportiert werden können und lesbar beim Empfänger wieder ankommen, müssen sie zunächst in den entsprechenden 7-Bit-ASCII Code übertragen werden. Darum kümmert sich Ihr Mailer in der Regel automatisch, aber auch Newsreader erkennen selbständig, wenn es sich bei einer Nachricht um eine binäre Datei handelt. Finden Sie in einer Newsgroup eine Nachricht, die sich allein aus kryptisch anmutenden Zeichen zusammensetzt, können Sie sicher sein, dass es sich hier um eine auf diese Weise codierte binäre Datei handelt.

In den Newsgroups werden recht viele binäre Dateien publiziert. So gibt es Gruppen zum Thema Multimedia, wo die Teilnehmer Präsentationen oder Sound- und Videoclips miteinander austauschen. Der Name „pictures.comix" aus unserem Beispiel zeigt an, dass es sich bei dem Material dieser Gruppe in erster Linie um Bilder aus dem Bereich der Comics handelt.

Für das Schreiben von Nachrichten gelten im übrigen die gleichen Regeln wie für das Abfassen von Mitteilungen in Mailing-Listen. Halten Sie sich an die ungeschriebenen Regeln der Netiquette, werden Sie mit Freude mit dem Instrument Newsgroups arbeiten können.

Die Gesamtheit der Newsgroups wird oft als Usenet bezeichnet, obwohl dies nicht ganz richtig ist, denn das Usenet stellt nur einen Teil aller verfügbaren Newsgroups dar.

Genau wie bei den Mailing-Listen gibt es unter den Newsgroups sowohl moderierte als auch unmoderierte Gruppen. Leider werden immer wieder gerade unmoderierte Newsgroups von dubiosen Geschäftemachern als Marketing-Plattform missbraucht, indem dort immer wieder Werbemails auftauchen. In manchen Foren ist diese Unsitte inzwischen so stark, dass mehr Werbebotschaften denn eigentliche Nachrichten zu finden sind. Wenn Sie länger mit den Newsgroups arbeiten, werden Sie feststellen, dass dieses „Rauschen“ in moderierten Newsgroups deutlich geringer ist und die Qualität der Beiträge höher.

Innerhalb der Gruppen hat sich eine Terminologie herausgebildet, die Sie kennen sollten, damit klar ist, wovon die anderen Teilnehmer sprechen. Schreiben Sie eine Nachricht in eine Newsgroup, spricht man von einem „Posting“. Sofern Sie auf ein Posting eines anderen Teilnehmers öffentlich antworten, haben Sie ein „Follow-Up“ geschrieben. Bedenken Sie bitte, dass Sie wirklich nur dann ein Follow-Up produzieren sollten, wenn dies für die anderen Teilnehmer von Interesse ist. Wollen Sie mehr in einem privaten Rahmen antworten, ist es ratsam E-Mail zu benutzen.

Nachdem Sie nun etwas über den Aufbau der Newsgroups erfahren haben, geht es im nächsten Abschnitt darum, wie Sie die passende Gruppe im Rahmen einer Recherche finden.

3.2 Newsgroups finden

Wie bereits beschrieben, gibt es keine genauen Zahlen darüber, wie viele Newsgroups es derzeit eigentlich gibt. Schätzungen schwanken zwischen 20.000 und 40.000. Schon durch die vorgestellte Hierarchie ergibt sich, dass ein Anwender ziemlich genau den Gruppennamen kennen muss, um die gewünschte Gruppe zu finden und nutzen zu können. Wie finden Sie nun aber die Namen der Newsgroups heraus, die Sie bei Ihrem Provider einsehen können?

3.2.1 Outlook Express als Newsreader einrichten

Sofern Sie Outlook Express bzw. den Internet-Explorer noch nicht in Betrieb genommen haben, kann es sein, dass automatisch der Assistent für die Einrichtung von Internetkonten gestartet wird. Dieser fragt schrittweise die gleichen Informationen von Ihnen ab, wie es im Folgenden dargestellt wird.

Zunächst müssen Sie dem Programm den Namen des News-Servers mitteilen, den Sie nutzen möchten.

Wählen Sie dazu aus dem Menü `Extras` den Befehl `Konten`. Wechseln Sie dort in das Register `News` hinüber. Anschließend klicken Sie einmal auf die Schaltfläche `Hinzufügen`. Wählen Sie aus dem Kontextmenü den Eintrag `News`. Es startet nun ein Assistent, der Sie durch die weiteren Schritte der Einrichtung begleitet.

Sie werden zunächst nach Ihrem Namen gefragt. Dieser Name erscheint als Absender Ihrer Nachrichten in einer Newsgroup und sollte Ihrem realen Namen entsprechen. Haben Sie die notwendige Eingabe vorgenommen, klicken Sie auf `Weiter`.

Im nachfolgenden Fenster werden Sie dazu aufgefordert, eine Mailadresse einzugeben. Auch diese erscheint in den Nachrichten, die Sie in den Newsgroups schreiben. Sie dient den anderen Teilnehmern dazu, Ihnen private Mitteilungen zu senden, die nicht unbedingt für andere Leser von Interesse sind. Auch bei der Angabe der Mailadresse ist es absolut verpönt, falsche Angaben zu machen. Tragen Sie also unbedingt die Adresse ein, unter der man Sie per Mail erreicht. Wieder bringt Sie ein Klick auf `Weiter` zum nächsten Schritt.

Das nachfolgende Fenster dient dazu, die Adresse des Servers aufzunehmen, den Sie nutzen möchten. Diesen Namen entnehmen Sie bitte dem Datenblatt Ihres Providers.

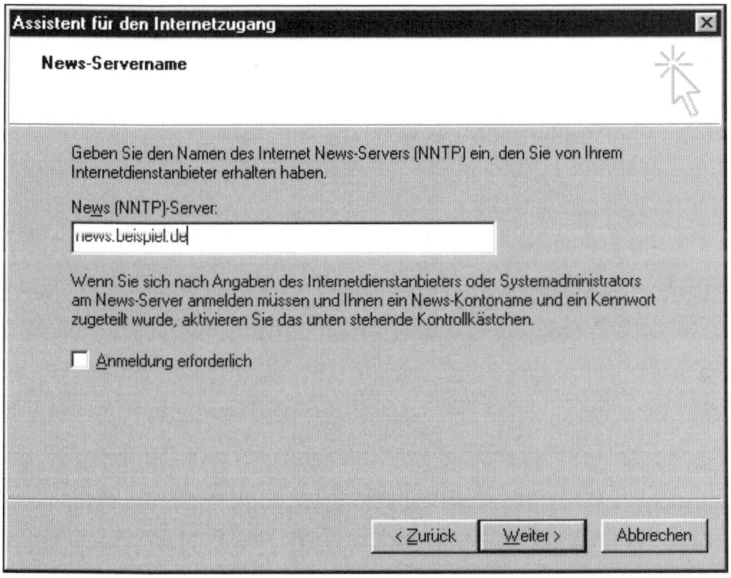

Abbildung 3-2: In dieses Fenster tragen Sie den Namen des Newsservers ein.

Tippen Sie auf `Weiter`. Im nächsten Dialog tragen Sie einen Namen für die Verbindung ein. Dieser wird gebraucht, sofern Sie mehrere Verbindungen auf Ihrem Rechner eingerichtet haben und diese voneinander unterscheiden müssen. Klicken Sie erneut auf `Weiter`.

Es folgt nun noch die Abfrage der Verbindungsoptionen. Legen Sie nun fest, wie Sie sich mit dem Internet verbinden lassen möchten. Klicken Sie auf `Weiter`. Wählen Sie das Modem aus, das an Ihren PC angeschlossen ist. Drücken Sie erneut auf `Weiter`. Anschließend wählen Sie noch die DFÜ-Verbindung aus, die Sie verwenden möchten. Schließlich drücken Sie abschließend auf `Fertig stellen`. Das neue Konto ist eingerichtet. Sie befinden sich wieder in dem Fenster der eingerichteten Konten. Drücken Sie nun auf die Schaltfläche `Schließen`, um das Fenster auszublenden.

Outlook Express möchte nun von Ihnen wissen, ob Sie die Liste der verfügbaren Newsgroups auf Ihren PC herunterladen möchten.

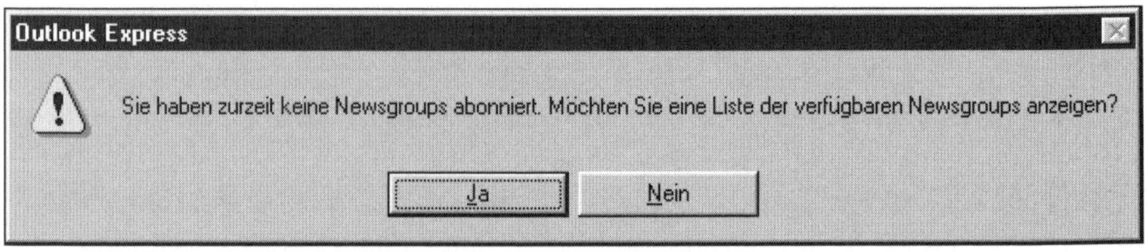

Abbildung 3-3: Outlook Express möchte von Ihnen wissen, ob Sie die Liste der Newsgroups herunterladen möchten.

Beantworten Sie diese Frage mit `Ja`, so stellt Outlook Express eine Verbindung mit dem Server her. Es werden die Namen aller verfügbaren Newsgroups heruntergeladen. Je nach Ihrer Verbindungsgeschwindigkeit kann dieser Vorgang einen Moment dauern.

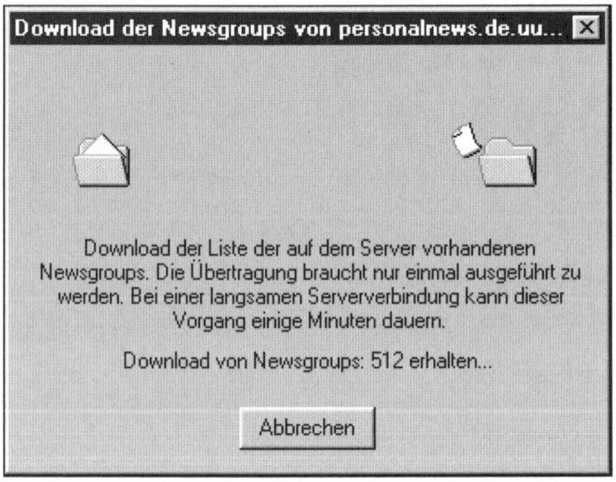

Abbildung 3-4: Nach dem Verbindungsaufbau werden zunächst die Namen der verfügbaren Newsgroups übertragen.

Ist die Übertragung erfolgreich verlaufen, sollten Sie die Verbindung trennen, denn die Liste bleibt auch auf Ihrem Rechner erhalten, wenn Sie nicht mit dem Internet verbunden sind.

3.2.2 Sich einen Überblick über die Newsgroups verschaffen

Nachdem die Liste der Newsgroups erfolgreich auf Ihren Rechner übertragen wurde, können Sie ganz leicht durch das Angebot blättern, um nachzuschauen, ob eine interessante Gruppe für Sie dabei ist.

Wählen Sie den Befehl `Newsgroups` aus dem Menü `Extras`. Es öffnet sich ein Fenster, in dem alle Gruppen aufgeführt sind, die sich auf dem Server Ihres Providers befinden. Blättern Sie sich durch diese Liste oder tragen Sie einen Begriff, der Sie interessiert in den oberen Teil des Fensters ein. Sofern eine solche Gruppe vorhanden ist, wird diese im Hauptteil des Fensters markiert.

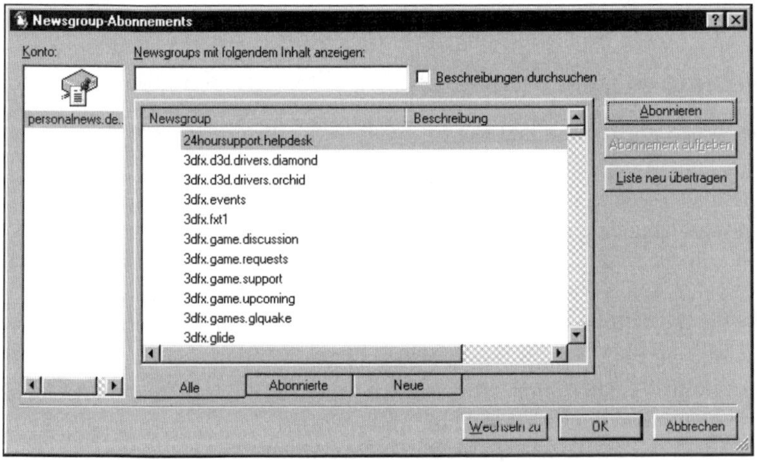

Abbildung 3-5: In diesem Fenster schaffen Sie sich einen Überblick über die verfügbaren Newsgroups.

Sind Sie hier nicht auf eine für Sie interessante Gruppe gestoßen, heißt das aber noch lange nicht, dass es keine entsprechende Newsgroup gibt. Zum Glück bietet das Internet selbst einige gute Suchfunktionen, um nach den Namen von Newsgroups Ausschau zu halten.

Eine der besten Quellen für die Suche nach bestimmten Newsgroups ist das Usenet Info Center Launch Pad, das Sie unter

`http://sunsite.unc.edu/usenet-i/`

erreichen können. Diese Suchhilfe ist enorm leistungsstark und gibt Ihnen für die Recherche eine Reihe von Optionen an die Hand. Wenn Gruppen gefunden wurden, die Ihren Suchkriterien entsprechen, können Sie über die Einträge noch eine Reihe zusätzlicher Informationen abrufen. Zum Beispiel, wie viele Nachrichten im Laufe eines Monats dort veröffentlicht werden, oder wie viele Newsserver die Gruppen auch tatsächlich führen. Beide Zahlen sind ein guter Anhaltspunkt dafür, ob es sich überhaupt lohnt, die Gruppen zu lesen.

Ebenfalls eine gute Adresse für die Suche nach Newsgroups ist Infinite InkFinding News Groups. Unter der Adresse:

`http://www.best.com/~ii/internet/messaging/newsgroups/`

kann unter einer gut gestalteten Eingabemaske komfortabel gesucht werden.

Sofern Sie über keine schnelle Verbindung zum Netz verfügen, sei Ihnen die folgende Adresse sehr ans Herz gelegt. Bei Robert Wisdoms Newsgroup Finder haben Sie mit einer übersichtlichen Weltkarte die Gelegenheit, sich über die in den einzelnen Staaten einsehbaren

Newsgroups zu informieren. Die Weltkarte ist dabei aus Textelementen gestaltet, so dass auch bei einer langsamen Verbindung ein schneller Zugriff auf die Informationen gewährleistet ist.

`http://www.robotwisdom.com/finder/index.html`

3.2.3 Newsgroups abonnieren

Möchten Sie eine Gruppe regelmäßig lesen, sollten Sie die Gruppe abonnieren. Im Gegensatz zu Abonnements aus der Zeitschriftenwelt gehen Sie damit keinerlei Verpflichtungen ein. Sie teilen Ihrem Newsreader damit nur mit, dass Sie die Nachrichten innerhalb der Gruppe regelmäßig verfolgen möchten. Das Programm gleicht dann die Nummern der von Ihnen gelesenen Nachrichten mit den Nummern auf dem Newsserver ab. Dadurch merkt sich das Programm, welche Nachrichten Ihnen bereits als neue Mitteilungen gezeigt worden sind. Abonnieren Sie die Gruppe nicht, erscheinen jedes Mal wenn Sie die Gruppe anwählen, alle Nachrichten neu für Sie. Das hat den Nachteil, dass die Betreffzeilen der Artikel jedes Mal komplett auf Ihren Rechner übertragen werden müssen und Sie so unnötig Telefongebühren zahlen müssen.

Das Abonnieren einer Newsgroup ist mit den Newsreadern sehr einfach. In Outlook Express beispielsweise rufen Sie über `Newsgroups` aus dem Menü `Extras` die Liste der verfügbaren Gruppen auf. Haben Sie eine Gruppe gefunden, die Sie abonnieren möchten, klicken Sie einfach auf die Schaltfläche `Abonnieren`. Von nun an merkt sich das Programm welche Nachrichten bereits übertragen wurden und lädt zukünftig nur die Überschriften auf Ihren Rechner herunter, die wirklich neu für Sie sind.

3.3 Wenn Ihr Provider nicht alle Newsgroups führt

Kaum ein Internet Provider verfügt über die Kapazitäten, um wirklich alle Newsgroups zur Verfügung zu stellen. Um die täglich eintreffenden Nachrichten wenigstens ein oder zwei Tage zu speichern, wird eine sehr große Festplattenkapazität gebraucht. Aus diesem Grunde beschränken sich die Provider darauf, ihren Kunden einen repräsentativen Querschnitt aus den existierenden Gruppen bereitzustellen, wobei es je nach Provider unterschiedliche Vorstellungen darüber gibt, wie umfangreich ein solcher Querschnitt bemessen sein sollte. Führt Ihr Provider eine von Ihnen gewünschte Gruppe nicht, haben Sie zwei Möglichkeiten. Fragen Sie als Erstes einmal nach, ob es möglich ist, Ihnen diese Gruppe zur Verfügung zu stellen. So stellt die Deutsche Telekom den Nutzern ihres Online-Dienstes T-Online auf Wunsch besondere Gruppen bereit. Gerade auch kleinere Provider werden ähnlich kundenorientiert arbeiten. Sollten Ihr Provider aber partout nicht mit sich reden lassen, haben Sie immer noch die Möglichkeit auf öffentliche Newsserver bzw. spezielle Angebote im Internet auszuweichen.

Eine Mischung aus öffentlichem Server und geschlossenem System ist der Service Newsguy.com. Das Angebot ist aus dem populären Zippo.com hervorgegangen. Die Betreiber bieten auf einer Reihe von Newsgroups freien Zugriff. Will der Kunde jedoch die Möglichkeit haben, alle bei Newsguy.com lieferbaren Newsgroups einzusehen, wird eine moderate Jahresgebühr fällig, die gleich mit Hilfe der Kreditkarte zu begleichen ist. Das System arbeitet sehr stabil und zuverlässig. Wenn Sie eine Newsgroup wirklich dringend brauchen, probieren Sie es am besten unter:

`http://www.newsguy.com`

Ist Ihnen die Lektüre der Newsgroups kein Geld wert, oder führt selbst Newsguy.com die entsprechende Gruppe nicht, müssen Sie versuchen, diese auf einem öffentlichen Server zu erreichen. Bitte bedenken Sie hier aber, dass Sie auf diesem Rechner ein Gast sind und benehmen Sie sich so, wie Sie es auch von Ihren Gästen erwarten würden. Stundenlange Online-Sessions gehören sich nicht, weil der Rechner vom Betreiber selber benötigt wird. Zusammenstellungen öffentlicher Newsserver finden Sie am besten, wenn Sie eine der Suchmaschinen mit der Suche beauftragen. Eine Liste an dieser Stelle abzudrucken, macht nur wenig Sinn, da Sie bereits bei Auslieferung des Buches wieder veraltet wäre.

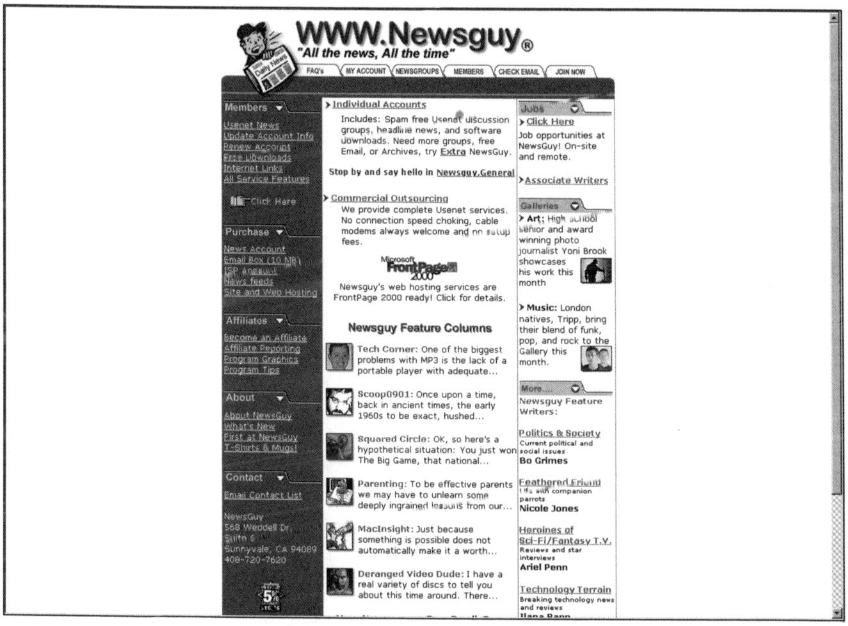

Abbildung 3-6: Newsguy.com bietet Zugriff auf alle Newsgroups.

3.4 Mit Newsgroups arbeiten

Die meisten Newsgroups unterhalten wie Mailing-Listen eine Zusammenstellung der häufig gestellten Fragen (FAQ). Diese Listen werden in regelmäßigen Abständen (wöchentlich oder monatlich) in der Gruppe selbst veröffentlicht. Sie brauchen also unter Umständen bei einer Frage nicht sofort eine Nachricht in die Gruppe zu posten. Möchten Sie nicht auf das Erscheinen der FAQ warten, schauen Sie doch einfach mal in die Newsgroups *.answers hinein, die für jede Hierarchiestufe der Newsgroups existieren. *Rec.answers* versammelt etwa die FAQs der Hierarchie rec, *soc.answers* die der Hierarchie soc usw.

Sind Sie auf der Suche nach Informationen, ist die FAQ ein gutes Mittel nachzuschauen, ob Ihre Fragestellung häufiger behandelt worden ist und welche Antworten die anderen Teilnehmer parat hatten. Es könnte sein, dass Ihre Anfrage erst vor kurzem in der Gruppe behandelt worden ist. Wundern Sie sich nicht, wenn die Teilnehmer dann nur kurz auf diesen Sachverhalt verweisen. Möchten Sie eine solche zurückliegende Nachricht lesen, sind die Archive der Newsgroups eine gute Recherchequelle.

3.4.1 In zurückliegenden Artikeln recherchieren

Eines der bekanntesten News-Archive ist DejaNews, das Sie unter

`http://www.deja.com`

erreichen.

Deja.com hat einmal als reines Archiv für Newsgroups begonnen, sich aber mittlerweile zu einem so genannten Meinungsportal weiter entwickelt. Kunden können sich hier über Produkte informieren, indem sie die Meinungen anderer Verbraucher zu einem Produkt einsehen. Die Meinungen sind in verschiedene Channels einsortiert, die Ihnen bereits auf der Homepage angeboten werden. Möchten Sie die Beiträge in den Newsgroups einsehen und in Ihnen recherchieren, dann folgen Sie bitte dem Link auf der Homepage, der mit `Search Discussions` bezeichnet ist. Sie gelangen damit zu einem kleinen Eingabeformular. Gleich unterhalb der Schaltfläche finden Sie eine kleine Dropdown-Liste, aus der Sie die Bereiche auswählen können, in denen Deja suchen soll.

- complete: Es werden alle von DejaNews archivierten Beiträge durchsucht.
- standard: Dabei handelt es sich um die Newsgroups ohne binären Inhalt oder Verkaufsangebote.
- adult: Hierbei beschränkt sich die Suche auf die Gruppen des Usenet, die sich dem zwischenmenschlichen Bereich widmen, respektive dem Tausch von erotischem oder pornographischen Bildmaterial vorbehalten sind.
- jobs: Damit werden nur die Gruppen durchsucht, in denen sich Stellenangebote finden.
- for sale: Die Suche beschränkt sich auf Newsgroups, in denen Verkaufsangebote zu finden sind.

Der Eröffnungsbildschirm gestattet Ihnen bereits eine schnelle und exakte Suche. Die Begriffe in der Eingabezeile werden mit dem Booleschen Parameter „UND" verknüpft. Ausführlichere Suchmöglichkeiten offeriert das System über die „Power Search" genannte Eingabemaske.

In der Eingabezeile notieren Sie die gewünschten Begriffe. Mit Hilfe des kleinen Auswahlfeldes darunter können Sie definieren, ob die Suchbegriffe gleichzeitig in einem

Dokument vorkommen sollen, also über die Verknüpfung „UND“ miteinander verbunden werden sollen (Einstellung „All“), oder aber ob es ausreicht, wenn bereits einer der Ausdrücke in dem Newsbeitrag auftaucht. In diesem Fall aktivieren Sie die Option „Any“.

Gleich darunter finden Sie eine Auswahlliste, mit der Sie die Suche auf einen bestimmten Bereich von Deja beschränken können. Es handelt sich hier um die gleichen Einstellungen, die Sie bereits auf der Homepage vornehmen konnten.

Mit Hilfe der Auswahl „Language“ definieren Sie die Sprache, in der ein Beitrag verfasst sein muss, um bei der Suche berücksichtigt zu werden.

Interessant ist der Bereich, der anschließend folgt. Hier haben Sie die Möglichkeit, ganz gezielt nach folgenden Kriterien zu suchen:

- Einer Betreffzeile,
- einer bestimmten Newsgroup,
- dem Verfasser eines Beitrags und schließlich
- einem Datumsbereich, aus dem der gefundene Beitrag stammen muss, um als relevant für die Suche zu gelten.

Abbildung 3-7: Die Startseite von DejaNews.

Mit diesen Operatoren sind Sie in der Lage, komplexe Suchanfragen zu formulieren

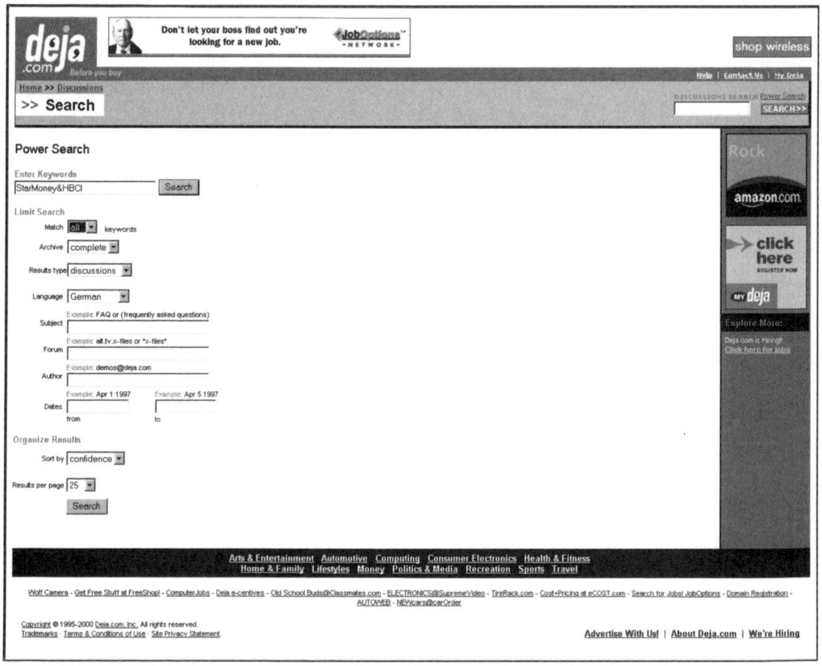

Abbildung 3-8: Powersearch mit DejaNews.

Ist die Suche bei DejaNews erfolgreich, wird Ihnen das Ergebnis sehr übersichtlich in Tabellenform dargestellt. Sind Sie der Meinung, dass es sich lohnt, einen der aufgelisteten Beiträge genauer zu studieren, klicken Sie einfach auf den als Link ausgeführten Betreff. Es wird Ihnen dann in einem neuen Bildschirmfenster der Inhalt der Nachricht präsentiert. Im oberen Bereich einer solchen Nachrichtenanzeige finden Sie immer zwei Links vor. Einmal einen Verweis, der auf die Newsgroup selber zielt. Damit können Sie sich einen guten Überblick über alle Beiträge der Gruppe verschaffen. Zum anderen finden Sie einen Link auf den so genannten Thread. Damit sind alle Beiträge gemeint, die sich aufeinander beziehen. Sie haben mit einem Mausklick die Möglichkeit, alle Antworten auf eine Anfrage in der Übersicht zu sehen, um gezielt einen Beitrag auszuwählen.

Auch beim Web-Verzeichnis Web.de können Sie in den Newsgroups stöbern, allerdings ist der Zeitraum zurückliegender Meldungen nicht so groß wie bei Deja.com.

In der Standardeingabemaske auf der Homepage, die Sie unter

`www.web.de`

erreichen, tragen Sie die gewünschten Begriffe ein.

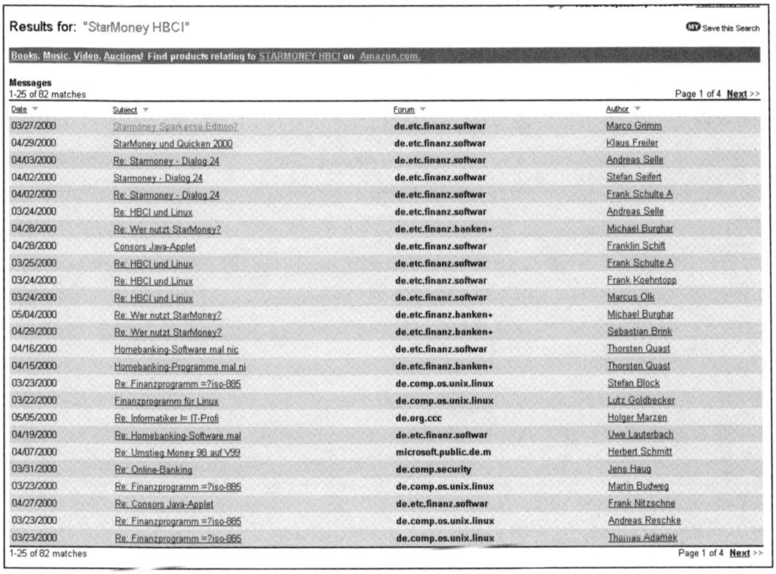

Results for: "StarMoney HBCI"

Save this Search

Books, Music, Video, Auctions! Find products relating to STARMONEY HBCI on Amazon.com.

Messages
1-25 of 82 matches

Page 1 of 4 Next >>

Date	Subject	Forum	Author
03/27/2000	Starmoney Sparkasse Edition?	de.etc.finanz.softwar	Marco Grimm
04/29/2000	StarMoney und Quicken 2000	de.etc.finanz.softwar	Klaus Freiler
04/03/2000	Re: Starmoney - Dialog 24	de.etc.finanz.softwar	Andreas Selle
04/02/2000	Starmoney - Dialog 24	de.etc.finanz.softwar	Stefan Seifert
04/02/2000	Re: Starmoney - Dialog 24	de.etc.finanz.softwar	Frank Schulte A
03/24/2000	Re: HBCI und Linux	de.etc.finanz.softwar	Andreas Selle
04/28/2000	Re: Wer nutzt StarMoney?	de.etc.finanz.banken+	Michael Burghar
04/28/2000	Consors Java-Applet	de.etc.finanz.softwar	Franklin Schift
03/25/2000	Re: HBCI und Linux	de.etc.finanz.softwar	Frank Schulte A
03/24/2000	Re: HBCI und Linux	de.etc.finanz.softwar	Frank Koehntopp
03/24/2000	Re: HBCI und Linux	de.etc.finanz.softwar	Marcus Olk
05/04/2000	Re: Wer nutzt StarMoney?	de.etc.finanz.banken+	Michael Burghar
04/29/2000	Re: Wer nutzt StarMoney?	de.etc.finanz.banken+	Sebastian Brink
04/16/2000	Homebanking-Software mal nic	de.etc.finanz.softwar	Thorsten Quast
04/15/2000	Homebanking-Programme mal ni	de.etc.finanz.banken+	Thorsten Quast
03/23/2000	Re: Finanzprogramm =?iso-885	de.comp.os.unix.linux	Stefan Block
03/22/2000	Finanzprogramm für Linux	de.comp.os.unix.linux	Lutz Goldbecker
05/05/2000	Re: Informatiker != IT-Profi	de.org.ccc	Holger Marzen
04/19/2000	Re: Homebanking-Software mal	de.etc.finanz.softwar	Uwe Lauterbach
04/07/2000	Re: Umstieg Money 98 auf V99	microsoft.public.de.m	Herbert Schmitt
03/31/2000	Re: Online-Banking	de.comp.security	Jens Haug
03/23/2000	Re: Finanzprogramm =?iso-885	de.comp.os.unix.linux	Martin Budweg
04/27/2000	Re: Consors Java-Applet	de.etc.finanz.softwar	Frank Nitzschne
03/23/2000	Re: Finanzprogramm =?iso-885	de.comp.os.unix.linux	Andreas Reschke
03/23/2000	Re: Finanzprogramm =?iso-885	de.comp.os.unix.linux	Thomas Adamek

1-25 of 82 matches

Page 1 of 4 Next >>

Abbildung 3-9: Ergebnis einer Suche bei DejaNews

Direkt neben der Eingabemaske finden Sie dann eine Auswahlliste, aus der Sie dann den Eintrag NewsGroups selektieren. Nach einem Druck auf die Schaltfläche `Suchen`, werden Ihnen wie bei Deja.com die gefundenen Beiträge in Listenform präsentiert.

3.4.2 Nachrichten verfassen

Konnten Sie keinen Beitrag finden, der Ihre Frage beantwortet hat, werden Sie selber ein Posting aufsetzen müssen. Sofern Sie ein entsprechendes Newskonto in Ihrer Software eingerichtet haben, ist dies schnell erledigt. Es ist im Übrigen aber auch möglich, bei einem Dienstleister wie deja.com eigene Beiträge zu verfassen. Allerdings setzt dies eine Registrierung bei diesem Dienst voraus.

In Outlook Express markieren Sie im linken Teil des Fensters die Newsgroup, in der Ihr Beitrag erscheinen soll. Wählen Sie nun aus dem Menü `Verfassen` den Befehl `Neue Nachricht`. Es öffnet sich das Editorenfenster, in dem als Empfänger der Nachricht bereits der Name der Newsgroup erscheinen sollte. Tragen Sie nun in das Feld `Betreff` eine kurze prägnante Zusammenfassung Ihres Anliegens ein und verfassen Sie im Hauptteil des Fensters die eigentliche Mitteilung. Haben Sie die Eingabe beendet, genügt ein Klick auf die Schaltfläche `Bereitstellen`.

Die Nachricht wandert dadurch in den Postausgang und wird bei Ihrer nächsten Onlinesitzung bereitgestellt.

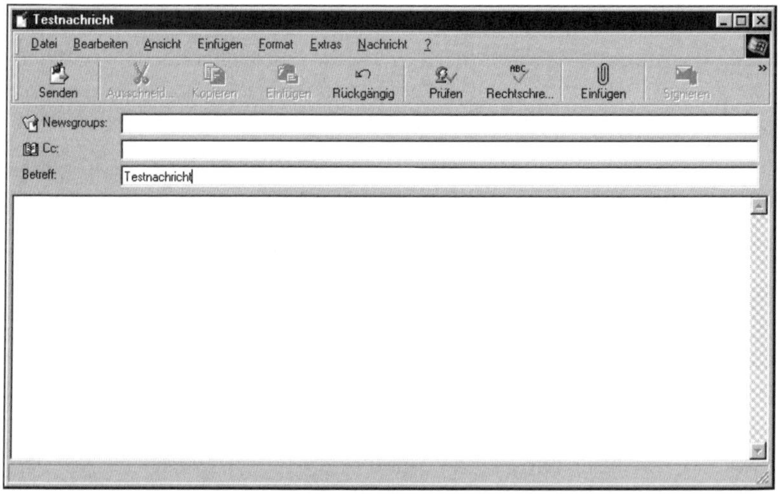

Abbildung 3-10: In diesem Fenster tragen Sie den Text Ihrer Mitteilung ein.

Auch mit Deja.com ist das Verfassen einer Nachricht nicht kompliziert.

Sie finden im Kopfbereich einer jeden Bildschirmseite den Verweis `Post`. Folgen Sie diesem, so gelangen Sie zu einem einfach aufgebautem Formular, das Schritt für Schritt von Ihnen alle notwendigen Angaben erfragt.

Tragen Sie im ersten Schritt den Namen der gewünschten Newsgroup in das erste kleine Formularfeld ein. Sind Sie nicht sicher, in welche Newsgroup Sie die Nachrichten stellen möchten, folgen Sie einfach dem Link neben dem Feld, der mit „`Find a different group`" beschriftet ist.

Im zweiten Schritt müssen Sie eine gültige E-Mail-Adresse eintragen, unter der Sie für andere Teilnehmer erreichbar sind. Damit geben Sie den anderen auch die Möglichkeit, Sie privat zu erreichen.

In das dritte Feld des Formulars tragen Sie den Betreff Ihrer Mitteilung an. Denken Sie dabei bitte an die in der Gruppe verwendete Sprache!

Das größte Feld dient dann der Eingabe der eigentlichen Mitteilung. Hier haben Sie genügend Platz, um Ihr Anliegen vorzutragen. Sollte sich bereits Text innerhalb dieses Fensters befinden, so liegt dies daran, daß Sie auf eine Nachricht in einer Newsgroup geantwortet haben. Dabei wird die ursprüngliche Mitteilung zitiert. Es hat sich allgemein eingebürgert, mit Hilfe dieser so genannten Quotes zu arbeiten.

Drücken Sie, nachdem Sie noch einmal alle Felder kontrolliert haben, auf die Schaltfläche `Submit my Message`, um die Nachricht abzusenden.

Wie Sie sehen, sind die Newsgroups des Internets eine sehr umfangreiche Informationsquelle, die sich durch Archive inzwischen auch bequem erschließen läßt. Eines sollte aber nicht verschwiegen werden. Wie bei allen Recherchen gilt auch für Beiträge aus den Newsgroups, dass sie einer Überprüfung bedürfen. Vielleicht hat derjenige, der eine Nachricht geschrieben hat, von dem Thema, um das es geht, gar keine Ahnung? Seien Sie also kritisch und versuchen Sie zumindest noch eine Quelle zu finden, die das gleiche aussagt.

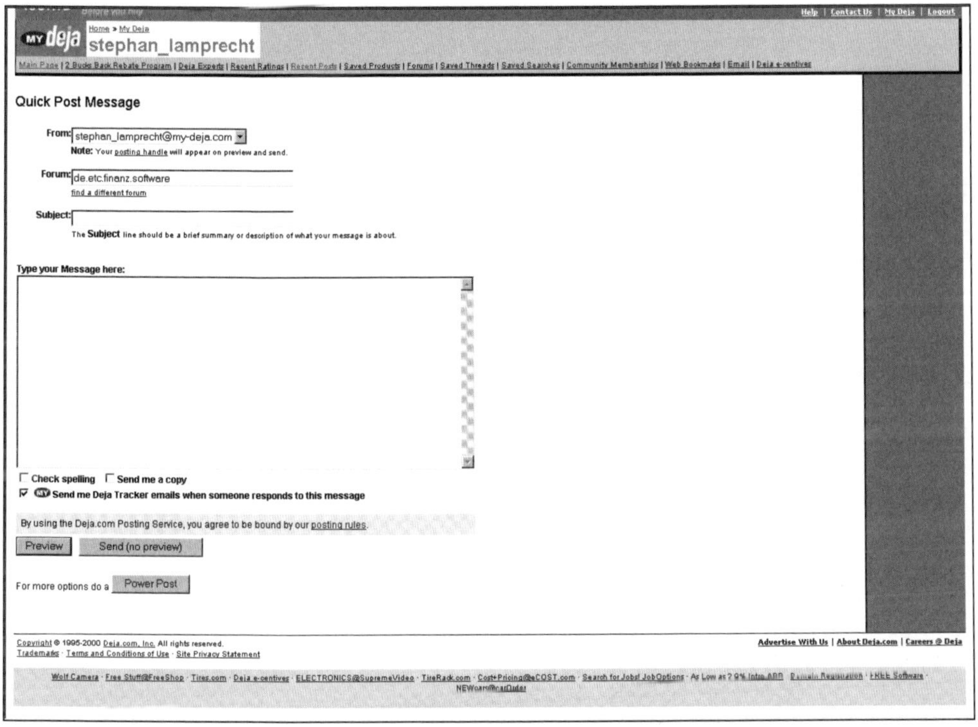

Abbildung 3-11: In dieses Formular tragen Sie Ihre Nachricht bei DejaNews ein.

4 World Wide Web – das Info-Universum

Als ich mich vor einigen Jahren zum ersten Mal mit dem Internet beschäftigt habe, war der Boom der letzten Jahre noch nicht vorher zusehen. Das World Wide Web ist heute für die meisten Anwender das Synonym für das Internet schlechthin. Immer mehr Anwendungen des Netz lassen sich mit Hilfe eines Browsers nutzen. E-Mail, Newsgroups, ja sogar chatten mit Hilfe des Internet Relay Chat (IRC) ist inzwischen damit möglich. Waren die Browser eigentlich als Betrachter und Editoren für HTML-Dokumente geplant, haben sie sich inzwischen zu einer der wichtigsten Anwendungen auf dem Desktop entwickelt. Noch nie waren rund um den Globus verteilte Informationen so elegant miteinander verknüpft. Noch nie waren Informationen so schnell abrufbar.

Das Internet und besonders das WWW werden heute immer mehr zum wichtigsten Kommunikationsmittel weltweit. Daran ändern auch die unzähligen E-Commerce Angebote nichts, die dem Kunden bequemes Einkaufen vom heimischen PC offerieren. Doch das WWW kann auch einfach nur Spaß machen: Angebote, die zum Onlinespielen einladen gibt es ebenso, wie Seiten, die begleitend zu großen Kinoereignissen erscheinen und mit ihren multimedialen Effekten und Benutzeroberflächen einfach Spaß machen.

In diesem Kapitel möchte ich Ihnen zeigen, wie Sie das Datenuniversum des World Wide Web für sich nutzen können.

4.1 Software, die Sie brauchen

In diesem Abschnitt stelle ich Ihnen einige Softwareprodukte vor, die für die Arbeit mit dem World Wide Web nützlich sind.

4.1.1 Browser

Als das WWW am Forschungsinstitut CERN in Genf „erfunden" wurde, waren die Hypertextdokumente alles andere als komfortabel miteinander verknüpft. Erst die grafische Benutzeroberfläche eines Browsers machte das Surfen im Internet populär und für jedermann verständlich. Heute sind Browser für das Internet ein fester Bestandteil fast jedes Rechnersystems. Wer heute einen neuen PC kauft, findet dort bereits mindestens einen Browser installiert, oder wie im Fall von Windows 98 bereits fest in das Betriebssystem integriert. Doch auch mobile Geräte wie der PalmPilot oder die Personal Digital Assistants (PDA) von Psion sind heute in der Lage, Informationen aus dem WWW abzurufen. Auf dem Markt existieren einige verschiedene Browsermodelle für die unterschiedlichen Betriebssysteme, auf dem IBM-kompatiblen PC haben sich allerdings nur zwei Produkte wirklich durchgesetzt: Der Internet Explorer aus dem Hause Microsoft, der inzwischen in der Version 5 vorliegt und der Netscape Navigator. Diese beiden Konkurrenten lieferten sich einen erbitterten Kampf um die Vorherrschaft auf dem Markt. Dieser Kampf scheint nunmehr zugunsten Microsofts entschieden zu sein. Jedoch schickt sich Netscape, das inzwischen zur

Firmengruppe des Onlinedienstes AOL gehört, während der Arbeit an diesem Manuskript an, den Konkurrenten Microsoft noch einmal herauszufordern.

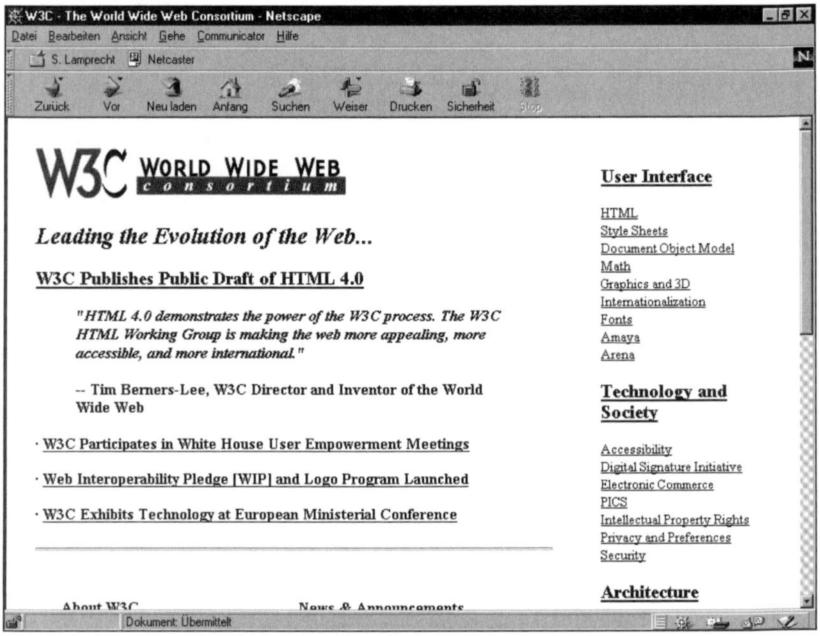

Abbildung 4-1: Der Netscape Communicator 4.0

Beide Programme bieten dem Nutzer inzwischen nicht nur einen Browser, sondern auch zahlreiche zusätzliche Programme, die sich im Alltag mit dem Internet bewähren. Dazu zählen etwa ein vollwertiges E-Mail-Programm, ein Reader für Newsgroup, Software, mit der Sie interaktiv mit anderen Internetnutzern über die Tastatur „reden" (Chatten) oder gemeinsam an Dokumenten arbeiten können. Ist an Ihrem PC eine Kamera angeschlossen, sind sogar Videokonferenzen möglich.

Welches Produkt Sie letztlich einsetzen wollen, ist mehr eine Frage des persönlichen Geschmacks denn des Umfangs der Featureliste. Sofern Sie über eine schnelle Internet-Anbindung verfügen, können Sie sich den Netscape Communicator unter der URL

`http://www.netscape.com`

auf Ihren Rechner kopieren. Den Internet Explorer der Firma Microsoft erhalten Sie unter

`http://www.microsoft.com`

4.1.2 Offline Reader

Eine Softwaregattung, die dem Anwender sehr viele Vorteile bietet, sich aber rätselhafterweise noch nicht so recht hat durchsetzen können, sind Offline-Reader (OLR) für das WWW. Mit Hilfe dieser Programme ist es möglich, komplette Web-Sites auf den eigenen

Rechner zu kopieren, um diese dann zu lesen und zu durchsuchen, ohne mit dem Netz verbunden zu sein. Auf diese Weise können Sie bei der Recherche Gebühren sparen, denn wenn Sie sich einmal selbst beim Surfen im Web beobachten, werden Sie mit Sicherheit feststellen, dass Sie 90% der Zeit tatenlos vor dem Rechner sitzen: Entweder warten Sie auf die Übertragung der angeforderten Seite, oder aber sind damit beschäftigt, die übertragenen Informationen zu lesen. Ein Offline-Reader dagegen ist in der Lage, mehrere Verbindungen zu gleich zum angewählten Server aufzubauen, wodurch die Seiten viel schneller übertragen werden. Die meisten Programme dieser Art sind darüber hinaus in der Lage, mit Hilfe eines Timers unbeaufsichtigt automatisch gestartet zu werden. Dadurch können Sie Ihre Anfragen auf günstige Tarifzeiten legen und noch einmal Geld sparen.

Ein sehr beliebtes und sehr preisgünstiges Programm ist Teleport Pro. Der Anwender wird bei der Installation der Software von Assistenten unterstützt, und auch bei der Erstellung eines so genannten Projektes (das sind die einzelnen Aufgaben, die das Programm durchführen soll) wird der Nutzer nicht allein gelassen.

Die mit Teleport Pro empfangenen HTML-Seiten bleiben weiterhin voll lauffähig. Sie können sich also auf Ihrer Arbeitskopie genauso bewegen, als stünden Sie in einer direkten Verbindung mit dem entsprechenden Server.

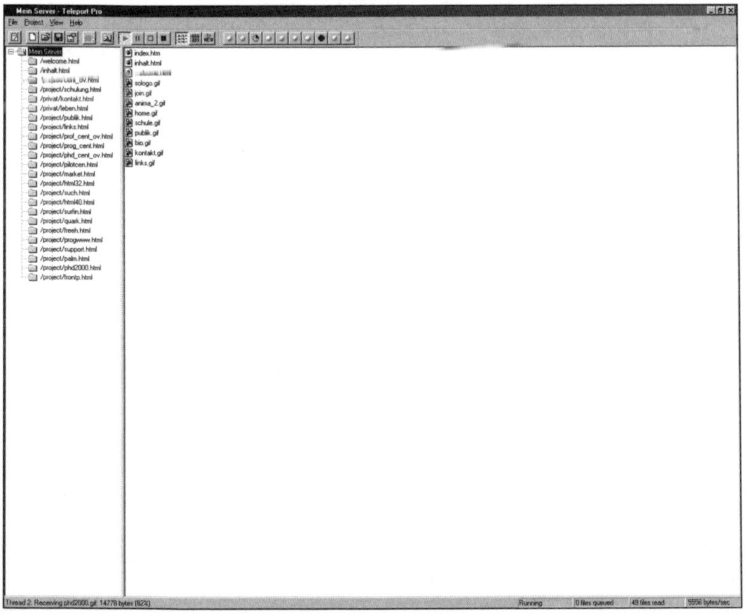

Abbildung 4-2: Eine komplette Web-Site ist mit Teleport Pro schnell kopiert.

4.1.2.1 Eine Web-Site mit Teleport Pro empfangen

In diesem Abschnitt möchte ich Ihnen zeigen, wie Sie mit Teleport Pro eine Web-Site empfangen können. Die hier vorgenommenen Einstellungen lassen sich auch in anderen Programmen wiederfinden.

Nachdem erfolgreichem Download des Programms von der Web-Site des Herstellers genügt ein Doppelklick auf den Dateinamen, um mit der Installation der Software zu beginnen. Diese läuft völlig unkompliziert ab.

Starten Sie anschließend das Programm über seinen Eintrag innerhalb des Startmenüs. Wählen Sie nun aus dem Menü `File` den Eintrag `New Project Wizard`. Es wird das erste Fenster des Verbindungsassistenten eingeblendet. Markieren Sie hier die Checkbox `Create a browsable copy of a website on my hard drive`. Dadurch erstellen Sie eine Kopie einer Web-Site auf Ihrer Festplatte, mit der Sie dann arbeiten können, als ob Sie mit dem Web verbunden sind.

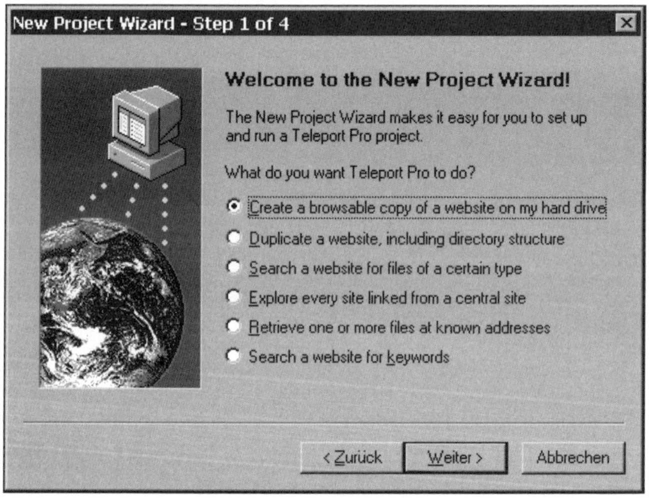

Abbildung 4-3: Legen Sie zunächst fest, was Sie mit Teleport Pro erzeugen möchten.

Drücken Sie auf die Schaltfläche `Weiter`, um zum nächsten Fenster zu gelangen. In diesem tragen Sie in die obere Zeile die korrekte Adresse der Web-Site ein, die Sie untersuchen möchten. Die zweite Eingabezeile dient dazu, dem Projekt einen eindeutigen Namen zu geben, unter dem Sie die Seiten schneller wiederfinden. Wieder führt Sie ein Druck auf `Weiter` zum nächsten Fenster.

Hier legen Sie fest, welche Komponenten Sie von der entsprechenden Web-Site auf Ihren Rechner laden möchten. Sie haben hier die Wahl zwischen verschiedenen Optionen. So können Sie ausschließlich die Texte der Seiten laden oder Sie entscheiden sich für Text- und Grafikdateien. Auf Wunsch lädt Teleport auch alle Inhalte der Site auf Ihren Rechner, d.h.

zum Beispiel auch Java Applets oder Programmdateien, die sich auf den Seiten befinden. Diese Option sollten Sie mit Vorsicht genießen und nur dann einsetzen, wenn Sie das Angebot bereits kennen. Lassen Sie Teleport unbeaufsichtigt arbeiten, kann es Ihnen passieren, dass Ihr Rechner die halbe Nacht damit beschäftigt ist Daten herunterzuladen, was ein recht teures Vergnügen werden kann.

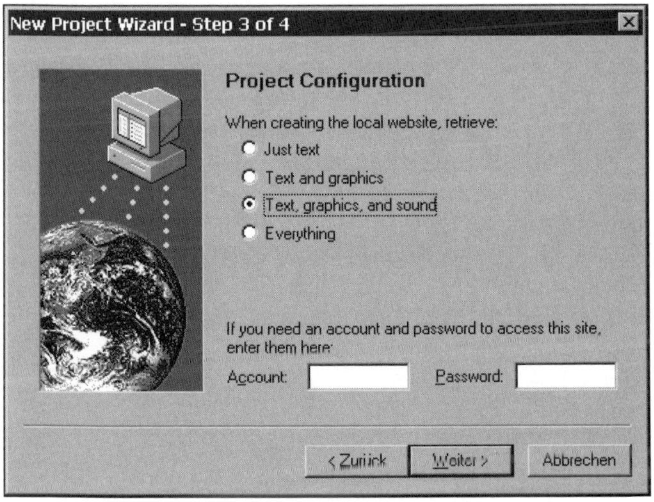

Abbildung 4-4: Teilen Sie Teleport mit, welche Art von Dateien Sie auf Ihren Rechner kopieren möchten.

Mit einem Druck auf `Weiter` schließen Sie die Grundeinstellung des Projektes ab. Sie gelangen damit zum letzten Fenster des Assistenten. Drücken Sie hier auf `Fertig Stellen`, um die Einstellungen zu übernehmen.

Sie werden nun nach einem Dateinamen für diese Konfigurationsdatei gefragt. Speichern Sie diese Datei dann in dem vorgeschlagenen Ordner ab.

Bevor Sie nun mit dem Download beginnen, sollten Sie noch zwei weitere Einstellungen vornehmen. Zum einen kann es sein, dass Sie bei Ihrer Verbindung mit dem Web einen sogenannten Proxy-Server verwenden bzw. verwenden müssen. Ein solcher Server ist eigentlich nichts anderes als ein großer Zwischenspeicher, in dem Ihr Provider abgerufene Seiten lagert. Sollen diese ein weiteres Mal angefordert werden, was bei populären Angeboten häufiger der Fall sein wird, müssen sie nicht erst wieder über das Netz transportiert werden, sondern werden aus diesem Proxy entnommen. Dieses Verfahren bietet zwei Vorteile: Zum einen bauen sich die Seiten sehr viel schneller auf, da die Daten viel schneller übertragen werden können, zum anderen spart der Provider selbst Gebühren. Die Einstellungen für den Proxy-Server nehmen Sie über einen eigenen Dialog innerhalb von Teleport vor. Wählen Sie den Befehl `Proxy Server` aus dem Menü `File`. Aktivieren Sie die Checkbox innerhalb des Fensters und tragen Sie die Adresse des Proxy Servers ein. Diese Angaben entnehmen Sie dem Datenblatt Ihres Providers.

Schließlich sollten Sie festlegen, wie tief Teleport die Struktur einer Site durchsuchen soll, denn das Programm ist durchaus in der Lage, auch die Verweise auf externe Angebote zu verfolgen. Auch hier lauert die Gebührenfalle, denn so wird schnell aus einigen wenigen Seiten der Download einer Web-Site mit mehreren Tausend Seiten.

Um diese Feineinstellungen vorzunehmen, wählen Sie aus dem Menü `Project` den Befehl `Starting Adress Properties`. Es öffnet sich daraufhin das Konfigurationsfenster. Hier finden Sie nochmals die URL der Site aufgelistet, die Sie besuchen möchten. In diesem Zusammenhang wichtig ist das kleine Eingabefeld innerhalb des Fensters. Hier tragen Sie ein, wie viele Links von der Startseite aus verfolgt werden sollen. Haben Sie hier beispielsweise einen Wert von drei eingetragen, so werden alle Seiten besucht, auf die von der Homepage aus verwiesen wird, ebenfalls alle Seiten, auf die von diesen Seiten aus verwiesen wird und schließlich auch die Seiten der nächsten Ebene.

Gleich darunter finden Sie weitere Checkboxen, die die Suchtiefe von Teleport festlegen. Sollen nur die Seiten innerhalb der angegebenen URL besucht werden, so lassen Sie die Checkbox aktiviert, die die URL noch einmal auflistet und mit `adresses that begin with` beschriftet ist.

Sollen auch die externen Verweise des Angebots verfolgt werden, so ist die Option `Anywhere within the path of external links` die korrekte Option. Hier müssen Sie aber mit einem recht umfangreichen Download rechnen.

Auch die Suchtiefe innerhalb dieses externen Angebots kann näher bestimmt werden. Legen Sie fest, wie viele Dateien von einem solchen entfernten Link noch die Verweise verfolgt werden sollen. Dazu aktivieren Sie die Option `files up to links away from any external links`.

Haben Sie alle Einstellungen vorgenommen, schließen Sie das Fenster mit einem Druck auf `OK`. Sie können nun online gehen und sich die Dateien auf Ihren Rechner herunterladen. Dazu drücken Sie innerhalb des Programmfensters einfach auf den Schalter, der wie ein Wiedergabeknopf bei einem Kassettenrecorder gestaltet ist.

Teleport Pro geht bei Ihrer Arbeit mit dem Programm davon aus, dass Sie die voreingestellte Internet-Verbindung auf Ihrem System nutzen möchten. Sie können aber auch eine andere DFÜ-Netzwerk Verbindung verwenden. Die entsprechenden Optionen finden Sie unter dem Menüpunkt `Connections` aus dem Menü `File`.

Haben Sie nun Lust bekommen, diesen Offline-Reader einmal selbst auszuprobieren, finden Sie eine Testversion von Teleport Pro unter der URL

`http://www.tenmax.com`

Teleport Pro ist allerdings nicht die einzige Softwarelösung für das Offlinebrowsen im WWW.

4.1.3 Web-Sites mit Adobe Acrobat offline lesen

Wer nur gelegentlich einmal einige Dokumente offline lesen möchte, ist mit dem Programm Teleport Pro oder den eingebauten Funktionen des Internet Explorers von Microsoft bestens bedient. Eine Software, die die empfangenen Webseiten zusätzlich noch auf hochwertigen Druckern ausgeben kann, ist der Acrobat aus dem Hause Adobe. Wenn Sie bereits häufiger auf der Suche nach Informationen im Netz waren, kennen Sie das so genannte PDF-Format mit Sicherheit. Die Idee hinter dem Portable Document Format (PDF) aus dem Hause Adobe ist verblüffend einfach. Haben Sie eine Excel-Tabelle erstellt, deren Inhalt Sie anderen Anwendern zur Verfügung stellen möchten, benötigen diese Microsoft Excel oder ein entsprechendes Betrachtungsprogramm. Doch selbst wenn der Empfänger Ihres Dokuments über die gleiche Anwendung verfügt, mit der Sie das Dokument erzeugt haben, bedeutet dies noch nicht, dass sämtliche Einzelheiten des Dokuments auch sichtbar sind, denn vielfach ist das Erscheinungsbild von Dokumenten von weiteren Faktoren wie installierten Schriftarten oder dem verwendeten Drucker abhängig. Diese Klippen umgeht das PDF-Format. Mit Hilfe eines speziellen Druckertreibers kann der Anwender eine PDF-Datei erzeugen, die auf den unterschiedlichsten Plattformen ihr Aussehen behält. So wird auch der Dateiaustausch zwischen Windows und Macintosh erleichtert. Um solche PDF-Dateien zu erzeugen wird das Vollprodukt Acrobat von Adobe benötigt. Um solche Dokumente betrachten zu können, der Acrobat Reader, der auf vielen Zeitschriften-CDs gratis beiliegt oder auf der Web-Site von Adobe heruntergeladen werden kann.

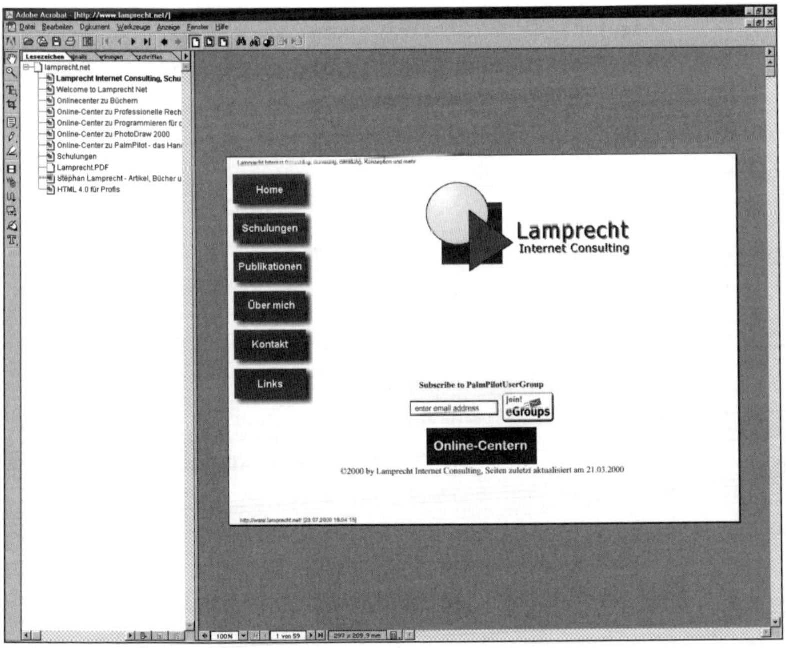

Abbildung 4-5: Die Web-Site des Verfassers in Adobes Acrobat.

Mit Hilfe des Acrobat Hauptprogramms können Sie auch Internetseiten auf Ihren Rechner herunterladen und wie gewöhnliche PDF-Dateien bearbeiten, d.h. Sie können die Datei mit Anmerkungen versehen oder auch für die Weiterverarbeitung an einem hochauflösenden Belichter vorbereiten. Um eine Website als PDF-Datei zu empfangen, wählen Sie innerhalb des Programms das Menü `Datei` aus. Markieren Sie nun den Eintrag `Web-Seite öffnen`. Es öffnet sich nun ein Dialog, in dem Sie die URL der Site eintragen und festlegen können, bis zu welcher Tiefe das Programm die Site durchsuchen soll. Haben Sie auf diese Weise alle Voreinstellungen vorgenommen, klicken Sie auf die Schaltfläche `Herunterladen`, um die Übertragung zu beginnen. Wenige Augenblicke später steht Ihnen dann die Datei zur Weiterverarbeitung zur Verfügung.

4.1.4 Der Internet Explorer als Offline-Reader

War es früher ein Problem für die Browser, komplette Internetseiten lokal abzuspeichern, d.h. nicht nur den Text, sondern auch sämtliche eingebundenen Grafiken, haben die Hersteller nachgearbeitet und stellen mehr oder weniger umfangreiche Offline-Funktionalitäten zur Verfügung. Vorbildlich ist hier der Internet Explorer von Microsoft, der es nicht nur gestattet, Web-Seiten komplett auf die eigene Festplatte zu speichern, sondern auch eine Aktualisierung dieser Inhalte nach einem festen Zeitschema möglich macht.

Um eine Web-Seite lokal abzuspeichern, gehen Sie so vor:

1. Sobald die Seite innerhalb des Browserfensters dargestellt wird, wählen Sie aus dem Menü `Datei` den Befehl `Speichern unter`.
2. Es öffnet sich nun der unter Windows übliche Dialog zum Speichern einer Datei. Achten Sie hier darauf, dass unter dem Eintrag `Dateityp` der Eintrag `Webseite, komplett` aktiviert ist.
3. Vergeben Sie nun einen Dateinamen Ihrer Wahl und legen Sie gegebenenfalls einen Ordner an, in dem Sie die Dateien abspeichern wollen.
4. Bestätigen Sie die Auswahl mit einem Druck auf OK.

Möchten Sie den Inhalt der Seite regelmäßig aktualisieren, so müssen Sie etwas anders vorgehen.

1. Rufen Sie das entsprechende Angebot im Browser auf.
2. Wählen Sie dann aus dem Menü `Favoriten` den Befehl `Zu Favoriten hinzufügen`.
3. Es öffnet sich ein kleines Fenster, das Ihnen die Möglichkeit bietet, diesem Lesezeichen eine eindeutige Bezeichnung zuzuweisen. Wenn Sie dies nicht wollen, wird der Titel der Seite verwendet, der auch im Browserfenster angezeigt wird. Aktivieren Sie hier die Option `Offline verfügbar machen`.

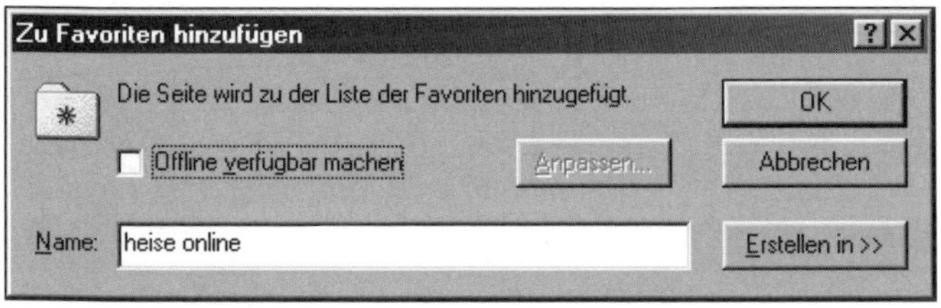

Abbildung 4-6: Mit dieser Option können Sie eine Seite auch offline verfügbar machen.

4. Im nächsten Fenster können Sie definieren, dass neben der aktuellen Seite auch noch weitere Dokumente abgerufen werden, die Sie dann ebenfalls offline betrachten können. Möchten Sie dies, so aktivieren Sie einmal das Optionsfeld `Ja` und legen dann mit Hilfe des Auswahlfeldes fest, bis zu welcher Tiefe die Links verfolgt werden sollen.
5. Drücken Sie anschließend auf die Schaltfläche `Weiter`.

Abbildung 4-7: In diesem Fenster legen Sie fest, bis zu welcher Tiefe Links verfolgt werden sollen.

6. Im abschließenden Dialog dieses Assistenten lässt sich bestimmen, ob die Seiten nach einem regelmäßigen Zeitplan aktualisiert werden sollen oder ob Sie dies manuell durchführen.
7. Nehmen Sie die gewünschte Einstellung vor und drücken Sie auf den Schalter `Weiter`.

8. Sofern die Site von Ihnen eine Autorisierung erfordert, lassen sich die benötigten Angaben wie Benutzername und Passwort in diesem Fenster hinterlegen. Tragen Sie die Angaben ein und klicken Sie auf die Schaltfläche `Fertig stellen`.

Um eine Seite, die Sie offline gespeichert haben, wieder aufzurufen, gehen Sie wie folgt vor:

1. Wählen Sie aus dem Menü Datei den Befehl `Offlinebetrieb`.
2. Aus dem Menü `Favoriten` selektieren Sie nun den gewünschten Eintrag. In diesem Menü sind im Offlinebetrieb nur die Einträge verfügbar, zu denen lokal gespeicherte Seiten vorhanden sind.
3. Die Seite wird aufgerufen.

Hinweis: Sofern zu einem Link keine Seite im Offline-Modus verfügbar ist, erkennen Sie dies daran, dass der Cursor nicht die sonst übliche Hand darstellt, sondern durch das unter Windows übliche Verbotsschild gekennzeichnet ist.

4.1.5 Die eigene Suchmaschine auf dem PC

Wer regelmäßig im World Wide Web auf Recherchetouren geht, wird bald auf eine mehr oder weniger umfangreiche Sammlung an Dokumenten zurückblicken können, die auf der Festplatte gespeichert sind. Auch wer Ordnung auf seiner Harddisk hält, bekommt recht schnell seine Probleme, wenn Dokumente schnell wieder abgerufen werden sollen. In diesem Abschnitt möchte ich Ihnen eine Software vorstellen, mit deren Hilfe Sie lokal gespeicherte Dokumente schnell wieder aufrufen können und die den Vorzug hat, kostenlos zu sein.

4.1.5.1 AltaVista Discovery

Unter der Adresse `http://discovery.altavista.com/` bietet die Firma AltaVista den Besuchern die Möglichkeit an, sich kostenlos eine eigene Suchmaschine für den PC herunterzuladen. Mit dem Programm können Sie zum einen Ihre Anfragen an die Suchmaschine AltaVista vorbereiten, zum anderen haben Sie eine Software zur Hand, die Dokumente auf Ihrer Festplatte mit der Technologie von AltaVista durchsuchen kann. Discovery kennt die wichtigsten Office-Formate und kann auch die Datenbanken der verbreiteten Mail-Applikationen auswerten.

Um mit dem Programm effizient arbeiten zu können, müssen Sie zunächst den Datenbestand Ihres PC indizieren. Dieser Vorgang ist notwendig, um die Suche schneller ablaufen zu lassen. In Ihrer Taskleiste finden Sie am unteren Rand ein neues AltaVista-Symbol. Klicken Sie mit der rechten Maustaste darauf und wählen Sie dann aus dem Kontextmenü den Eintrag `Index Management`. In dem nachfolgenden Fenster klicken Sie einmal auf den Schalter `Advanced`. Daraufhin erscheint ein weiteres Fenster, in dem Sie die Schaltfläche `Rebuild` drücken sollten. Dadurch wird ein neuer Index aufgebaut.

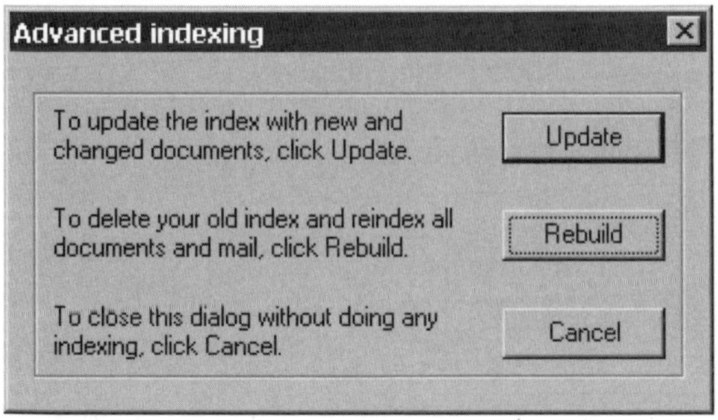

Abbildung 4-8: In diesem Fenster aktualisieren Sie den Index, oder bauen einen neuen auf.

Das WWW mit AltaVista Discovery durchsuchen

Die Suche innerhalb des WWW mit AltaVista Discovery ist sehr einfach. Nach dem Aufruf des Programms finden Sie auf Ihrem Bildschirm eine schmale Programmleiste wieder. Diese Programmleiste stellt zukünftig Ihre Benutzeroberfläche für die Suchmaschine AltaVista dar. Das Programm bietet verschiedene Bereiche an, die durchsucht werden können. Diese erreichen Sie über die kleine Dropdown-Liste, die mit `Search` beschrieben ist.

Dabei stehen die folgenden Suchgebiete zur Verfügung:

- World Wide Web
- My Browsed Pages (die bereits betrachteten Seiten)
- My Documents and Mail (E-Mail Nachrichten und sonstige Dokumente auf dem System)
- Discussion Groups (Nachrichten aus dem Usenet)
- AltaVista International

Einige dieser Listeneinträge sind dann noch einmal weiter unterteilt. So können Sie verschiedene Kombinationen von Dokumenten für die Suche festlegen, zum Beispiel nur alle Dokumente, die mit Word erstellt wurden oder ausschließlich Powerpoint-Folien.

Um das WWW nach Informationen zu durchsuchen, entscheiden Sie sich für den Eintrag World Wide Web und tragen den gesuchten oder die gesuchten Begriffe in die kleine Eingabezeile ein. Drücken Sie nun einmal auf die Schaltfläche `Search`. Sind Sie derzeit nicht mit dem Internet verbunden, stellt das Programm automatisch die Verbindung her und übergibt Ihre Anfrage an AltaVista. Ihr Browser startet und zeigt Ihnen die Fundstellen an. Bei den Einträgen innerhalb des Programmfensters haben Sie die gleichen Optionen, wie Sie bei der Beschreibung der Suchmaschine AltaVista erwähnt werden.

Abbildung 4-9: Die Eingabemaske für die Suche mit AltaVista Discovery.

Mit Discovery können Sie auch erweiterte Suchanfragen vorformulieren. Drücken Sie einmal auf das Programmlogo auf der linken Seite des Fensters. Es klappt nun ein Kontextmenü herunter, aus dem Sie den Eintrag `Advanced Search` aktivieren sollten. Dadurch werden im Programmfenster zusätzliche Eingabefelder sichtbar. Innerhalb dieser zusätzlichen Felder können Sie einen Zeitraum definieren, aus dem Dokumente stammen müssen, um als relevant zu gelten, oder aber Sie formulieren einen Booleschen Ausdruck innerhalb der entsprechenden Zeile. Auch hier stehen Ihnen die gleichen Möglichkeiten zur Verfügung, wie sie bei AltaVista beschrieben werden.

Abbildung 4-10: Auch mit AltaVista Discovery können Sie eine erweiterte Suche durchführen.

Die eigenen Dokumente mit AltaVista Discovery durchsuchen
Einer der größten Vorzüge von AltaVista Discovery besteht darin, dass Sie mit diesem Programm nicht nur ein komfortable Oberfläche für die Arbeit mit AltaVista zur Verfügung haben, sondern damit auch Dokumente durchsuchen können, die lokal auf Ihrer Festplatte liegen. Besondere Dateibetrachter sind dazu nicht notwendig, alle notwendigen Tools sind bereits vorhanden. Um lokal vorliegende Dokumente zu durchsuchen, schreiben Sie einfach die gesuchten Begriffe in die Eingabezeile und wählen Sie aus der Dropdown-Liste den Eintrag `My Documents`. Es werden nun die bereits im Index erfassten Dokumente nach der eingegebenen Zeichenkette durchsucht. Innerhalb Ihres Browsers wird nun die Trefferliste angezeigt. Es genügt, hier auf einen Verweis zu klicken, damit das Dokument angezeigt wird.

4.1.5.2 Nicht so leistungsstark wie AltaVista, aber nützlich: Das Betriebssystem

Vielen Anwender ist bekannt, dass das Betriebssystem Funktionen bietet, um Dokumente auf der eigenen Festplatte zu finden. Aber viele Nutzer unterschätzen dabei die zur Verfügung stehenden Möglichkeiten.

Die Funktion „Suchen" des Betriebssystems Windows hat mit Sicherheit jeder Anwender schon einmal gut gebrauchen können. Auch wer sich Gedanken über die Struktur seiner Festplatte gemacht hat, kommt hin und wieder in die Verlegenheit, ein bestimmtes Dokument nicht mehr finden zu können. „Suchen" kann aber nicht nur nach Dateinamen fahnden, sondern besitzt in seinen Optionen auch weitergehende Möglichkeiten.

1. Drücken Sie auf die Taste `Start` und wählen Sie dann den Eintrag `Suchen`.
2. Es öffnet sich nun ein in drei Register unterteiltes Fenster. Das Feld `Name` hat sicher schon jeder benutzt. Hier können Sie nach dem Namen von Dateien suchen, wobei die Möglichkeit besteht auch so genannte Wildcards zu verwenden, was etwa dann nützlich ist, wenn nicht mehr bekannt ist, um welchen Dateityp es sich handelt. Häufig übersehen wird aber der Eintrag `Enthaltener Text`.

3. Tragen Sie hier einen Begriff ein, so wird Windows veranlasst, den Inhalt der Dateien nach dem Begriff zu durchsuchen. Hierbei werden auch Dateien berücksichtigt, die sich mit anderen Programmen nur schwer einsehen lassen.
4. Drücken Sie auf `Starten` um mit der Suche zu beginnen.

Wird die Suchfunktion fündig, werden die Treffer in einer kleinen Liste zusammengestellt. Dabei verhält sich dieses Ergebnisfenster wie der Explorer von Windows, d.h. mit einem Doppelklick auf den jeweiligen Eintrag wird die dazugehörige Applikation gestartet, so dass Sie das Ergebnis der Suche gleich auf dem Bildschirm haben.

4.2 Informationsrecherche mit Suchmaschinen

Das World Wide Web wächst immer noch immens stark. Täglich kommen neue Server hinzu, auf denen zahlreiche Dokumente veröffentlicht werden. Selbst wenn es eine Art von Zentralregister gäbe, das sich für zuständig erklären würde, einen vollständigen Katalog der Inhalte zu pflegen – mehrere Menschenleben würden nicht ausreichen, um wirklich alle Dokumente zu sichten.

In diesem Abschnitt werden Sie erfahren, wie Sie sich die Informationen des WWW nutzbar machen. Dabei werden Sie unterschiedliche Suchdienste kennen lernen, wobei zwei Arten grundsätzlich unterschieden werden müssen: Verzeichnisse, die auch als Themenkataloge bezeichnet werden, und Suchmaschinen im eigentlichen Sinn.

4.2.1 AltaVista

Die Suchmaschine AltaVista wurde ursprünglich von der Firma Digital entwickelt, die sich auf die Herstellung von High-End-Rechnersystemen spezialisiert hatte. Schon kurz nach ihrer Vorstellung hatte sich das Angebot zu einem der beliebtesten Suchdienste überhaupt entwickelt. Inzwischen strebt AltaVista den Börsengang an.

Sie erreichen AltaVista unter der URL:

`http://www.altavista.com`

Wenn Sie nicht zu den erfahrenen Nutzern des WWW zählen, werden Sie wahrscheinlich nach dem Aufbau der Homepage des Angebots überrascht sein, wie viele Informationen sich dort abrufen lassen. Suchdienste verstehen sich als Portale, die ihren Kunden möglichst viele Dienstleistungen anbieten möchten, um die Besucher auf den Seiten des Angebots zu halten. Verständlich, finanzieren sich die meisten Angebote doch durch Werbung. Je länger der Kunde bei einem Dienst verbleibt, desto mehr Werbeeinblendungen in Form von Bannern können ihm auch gezeigt werden.

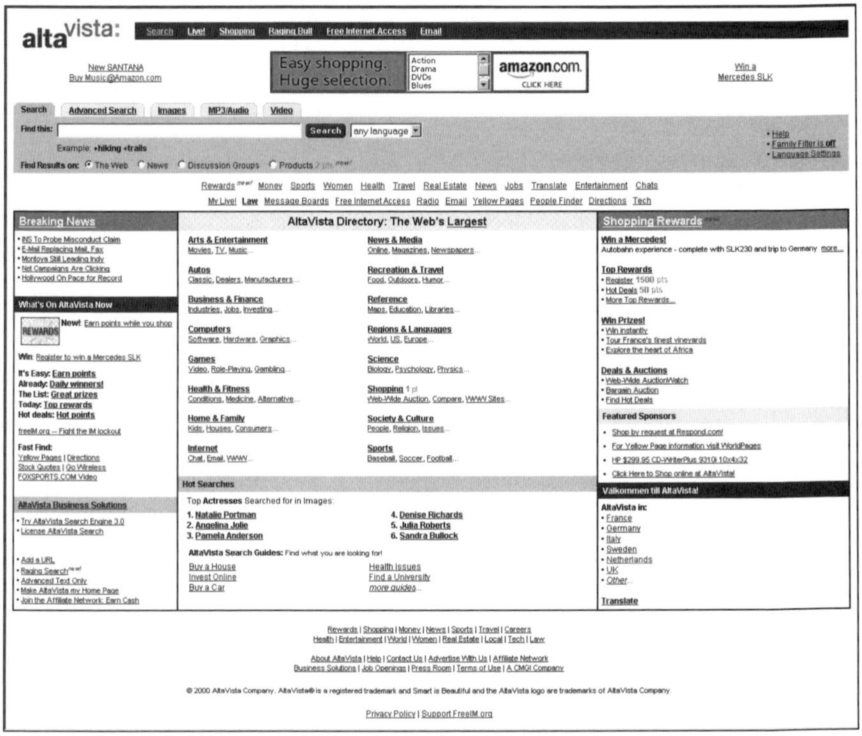

Abbildung 4-11: Startseite von AltaVista.

Auf der Seite finden sich zahlreiche zusätzliche Informationen und Dienstleistungen. Für die Recherche relevant ist aber nur der obere Bereich, in dem Sie fünf Registermarken finden. Außerdem sehen Sie hier eine Eingabezeile und eine Dropdown-Liste. Über die Registermarken können Sie verschiedene Typen von Anfragen erreichen, die im nachfolgenden Abschnitt noch besprochen werden.

Sie können sofort mit einer einfachen Suche loslegen. Geben Sie dazu einen oder mehrere Begriffe in das kleine Formularfeld ein und drücken Sie auf die Schaltfläche `Search`. Mit Hilfe einer Dropdown-Liste legen Sie fest, in welcher Sprache Dokumente verfasst sein sollen. Spielt die Sprache keine Rolle, so belassen Sie es bei der Voreinstellung `Any Language`.

Standardsuche

Haben Sie einen oder mehrere Begriffe in die Eingabezeile eingetragen, so verwendet AltaVista dabei die folgenden Standardvorgaben:

- Es wird nicht nach Groß- und Kleinschreibung unterschieden, es sei denn, Sie verwenden in Ihrer Anfrage in einem Sucheintrag Groß- und Kleinbuchstaben.

- Geben Sie mehrere Begriffe in die Zeile ein, die durch ein Leerzeichen voneinander getrennt sind, werden die Begriffe über die Verknüpfung „ODER“ miteinander verbunden. Es werden Ihnen also alle Dokumente angezeigt, die mindestens einen der gesuchten Ausdrücke aufweisen. Dokumente, die mehrere der Begriffe enthalten, werden bei der Ergebnisliste ganz oben aufgeführt.

Bereits in der Standardsuche sind einige nützliche, zusätzliche Suchoptionen verfügbar:

Wollen Sie nach einem bestimmten Ausdruck, zum Beispiel einem Zitat suchen, schließen Sie den Ausdruck mit *Hochkommata* ein.

`"Sein oder Nichtsein"`

AltaVista kennt sogenannte Wildcards. Mit einem Stern können Sie eine Suche nach Wortteilen durchführen, wobei es keine Rolle spielt, wo Sie den Stern einfügen. AltaVista akzeptiert also sowohl „**uche*“, „*S*che*“ oder auch „*Such**“.

Bereits in der Standardsuche können Sie mit einigen nützlichen Operatoren arbeiten, die die Suche erleichtern. Dazu gehört etwa die Suche nach einem bestimmten Begriff nur im Titel einer Seite oder in der URL eines Dokuments.

Die folgende Übersicht zeigt Ihnen die Operatoren an:

Operator	***Funktion***
anchor:	Sucht innerhalb eines sichtbaren Links.
image:	Sucht in der URL einer Graphikreferenz.
text:	Sucht nur im Text eines Dokuments und schließt Links aus.
title:	Sucht nur im Titel eines Dokuments.
url:	Sucht nur in der URL von Dokumenten.

Verwenden Sie *anchor:"Hanser Verlag"*, finden Sie alle Seiten, die einen Link auf die Seiten des Hanser Verlages enthalten. Ein *title:"Hanser Verlag"* sollte Sie zur Homepage des Hanser Verlages führen.

Erweiterte Suche

Mit der erweiterten Suche (`Advanced Search`) stellt AltaVista Ihnen ein mächtiges Suchinstrument an die Seite. Sie erreichen diese Spezialsuche über die gleichnamige Registermarke auf der Homepage. Auf den ersten Blick scheint sich die Suchmaske kaum verändert zu haben, jedoch haben Sie jetzt sehr viel mehr Optionen zur Verfügung.

- `Boolean Query`: In diesem Bereich haben Sie genügend Platz, um auch komplexe Suchausdrücke zu formulieren.

- `Sort by`: In diesem Bereich legen Sie fest, wie die gefundenen Dokumente sortiert werden sollen. Damit können Sie die Ergebnisse nach Ihnen besonders wichtig erscheinenden Begriffen sortieren lassen.
- `From und To`: In diesen beiden Feldern bestimmen Sie, dass nur Dokumente eines bestimmten Zeitraumes angezeigt werden sollen.

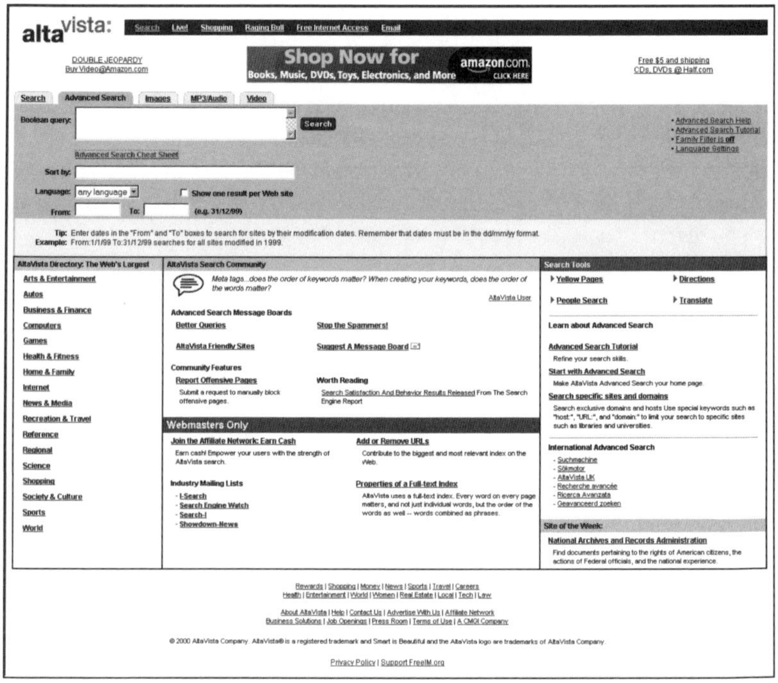

Abbildung 4-12: Erweiterte Suche mit AltaVista.

AltaVista unterstützt selbstverständlich bei der erweiterten Suche die Booleschen Operatoren. Suchanfragen lassen sich mit dem Operator „UND“ verknüpfen. Geben Sie hierfür den Ausdruck *AND* in die Eingabemaske ein. Alternativ können Sie auch das Zeichen “&“ verwenden:

```
Robert AND Mapplethorpe
```

Dieser Ausdruck findet alle Dokumente, die sowohl die Worte „Robert“ und „Mapplethorpe“ enthalten. Alternativ wäre auch die Schreibweise

```
Robert & Mapplethorpe
```

zulässig gewesen.

Eine Verknüpfung mit „ODER“ erreichen Sie durch den Ausdruck *OR* oder das Zeichen „|“.

```
Online | Compuserve
```

Diese Suche findet alle Dokumente, die entweder das Wort „Online“ oder das Wort „Compuserve“ enthalten oder beide Worte gemeinsam. Ebenfalls richtig wäre

```
Online OR CompuServe
```

gewesen.

Die Option „UND NICHT“ lässt Sie nach einem bestimmten Begriff suchen, schließt aber einen anderen explizit aus. Sind Sie auf der Suche nach Informationen zu Onlinediensten, wollen den Anbieter CompuServe aber explizit ausschließen, verwenden Sie den folgenden Ausdruck:

```
Onlinedienste AND NOT Compuserve
```

Diesen Ausdruck können Sie durch

```
Onlinedienste &! Compuserve
```

abkürzen.

Durch den Ausdruck „NEAR“ legen Sie fest, dass die Suchbegriffe maximal neun Wörter innerhalb eines Dokuments auseinander liegen dürfen.

```
Onlinedienste NEAR Compuserve
```

Die Abkürzung für diese Suchanfrage ist:

```
Onlinedienste ~ Compuserve
```

Die Operatoren lassen sich durch runde Klammern zusammenfassen, um noch komplexere Anfragen zu erlauben. Die folgende Tabelle zeigt Ihnen alle Operatoren in der Übersicht.

Boolescher Operator	***Langform***	***Abkürzung***
UND	AND	&
ODER	OR	|
UND NICHT	AND NOT	&!
„Nahe bei“	NEAR	~

Ein Problem bei der erweiterten Suche mit AltaVista sind Begriffe, die ein oder mehrere der Sonderzeichen selbst enthalten, da die Suchmaschine diese dann als Operatoren betrachten würde. Sind Sie also auf der Suche nach einem Ausdruck, der Sonderzeichen enthält, zum Beispiel „A&O“, müssen Sie diesen Begriff in Hochkommata einschließen, damit AltaVista nach genau dieser Zeichenkette sucht und das entsprechende Sonderzeichen ignoriert.

Wenn Sie dies wünschen, lässt sich die Suche auf einen bestimmten Datumsbereich beschränken. Dies hat zur Folge, dass in der Ergebnisliste nur Dokumente angezeigt werden, die innerhalb des von Ihnen bestimmten Zeitraumes geändert worden sind. Dabei akzeptiert das Programm sowohl das amerikanische als auch das deutsche Datumsformat. Wenn Sie nur auf der Suche nach Dokumenten des laufenden Jahres sind, können Sie die Jahresangabe auch weglassen. Sofern Sie kein End-Datum eingeben, geht AltaVista vom aktuellen Tagesdatum aus.

```
4.7.          4. Juli des laufenden Jahres
3/May/97      3. Mai des Jahres 1997
```

Ist AltaVista fündig geworden, werden Ihnen die Ergebnisse übersichtlich präsentiert.

Abbildung 4-13: Anzeige der Ergebnisse in AltaVista.

4.2.2 Lycos

Lycos ist eine der älteren Suchmaschinen im Web. In Deutschland firmiert der Dienst inzwischen als Aktiengesellschaft. Wie alle anderen Anbieter stellt Lycos seinen Kunden nicht mehr nur die reinen Suchfunktionen zur Verfügung, sondern eine ganze Reihe weiterer Dienstleistungen, wie bereits auf der Homepage zu sehen ist, die Sie unter

`http://www.lycos.de`

erreichen.

Ebenfalls bereits auf der Homepage finden Sie eine Reihe von Kategorien, nach denen Web-Sites geordnet präsentiert werden, insofern weicht Lycos hier vom Konzept der reinen Suchmaschine ab und kann zugleich als Themenkatalog genutzt werden.

Wie bei AltaVista so unterscheidet auch Lycos zwischen einer schnellen und einer detaillierten Suchanfrage. Im nachfolgenden Abschnitt werden Sie als erstes die Standardsuche kennen lernen.

Abbildung 4-14: Die Startseite von Lycos.

Standardsuche

Um mit der Standardsuche zu beginnen, brauchen Sie nur die gesuchten Begriffe in die Eingabezeile einzutippen. Dabei werden die folgenden Voreinstellungen benutzt:

- Lycos unterscheidet nicht zwischen Groß- und Kleinschreibung.
- Bei mehreren Suchbegriffen sind diese über die Verknüpfung „ODER“ miteinander verbunden.

Lycos bietet Ihnen über ein recht unscheinbares Optionsfeld die Möglichkeit, weltweit nach Informationen zu suchen oder sich bei der Anfrage auf deutschsprachige Angebote zu beschränken. Aktivieren Sie also die gewünschte Option und klicken Sie anschließend auf den Verweis `Go Get It`.

Wollen Sie in der Standardeingabemaske nach einem Ausdruck oder einem Zitat suchen, schließen Sie die Phrase mit Hochkommata ein:

```
"Michael Schumacher"
```

In diesem Beispiel würden Ihnen nur die Dokumente angezeigt, die auch tatsächlich „Michael Schumacher“ enthalten und nicht die sehr viel größere Zahl, die entweder das Wort „Michael“ oder das Wort „Schumacher“ enthält.

Die Standardsuche lässt darüber hinaus das Ein- oder Ausschließen von bestimmten Ausdrücken zu. Sind Sie zum Beispiel auf der Suche nach Informationen zum Komponisten Jean Michel Jarre, aber nicht an Veröffentlichungen im Zusammenhang mit seinem Album „Equinoxe“ interessiert, lässt sich das so formulieren:

```
-Equinoxe "Jean Michel Jarre"
```

Sie können beliebig viele Worte durch das vorangestellte Minuszeichen von der Suche ausklammern.

Umgekehrt wird auch die Option angeboten, Begriffe miteinander zu verbinden, die in einem Dokument vorkommen müssen, also eine UND-Verknüpfung zu verwenden.

```
"Jean Michel Jarre" +Equinoxe
```

Wenige Augenblicke später zeigt Ihnen Lycos das Ergebnis der Suche an. Am Anfang der Seite finden Sie noch einmal zusammengefasst, wonach Sie gesucht haben.

Erweiterte Suche

Von der Startseite aus können Sie direkt zur erweiterten Suche mit Lycos gelangen. Sie erreichen diese Suchmaske über den Verweis `Erweiterte Suche`. Damit gelangen Sie zu einem umfangreichen Formular, das Ihnen Zugriff auf zahlreiche Optionen bietet. Die Einzelheiten zur Suche legen Sie bequem über Formularoptionen fest

Zunächst tragen Sie die gewünschten Begriffe in die Eingabemaske ein. Gleich darunter finden Sie eine Dropdown-Liste, mit der Sie bestimmen, wie die eingetragenen Worte miteinander verknüpft werden sollen. Dabei stehen folgende Optionen zur Auswahl:

- Alle Wörter in beliebiger Reihenfolge: Dabei werden die Begriffe über den logischen Operator „UND“ miteinander verknüpft. Es ist für das Ergebnis der Suche aber irrelevant, wann und an welcher Position die Wörter auftauchen.
- Mindestens eines der Wörter: Die Begriffe werden mittels des Operators „Oder“ verbunden. Ein Dokument gilt also dann als Treffer, wenn wenigstens einer der Begriffe in ihm auftaucht.
- Alle Wörter in gegebener Reihenfolge: Auch hier sind die Suchbegriffe per „UND“ miteinander verknüpft, zugleich berücksichtigt die Suchmaschine aber auch die Reihenfolge der Worte innerhalb des Dokuments, was die Trefferliste erheblich einschränken dürfte.
- Exakter Suchbegriff: Hierbei handelt es sich um die Phrasensuche, also um Namen oder stehende Redewendungen.
- Wörter max. 25 Wörter auseinander in beliebiger Reihenfolge: Diese Option bieten auch zahlreiche Suchmaschinen aus den USA, wo diese Funktion „Near By“ genannt wird. Die dahinter stehende Idee ist, dass ein Dokument, in dem die gesuchten Begriffe in Nachbarschaft zu finden sind, für die Suche relevanter sein muss, als ein Dokument, wo die gefundenen Begriffe weiter auseinander stehen, da sich diese dann nicht zwangsläufig aufeinander beziehen müssen.
- Wörter max. 25 Wörter auseinander in gegebener Reihenfolge: Diese Option greift den Ansatz der gerade vorgestellten Möglichkeit auf und verstärkt diesen, da hier nicht nur die Nachbarschaft der beiden Begriff eine Rolle spielt, sondern auch die Reihenfolge beachtet werden muss.
- Wörter nebeneinander in beliebiger Reihenfolge: Auch bei diesem Ansatz ist ein Dokument relevanter als ein anderes, wenn die gefundenen Begriffe in unmittelbarer Nachbarschaft zueinander stehen.
- Geben Sie einfach Ihre Frage ein: Diesen Ansatz kennen viele Anwender von Standardsoftware bereits. In den meisten Onlinehilfen ist es derzeit möglich, gezielte Fragen zu stellen, ohne sich durch einen Index blättern zu müssen, zum Beispiel: „Wie kann ich eine Tabelle einfügen?“. Hier versucht das Programm, bestimmte Schlüsselworte zu erkennen und entsprechend indizierte Seiten als Ergebnis anzubieten.

Gleich unterhalb dieser Optionen legen Sie fest, in welchem der Verzeichnisse, die Ihnen Lycos zur Verfügung stellt, gesucht werden soll. Dabei stehen folgende Verzeichnisse zur Auswahl:

- Im gesamten Internet: Wird diese Option angewählt, dürfen sich die Dokumente auch in fremdsprachigen Sites befinden.
- Im deutschsprachigen Katalog: Es werden nur Dokumente als relevant angesehen, die aus dem deutschsprachigen Raum kommen.
- Im Tripod-Homepagekatalog: Tripod ist ein Anbieter von Speicherplatz für die Einrichtung privater Homepages. Unter `www.tripod.de` kann jedermann seine eigenen HTML-Dokumente publizieren. Wenn Sie nach einem bestimmten Thema

innerhalb der Seiten dieser Community suchen wollen, ist die Auswahl dieser Option genau richtig.

Die übrigen Kataloge, die hier angeboten werden, sind Spezialkataloge, die bei besonderen Recherchen hilfreich sein können. Sind Sie etwa auf der Suche nach Bilddateien oder bestimmten Soundclips, werden Ihnen die entsprechenden Verzeichnisse gute Dienste leisten.

Um die Suche noch weiter zu verfeinern, gestattet Lycos die Eingrenzung auf bestimmte Bereiche eines Dokuments, die bei der Suche berücksichtigt werden sollen. Hierbei stehen zur Auswahl:

- das ganze Dokument
- nur der Titel
- nur die Webadresse
- in den Seiten einer bestimmten Domäne

Gerade die letzte Option bietet interessante Möglichkeiten. Angenommen Sie sind auf der Suche nach Informationen, die Ihnen bei der Lösung eines Problems mit einem Programm helfen sollen. Nun könnten Sie das gesamte Web nach dem Programmnamen und einigen Stichworten zum Problem durchsuchen, aber die Wahrscheinlichkeit dafür, dass Sie auf den Seiten des Herstellers fündig werden, dürfte ungleich höher sein. Also tragen Sie in das zugehörige Feld den Domainnamen des Herstellers ein und beschränken damit die Suche auf Dokumente, die sich auf dem entsprechenden Server befinden.

Für die Suche ebenfalls nicht unwichtig ist, in welcher Sprache Dokumente verfasst sein dürfen, die relevant sind. Insgesamt stellt Ihnen Lycos 38 Sprachen zur Auswahl. Mit Hilfe der Dropdown-Liste können Sie sich für eine dieser Sprache entscheiden.

Der untere Teil des Formulars ist für Feineinstellungen reserviert, über die Sie Einfluss auf die Sortierung der Trefferliste nehmen können. Es sind sechs Kriterien aufgelistet. Zu jeder dieser Einstellungen können Sie über ein Auswahlfeld festlegen, ob dies von geringer, mittlerer oder hoher Bedeutung für das Ergebnis ist.

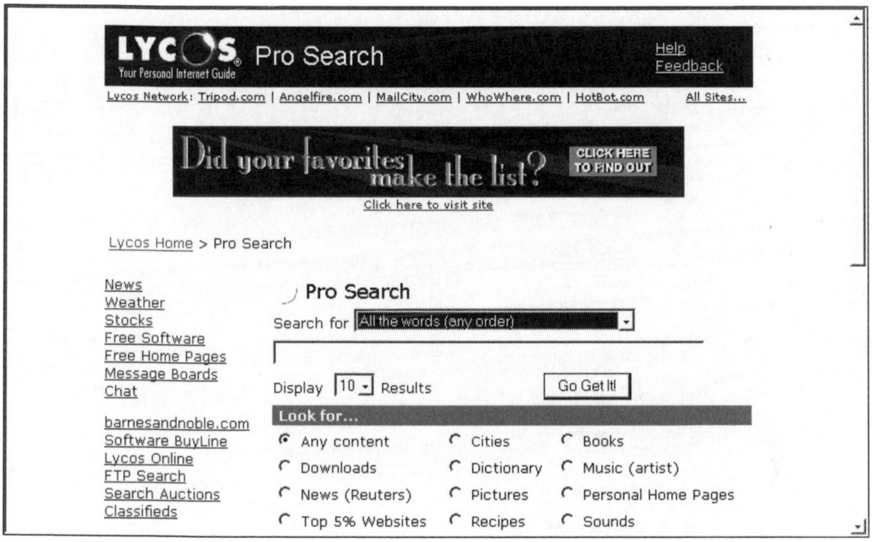

Abbildung 4-15: Suche mit Lycos Pro.

Diese Kriterien sind:

- Ob alle Begriffe in dem Dokument vorkommen.
- Die Häufigkeit der Suchbegriffe in einem Dokument.
- Ob die gesuchten Worte am Anfang des Textes zu finden sind.
- Ob sie dicht beieinander stehen,
- oder im Titel auftauchen.
- Ob die Reihenfolge der Eingabe eingehalten wird.

1934 Sechs Pe...
http://www.chasque.apc.or [64%]

5) Press release in German
Press release in German Die Schwedische Akademie Pressemitteilung Der Ständige Sekretär 5. Okto...
http://logos.svenska.gu.s [64%]

6) Press release in German
Press release in German Die Schwedische Akademie Pressemitteilung Der Ständige Sekretär 3. Okto...
http://logos.svenska.gu.s [64%]

7) Press release in German
Press release in German Die Schwedische Akademie Pressemitteilung Der Ständige Sekretär 3. Okto...
http://svenska.gu.se/Sven [64%]

8) Seferis
HOME SEARCH OPTIONS IDENTIFY EDIT MODE ON ANNOTATE HELP Seferis, Giorgos, eigtl. G. Seferiadis,...
http://www.iicm.edu/0x811 [64%]

9) Svenska Akademien
Facts about the Swedish AcademyHistoryMembersOrganisation and projectsThe Nobel Prize for liter...
http://logos.svenska.gu.s [54%]

10) The Swedish Academy
THE SWEDISH ACADEMY The 1996 Nobel Prize for literature has been awarded to Wislawa Szymborska ...
http://www.nobel.se/annou [54%]

Abbildung 4-16: Die Ergebnisse werden von Lycos sehr übersichtlich dargestellt.

Die Ergebnisse werden nach Relevanz sortiert angezeigt, wobei das Verfahren, nachdem sich das Ranking errechnet, nicht genauer beschrieben wird.

4.2.3 Excite

Excite ist heute eine Mischung aus Suchmaschine, Besprechungsdienst und Dienstleister. Die Kunden können sich zum einen der beiden ausgezeichneten Verzeichnisse bedienen, finden darüber hinaus aber eine Reihe von weiteren Möglichkeiten vor. So erhalten Sie bei Excite eine Gratis-E-Mail-Adresse und können Ihre eigene Community mit Excite Clubs gründen. Schon fast selbstverständlich ist ein webbasierender Kalender, den Sie auch mit Desktop-Applikationen abgleichen können. Sie erreichen Excite unter

`http://www.excite.de`

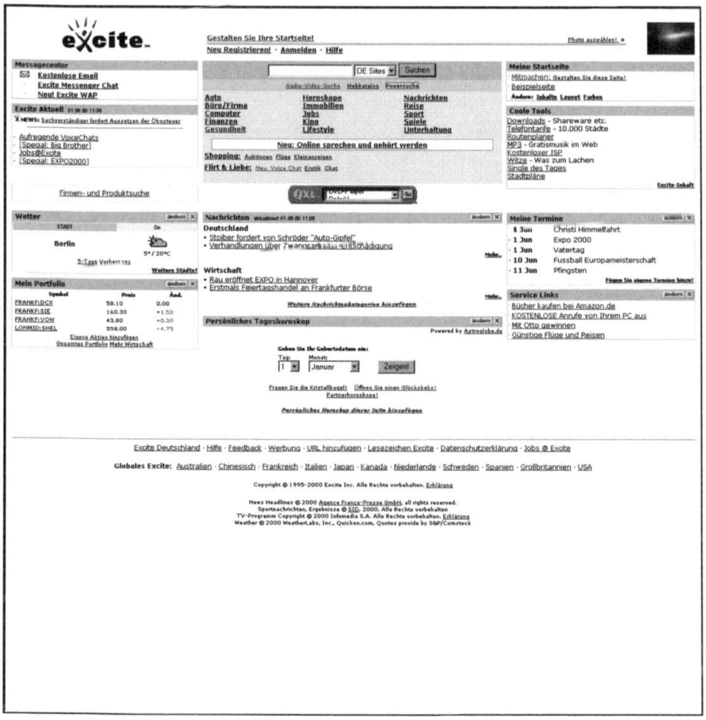

Abbildung 4-17: Die Startseite von Excite: Eine Mischung aus Suchmaschine und Besprechungsdienst.

Standardsuche

Bereits in der Eingabemaske auf der Homepage können Sie mit einer Vielzahl von Parametern Ihre Anfrage formulieren und in einem Bestand von 50 Millionen Webseiten recherchieren. Excite verwendet ein besonderes Verfahren bei der Suche, was die Macher als *Konzeptsuche* bezeichnet haben. Dabei werden Suchbegriffe in Beziehung zu anderen bekannten Begriffen gesetzt. Sind Sie beispielsweise auf der Suche nach Informationen zum Formel 1-Rennsport und suchen nach „Formel 1“ und „Michael Schumacher“, werden Ihnen durch die Konzeptsuche auch Dokumente angezeigt, die sich mit Heinz-Harald Frentzen oder anderen Konkurrenten von Michael Schumacher beschäftigen.

Bei einer Suchanfrage geht Excite von folgenden Voreinstellungen aus:

- Groß- und Kleinschreibung werden unterschieden, sofern in einer Anfrage Groß- und Kleinschreibung verwendet werden.
- Excite ignoriert Umlaute.
- Bei der Eingabe von mehreren Suchbegriffen werden diese in der Standardeingabe mit einer ODER-Verknüpfung verbunden.

Expertensuche

Bei Excite haben erfahrene Anwender strenggenommen zwei Möglichkeiten eine speziellere Suche durchführen zu lassen. Zum einen können Sie in der Standardeingabe die in der folgenden Übersicht dargestellten Operatoren verwenden, oder Sie wechseln von der Homepage zu einem Eingabeformular, das „Power Search" genannt wird. Sie finden den entsprechenden Link direkt neben dem Eingabefeld auf der Homepage.

Auch bei Excite werden die Ergebnisse der Suche nach Relevanz sortiert aufgelistet, allerdings verraten die Betreiber das dahinterstehende Ranking-System nicht.

Im Standardformular sind folgende Operatoren möglich:

Operator	*Funktion*
+	Das Pluszeichen steht unmittelbar vor einem Begriff, der in einem Dokument vorkommen muss, damit es als Treffer gilt.
-	Das Minuszeichen steht unmittelbar vor einem Wort, das in einem Dokument nicht vorkommen darf, damit es als Treffer zählt.
AND	Boolescher Operator UND
OR	Boolescher Operator ODER
AND NOT	Ein Dokument muss einen Suchbegriff enthalten, darf aber nicht den mit AND NOT verknüpften Begriff beinhalten, wenn es als Treffer gelten soll.
( )	Mit runden Klammern werden längere Suchanfragen gegliedert.
” ”	Mit Anführungszeichen werden Phrasen umschlossen, nach denen gesucht werden soll.

Hinweis: Haben Sie sich für die Power Search entschieden, dürfen Sie diese Operatoren nicht verwenden, denn die entsprechenden Parameter werden interaktiv von Ihnen über ein Formular abgefragt.

Im ersten Feld des Formulars legen Sie die Sprache fest, in der relevante Dokumente verfasst sein müssen. Gleich darunter definieren Sie, aus welchen Domains gefundene Dokumente stammen dürfen, wenn sie als relevant für die Suche gelten. Diese Unterscheidung macht durchaus Sinn: Denn nicht zwangsläufig muss beispielsweise ein englischsprachiges Dokument auch auf einem Server abgelegt sein, der sich im englischen Sprachraum befindet.

Die nächsten drei Zeilen des Formulars ermöglichen die Verknüpfung der Suchbegriffe bzw. sind bei der Definition von Ausschlusskriterien behilflich.

- Müssen enthalten: In dieses Feld tragen Sie alle Begriffe ein, die über die logische Verknüpfung „UND" miteinander verbunden werden sollen.

- Dürfen nicht enthalten: In diesem Bereich bestimmen Sie Wörter, die keinesfalls in einem Dokument enthalten sein dürfen, damit es noch relevant ist.
- Können enthalten: Alle Begriffe, die Sie in diese Zeile eintragen, werden über den Operator „ODER“ miteinander verbunden.

Die letzten Eingabebereiche des Formulars bestimmen das Aussehen der Trefferliste. Zum einen können Sie sich entweder nur die Titel der Dokumente bzw. die Titel und eine kurze Zusammenfassung anzeigen lassen, oder aber Sie lassen Excite die Ergebnisse nach Servern sortieren, so dass Sie mit einem Blick erfassen können, unter welcher URL interessante Dokumente zu finden sind.

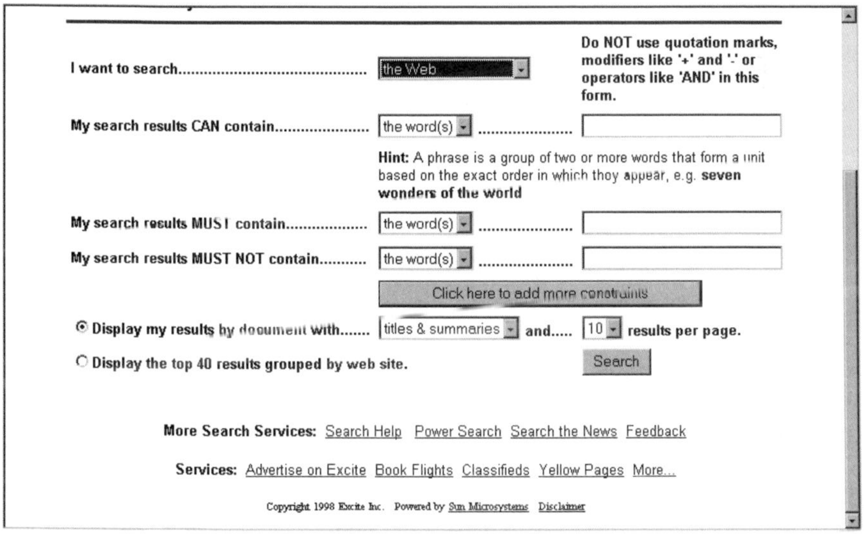

Abbildung 4-18: Das Suchformular für die erweiterte Suche von Excite.

4.2.4 HotBot

HotBot avancierte schnell zu einem wahren Shooting Star unter den Suchmaschinen des WWW. Der erste Betreiber war das Avantgarde Magazin WIRED, das auch in Deutschland eine treue Leserschaft besitzt. Inzwischen wird der Dienst als eigenständige Marke weiterbetrieben, was seiner Beliebtheit keinen Abbruch getan hat. Das Unternehmen gehört heute zur Lycos-Familie.

Das System basiert auf einer ultraschnellen Rechnerarchitektur und speichert die Dokumente in einer Datenbank des Herstellers Informix. Die bereitgestellten Daten werden bei HotBot durch einen Robot beschafft, der nach Angaben des Herstellers etwa 10 Millionen Dokumente am Tag durchsuchen kann. Sie erreichen das Angebot unter der Adresse:

`http://www.hotbot.com`

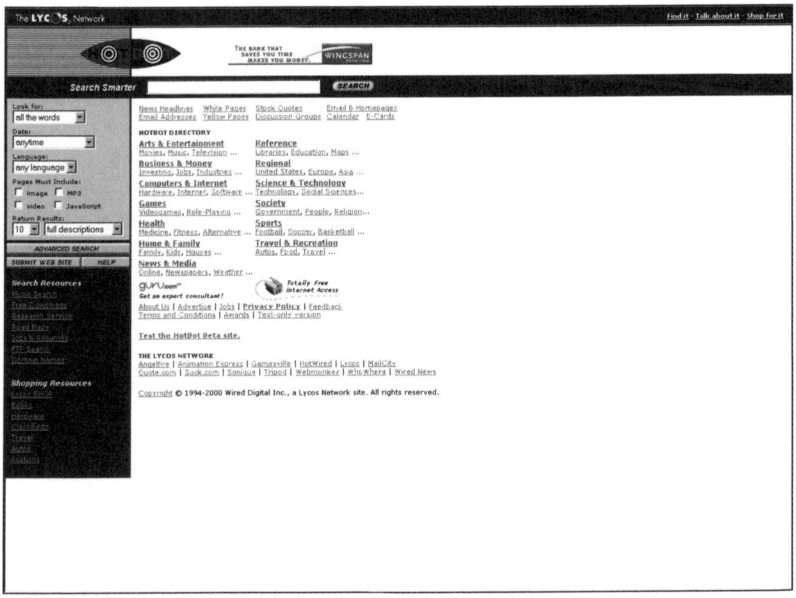

Abbildung 4-19: Startseite von HotBot.

Standardsuche

Die Standardsuche mit HotBot ist sehr einfach. Geben Sie einen oder mehrere Suchbegriffe in die dafür vorgesehene Eingabezeile ein und wählen Sie anschließend aus der darunter befindlichen Dropdown-Liste aus folgenden Optionen:

- Definieren Sie, ob Sie nach allen Begriffen („all the words“) suchen wollen oder ob die gefundenen Dokumente wenigstens einen der Begriffe enthalten müssen („any of the words“).
- Handelt es sich um eine Redewendung oder wollen Sie nach den Begriffen in genau Ihrer Schreibweise suchen, wählen Sie „the exact phrase“.
- Möchten Sie nur nach Seiten mit einem bestimmten Titel suchen, so aktivieren Sie die Option „the page title“.
- Handelt es sich bei der Suche um die Recherche nach einer Person, können Sie dies bereits hier auf der Startseite definieren („the person“).
- Auf der Eingangsseite ist die Suche mit Hilfe der Booleschen Operatoren möglich. Wollen Sie diese benutzen, wählen Sie die Option „the Boolean expression“ aus.

Gleich unterhalb dieser Auswahl können Sie einen Zeitraum bestimmen, aus dem Dokumente stammen müssen, um als Treffer zu gelten. Entscheiden Sie sich hier für eine der Vorgaben.

Wenn Sie dies möchten, haben Sie ebenfalls die Gelegenheit sich für eine Sprache zu entscheiden, in der das Dokument verfasst sein muss. Eine praktische Option, wenn Sie sich beispielsweise nur für deutschsprachige Texte interessieren.

Sind Sie auf der Suche nach multimedialem Material, können bestimmte Dateitypen wie Bild- oder Videodateien mit Hilfe von Checkboxen ausgewählt werden. Diese müssen dann in Dokumenten vorkommen, die als Treffer gelten.

Außerdem können Sie abschließend festlegen, wie viele Treffer in der Liste angezeigt werden sollen. Zwischen 10 und 100 Einträgen sind hier möglich.

Zur Suche werden diese Standardvorgaben verwendet:

- Groß- und Kleinschreibung werden nur dann unterschieden, wenn in einem Begriff gleichzeitig Groß- und Kleinschreibung verwendet wird.
- Bei der Eingabe von mehreren Suchbegriffen sind diese mittels einer UND-Verknüpfung verbunden, sofern Sie nichts anderes auswählen.
- In der Ergebnisliste werden Ihnen immer 10 Treffer auf einmal angezeigt.

Erweiterte Suche

Mit HotBot eine ausführliche Recherche zu betreiben, ist dank der ausgezeichneten Benutzeroberfläche recht einfach. Bereits auf der Homepage finden Sie einen Verweis, der Sie zur „Advanced Search“ führt. Mit einem Druck auf diese Schaltfläche, gelangen Sie zu einem neuen Formular, das Ihnen deutlich mehr Möglichkeiten anbietet. Das Formular ist dabei in verschiedene Bereiche aufgeteilt. Reichen die Felder in diesem Bereich nicht aus, können Sie die Eingabe erweitern, in dem Sie einfach auf das kleine Pluszeichen klicken.

Im ersten Bereich des Formulars finden Sie analog zur einfachen Suche die verschiedenen Verknüpfungsmethoden, über die die Suchbegriffe verbunden sein können. Gleich darunter angeordnet wurde die Auswahl der Dokumentensprache.

Zentrale Instanz des Formulars ist der bereits angesprochene „Word Filter“. Mit ihm legen Sie fest, dass nur Dokumente als Treffer angezeigt werden, die den hier eingegebenen Kriterien entsprechen. Dabei haben Sie die Wahl zwischen folgenden Optionen:

- Must: Besagt, dass der nachfolgende Begriff in einem Dokument vorkommen muss, um einen Treffer auszulösen.
- Should: Damit legen Sie fest, dass der Begriff nicht unbedingt im Dokument enthalten sein muss. Taucht er dort aber auf, erhöht er die Relevanz des Dokuments.
- Must not: Der Begriff darf in einem Dokument nicht erscheinen, damit es für die Suche relevant bleibt.

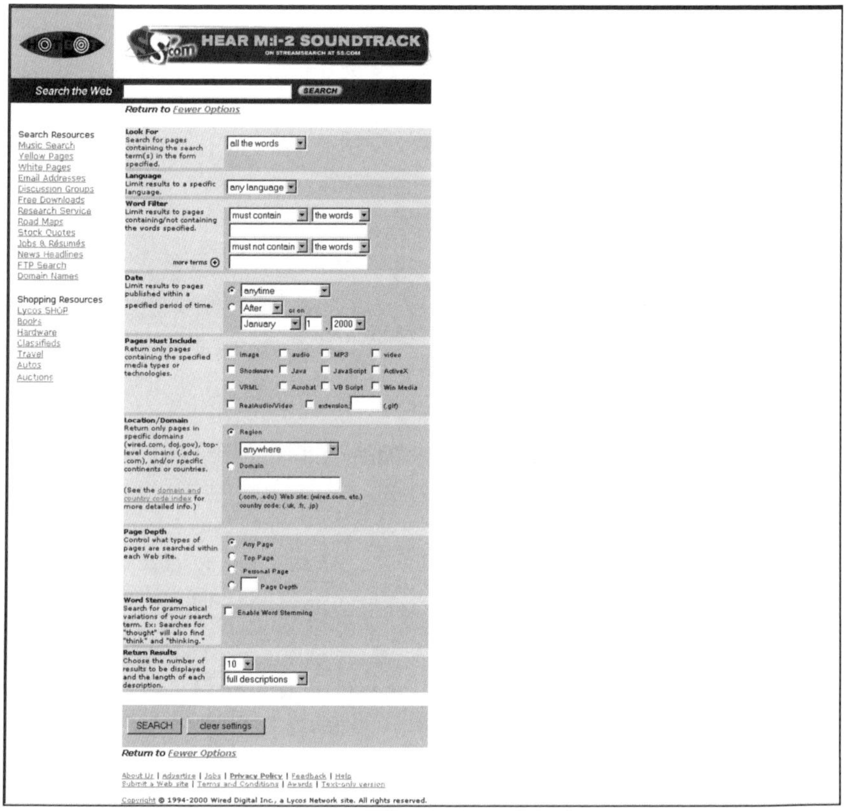

Abbildung 4-20: Die erweiterten Suchoptionen bei HotBot.

Die zweite Auswahlbox legt fest, wie HotBot mit Ihren Eingaben umgehen soll.

- the words: Verknüpft die einzelnen Suchbegriffe mit „UND“.
- the phrase: Führt eine Phrasensuche durch, sucht also nach genau dem eingegebenen Ausdruck.
- the person: Hier geht HotBot davon aus, dass es sich um die Eingabe eines Namens handelt.

Die nächste Option der Bedienungsleiste legt den Zeitraum fest, innerhalb dessen ein Dokument zuletzt aktualisiert werden muss, um zu einem Treffer zu führen. Damit können Sie auf verschiedene Weise Einfluss auf die Suche nehmen:

- Die erste Dropdown-Liste dient zur Auswahl eines festen Zeitraums. Dabei handelt es sich etwa um eine Woche oder mehrere Monate.
- Der zweite Bereich kann dazu benutzt werden, einen genauen Zeitpunkt festzusetzen, vor oder nachdem ein Dokument erfasst sein muss, damit es als Treffer gilt.

Gleich unterhalb des Blocks, der der Eingrenzung des Zeitraums dient, finden sich zahlreiche Optionsboxen, aus denen Sie Dateitypen festlegen, die sich in den Dokumenten wiederfinden müssen, um als Treffer berücksichtigt zu werden. Hier haben Sie die Wahl zwischen verschiedenen Grafik- und Audioformaten, können aber auch selbst beliebige Dateiendungen festlegen, nach denen Sie suchen möchten.

Eine weitere sehr interessante Suchvorgabe, die die anderen Suchmaschinen noch nicht sehr häufig anbieten, ist bei HotBot die Möglichkeit, sich bei der Recherche auf bestimmte Regionen zu beschränken. Dazu dient der Bereich `Location/Domain` innerhalb des Formulars. Aktivieren Sie die Checkbox `Region`, wenn Sie die Suche geographisch einschränken möchten. Sie haben dann über die Dropdown-Liste die Wahl zwischen verschiedenen geographischen Regionen. Der zweite Teil dieses Bereiches, Domain, ist immer dann von Interesse, wenn Dokumente entweder unter einer bestimmten Adresse zu finden sein sollen, die Sie dann in das kleine Feld eintragen, oder Sie nur Dokumente einer besonderen Top-Level-Domain berücksichtigt wissen möchten. Interessieren Sie sich nur für Schriftstücke, die sich auf den Servern von Universitäten oder sonstigen Bildungseinrichtungen befinden, könnten Sie hier die Domain `*.edu` eintragen.

Ebenfalls fast ein Alleinstellungsmerkmal von HotBot ist die Suchtiefe: Mit Hilfe dieses Parameters legen Sie fest, welche Seiten innerhalb eines Angebots durchsucht werden sollen.

- Any: Schränkt Ihre Suche nicht ein. Es wird jede Seite mit einem Treffer als relevant angesehen.
- Top Page: Bei dieser Auswahl sind Treffer nur dann relevant, wenn sie sich auf einer Homepage befinden.
- Personal Page: Treffer werden nur dann angezeigt, wenn sie auf einer persönlichen Homepage gefunden wurden.
- Page Depth: Über dieses Feld können Sie die Suchtiefe innerhalb einer Domain festlegen, also definieren, wie tief Sie in die Verzeichnisstruktur des entsprechenden Rechners eindringen möchten.

Eine Besonderheit ist das `Word Stemming`. Dieses führt nur bei englischsprachigen Anfragen zu korrekten Ergebnissen. Im Grunde handelt es sich hier um eine Art von Thesaurus: Es wird nicht nur nach den Wortformen gefahndet, die Sie eingeben, sondern auch nach Begriffen, die von diesem Wortstamm abgeleitet werden. Haben Sie beispielsweise „thinking“ eingegeben, so wird auch nach „thought“ oder „think“ gesucht.

Voreingestellt werden Ihnen bei HotBot 10 Treffer auf einmal in der Ergebnisliste präsentiert. Diese Zahl lässt sicher aber von Ihnen auf 25, 50, 75 und 100 Treffer vergrößern. HotBot unterscheidet dabei verschiedene Anzeigeformen:

- full descriptions: Bei Web-Seiten finden Sie den Titel der Seite, die ersten Zeichen des Inhalts, einen Link zur Seite, die Größe und das Erstellungsdatum. Bei Beiträgen aus den

Newsgroups werden der Betreff, die Newsgroup, das Datum des Postings und die ersten Zeichen des Inhalts dargestellt.

- brief descriptions: Zeigt nur den Titel der Seite als Link und die ersten Zeichen des Textes an. Bei Artikeln aus den Newsgroups sehen Sie nur den Betreff, den Namen der Newsgroup und einige Zeichen des Artikels.
- URL only: Jeder Eintrag wird nur mit seiner URL aufgeführt. Sie erhalten keine weiteren Angaben.

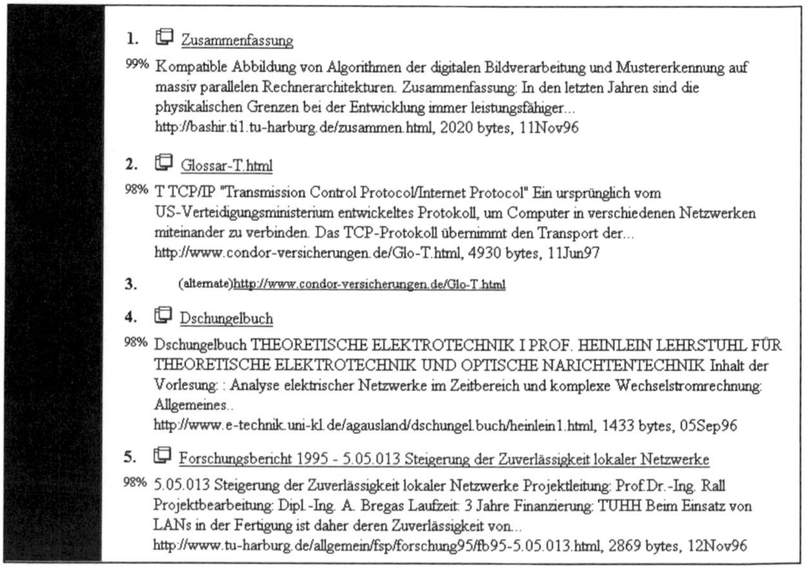

Abbildung 4-21: Die übersichtliche Ergebnisliste bei HotBot.

Haben Sie alle Eingaben nach Wunsch vorgenommen, können Sie mit einem Druck auf `Search` die Suche beginnen.

4.2.5 WebCrawler

WebCrawler ist zweifellos der Klassiker unter den Suchmaschinen. Das System gehörte zu den ersten Angeboten, die sich um eine Indizierung des WWW bemüht haben. Sie erreichen die Startseite von WebCrawler unter

`http://www.webcrawler.com`

Von hier haben Sie Zugriff auf mehr als 2 Millionen Einträge, wie die Betreiber versprechen. Die Startseite des Dienstes zeigt, dass sich auch WebCrawler bemüht, Web-Sites in Kategorien zusammenzufassen. Die Anbieter setzen also nicht ausschließlich auf Suchfunktionen, sondern zeigen Ansätze eines Besprechungsdienstes. Durch die Bereinigung des Marktes der Suchmaschinen operiert WebCrawler heute nicht mehr selbständig, sondern gehört zum Netzwerk des Unternehmens Excite.

Abbildung 4-22: Homepage von WebCrawler.

Standardsuche

Die Betreiber von WebCrawler versprechen, die Eingaben des Benutzers in natürlicher Sprache verstehen zu können. Darunter wird aber nichts anderes verstanden, als dass es auch bei WebCrawler ausreicht, einige englische Begriffe in eine Eingabezeile einzutragen, um mit der Suche zu beginnen. Bei dieser Standardsuche werden folgende Voreinstellungen verwendet:

- Groß- und Kleinschreibung werden bei der Suche nicht beachtet.
- WebCrawler sieht alle Dokumente als relevant an, sofern Sie zumindest einen oder mehrere der eingegebenen Suchbegriffe enthalten. Dabei stehen die Dokumente, die mehrere Treffer enthalten, in der Ergebnisleiste an erster Stelle.

Sie sollten sich von der etwas verspielt wirkenden Oberfläche keinesfalls täuschen lassen. Hinter WebCrawler steckt eine sehr leistungsstarke Suchmaschine. Allerdings finden Sie kein besonderes Eingabeformular für die erweiterten Suchoptionen, sondern können mit diesen bereits auf der Homepage arbeiten.

Erweiterte Suche

Wie die Konkurrenten verfügt diese Suchmaschine über die Möglichkeit, die Suche mit Booleschen Operatoren sehr exakt zu formulieren und zu verfeinern. Die nachfolgende Tabelle listet Ihnen die möglichen Optionen von WebCrawler auf.

Operator	*Funktion*
AND	Boolescher Operator „UND“
OR	„ODER“-Verknüpfung
NOT	Ausschluss von Begriffen mit „NICHT“
” ”	Die Anführungszeichen dienen der Phrasensuche.
( )	Mit den runden Klammern lassen sich Suchanfragen besser gliedern.

Ist WebCrawler in seinem Datenbestand fündig geworden, erhalten Sie die Ergebnisse übersichtlich in Tabellenform präsentiert. Die Treffer sind dabei nach ihrer Relevanz angeordnet, die dabei zugrundegelegten Kriterien werden vom Betreiber allerdings nicht genannt.

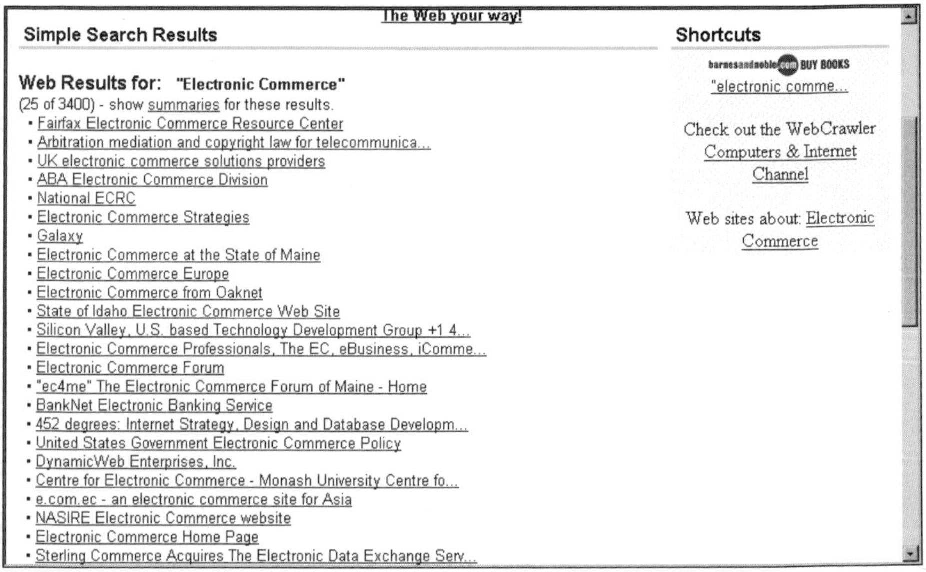

Abbildung 4-23: Die kompakte Trefferliste von WebCrawler.

Je nach den von Ihnen bei den Suchoptionen gemachten Angaben erhalten Sie entweder nur den Titel der entsprechenden Dokumente als anklickbaren Verweis, zusammen mit einem

Indikator für die Relevanz dieses Treffers, oder aber Sie sehen neben dem Titel einige der ersten Zeilen des Dokuments zusammen mit seiner genauen URL.

4.2.6 Fireball

Der „Feuerball" ist eine der jüngsten Suchmaschinen auf dem Markt. Das System ist eine gemeinsame Entwicklung des Verlagshauses Gruner+Jahr und des Fachbereichs Informatik der technischen Universität zu Berlin und debütierte im Juni 1997. Inzwischen firmiert die Suchmaschine als eigenständige GmbH mit Sitz in Hamburg. Nach eigenen Angaben verwaltet der Fireball-Index über zwei Millionen deutschsprachiger Seiten und ist damit die größte Suchmaschine für ausschließlich deutsche Inhalte im Internet. Um auch wirklich nur deutsche Dokumente zu indizieren, benutzt Fireball ein kombiniertes Verfahren, bei dem sowohl ein Wörterbuch als auch statistische Methoden verwendet werden. Bei dem statistischen Verfahren wird die Zeichenfolge der Texte erfasst und mit der für deutschsprachige Dokumente typischen Zeichenfolge verglichen. Der dabei errechnete „Ähnlichkeitsgrad" klassifiziert einen Text als deutsch- oder fremdsprachig.

Sie erreichen Fireball über die URL

`http://www.fireball.de`

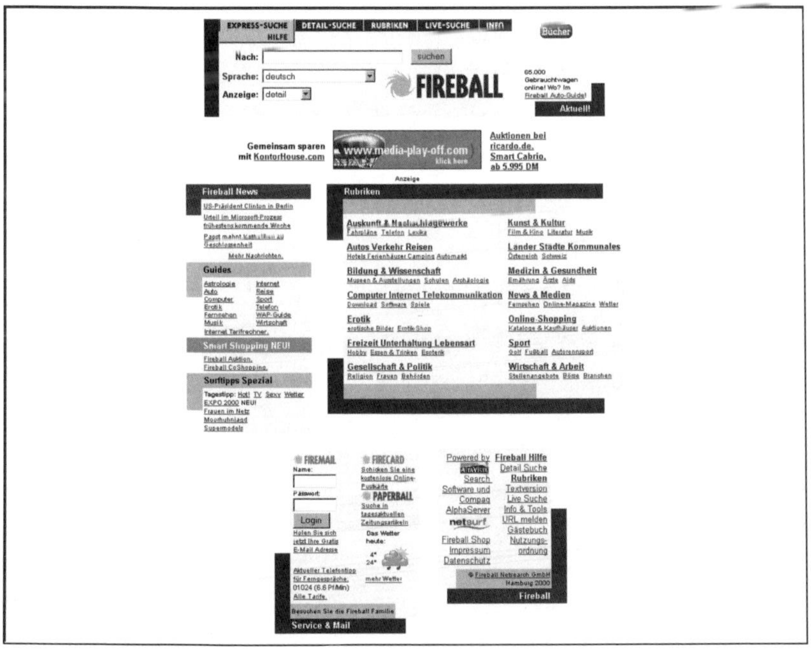

Abbildung 4-24: Die Homepage von Fireball, einer der neueren Suchmaschinen für deutsche Inhalte.

Fireball wartet neben der reinen Suchfunktion auch mit Besprechungen von Web-Sites auf und bietet einen Service, der sich „Live Suche" nennt. Dabei können Besucher verfolgen, wonach andere Anwender gerade recherchieren.

Standardsuche

Die Standardsuche wird bei Fireball „Express Suche" genannt. In der Eingabemaske für die Standardsuche können Sie bereits mit zahlreichen Optionen arbeiten.

Tragen Sie in das Eingabefeld den oder die Begriffe ein, nach denen Sie suchen möchten. Dabei werden alle Schreibweisen der Eingabe berücksichtigt, also Groß- und Kleinschreibung ignoriert. Satzzeichen und Leerzeichen werden ebenfalls nicht berücksichtigt. Haben Sie zwei Begriffe mit einem Bindestrich verknüpft, so wird nur nach diesem zusammengesetzten Begriff gesucht.

Über eine Auswahlliste können Sie die Sprache der durchsuchten Dokumente festlegen. Zwar handelt es sich bei Fireball um eine Suchmaschine, die sich vornehmlich deutschsprachigen Dokumenten widmet, allerdings können Sie über eine Kooperation mit AltaVista auch internationale Angebote durchsuchen.

Schließlich finden Sie auf der Homepage eine Dropdown-Liste, die Ihnen verschiedene Anzeigeoptionen für die Trefferlisten anzeigt:

- Standard: Die Trefferliste enthält URL und Titel eines Dokumentes. Daneben finden sich die ersten Zeichen des Textes und das Datum der Veröffentlichung.
- Detail: Entspricht der Einstellung Standard, allerdings werden Ihnen zusätzlich die Metadaten des Dokuments, wie Autor oder Datum der Aktualisierung angezeigt.
- Kompakt: Hier sehen Sie nur den Dokumententitel und die ersten Zeichen des Textes neben dem Veröffentlichungsdatum.

In der Express Suche können Sie bereits mit logischen Operatoren arbeiten:

- Die Suchbegriffe lassen sich mit „UND" verbinden. Um eine solche UND-Verknüpfung einzusetzen, verwenden Sie ein Pluszeichen, das Sie ohne Leerzeichen vor die Worte setzen müssen, die Sie verknüpfen wollen:

  `Mobil +Kommunikation`
- Der Operator „NICHT" wird durch ein Minuszeichen symbolisiert. Geben Sie es ohne Leerzeichen vor einem Begriff ein, den Sie von der Suche ausschließen möchten:

  `Mobil -Kommunikation`

  In diesem Beispiel werden alle Dokumente als relevant betrachtet, in denen das Wort Mobil vorkommt, aber nicht das Wort Kommunikation zu finden ist.
- Eine Verknüpfung mit „ODER" erreichen Sie, indem Sie einfach eine Reihe von Suchbegriffen in die Eingabezeile schreiben. Fireball sucht zunächst alle Dokumente, in denen alle Suchbegriffe enthalten sind, um anschließend diejenigen Texte zu suchen, in denen wenigstens eines der gewünschten Worte vorkommt.

- Anführungszeichen lösen eine Phrasensuche aus. Die aufzufindende Wortgruppe muss von Anführungszeichen umschlossen sein. Die Eingabe von

  ```
  "Steffi Graf"
  ```

  sucht auch tatsächlich nur nach diesem Namen.
- Fireball gestattet die Suche mit sogenannten Wildcards. Sie können diese Joker innerhalb eines Suchbegriffes platzieren oder auch am Ende eines Wortes. Dabei gilt es zu beachten, dass der Textteil links vom Platzhalterzeichen, dem Stern (*), mindestens drei Zeichen lang sein muss.

  ```
  Hafen*
  ```

  findet also „Hafen“ und seine Flexionen, aber auch Komposita wie „Hafenamt“, „Hafenbecken“ oder „Hafenstadt“.

Eine sehr interessante Suchfunktion, die Fireball bereits in seiner Standardsuche erlaubt, ist die sogenannte Feldsuche. Im allgemeinen durchsucht Fireball sowohl den sichtbaren als auch den unsichtbaren Textteil eines HTML-Dokumentes. Sind Sie aber auf der Suche nach einer URL, ist es durchaus sinnvoll, nur in den Teilen eines Dokuments zu suchen, in der sich die URL vermutlich auch befindet. Aus diesem Grund können Sie die Recherche auf bestimmte Felder eines Dokuments beschränken. Eine Übersicht finden Sie in der nachfolgenden Tabelle:

Operator	***Funktion***	***Beispiel***
applet:	Sucht das Stichwort nur im Applet-Tag des Dokuments.	applet:cockpit findet das Java-Applet des Stern Cockpits.
Domain:	Sucht nach dem eingegebenen Domain-Kürzel im Domain-Namen.	domain:org findet alle Web-Seiten mit der Domain .org.
host:	Sucht nach dem Stichwort im Hostnamen des Rechners.	host:geo de findet alle Seiten, die die Rechner der Zeitschrift Geo bereithalten.
Image:	Sucht nach Bildern mit dem eingegebenen Namen.	image:stephan findet Bilddateien mit dem Namen stephan.
Link:	Sucht Dokumente, die wenigstens einen Link enthalten, im dem der gesuchte Begriff auftaucht.	link:compuserve.com findet Seiten, die einen Link auf die Seiten von CompuServe enthalten.
Text:	Es wird nur der sichtbare Text eines Dokuments nach dem Stichwort durchsucht.	text:Lederball findet Web-Seiten, in denen das Wort „Lederball“ im Textkörper vorkommt.

Operator	*Funktion*	*Beispiel*
Title:	Durchsucht nur den Titel eines Dokuments.	title:Andrea findet alle Seiten, in deren Titel der Name „Andrea“ auftaucht.
Url:	Sucht nach Dokumenten, die den Suchbegriff in ihrer URL haben.	url:news findet zum Beispiel die Seiten von news.com.

Am Ende der Suche wird Ihnen die Trefferliste angezeigt. Die Reihenfolge der Ergebnisse wird von einem Algorithmus bestimmt, der allerdings von den Betreibern nicht näher beschrieben wird. Es spielen jedoch die Position und die Frequenz sowie die Distanz zwischen den Suchbegriffen eine Rolle.

Wer auf diese Weise nicht fündig geworden ist oder unter der Last von zu vielen Treffern stöhnt, kann seine Anfrage mit der erweiterten Suche bei Fireball noch weiter verfeinern.

Erweiterte Suche

Die erweiterte Suche bei Fireball wird „Detail Suche“ genannt. Sie erreichen diese über einen Klick auf den so beschrifteten Bildschirmbereich. Vor Ihnen erscheint nun ein neues Formular.

Abbildung 4-25: Die "Detail Suche" mit Fireball.

Dabei handelt es sich im Prinzip um die gleiche Eingabemaske wie für die Standardsuche, allerdings um einige wichtige Eingabemöglichkeiten erweitert:

So finden Sie eine Reihe von Optionsschaltern, mit denen Sie den Suchbereich definieren können. Auf diese Weise legen Sie fest, ob Sie im gesamten Dokument oder nur in seinem Titel oder dem Autorennamen nach der Zeichenfolge suchen möchten.

Durch die Eingabe von Begriffen in das Feld „Sortierung" wird definiert, wie die Ergebnisse angezeigt werden sollen. Dabei müssen die hier eingetragenen Worte nicht Bestandteil Ihrer Suchanfrage gewesen sein.

Angenommen, Sie haben nach den Begriffen „Tennis" und „Wimbledon" gesucht und geben bei der Sortierung nun das Wort „Hotel" ein. In diesem Fall werden Ihnen am Anfang relevante Dokumente gezeigt, die neben Ihren Suchbegriffen auch noch das Wort „Hotel" enthalten. Das ist zum Beispiel nützlich, wenn Sie auf der Suche nach einer Übernachtungsmöglichkeit sind, um das Tennisturnier von Wimbledon zu verfolgen.

Die nächste Eingabezeile in der „Detail Suche" dient der Definition eines Datumsbereiches, innerhalb dessen gesucht werden soll. Fireball erwartet von Ihnen hier die Eingabe im Format ttmmjj, gültige Datumsangaben sind:

`04/07/97  04.07.97  04/jul/97`

Möchten Sie nur Dokumente einer bestimmten geographischen bzw. organisatorischen Ebene durchsuchen, nehmen Sie Eintragungen innerhalb des Feldes `Domain` vor. Hier können Sie sich etwa nur auf Fundstellen aus Deutschland beschränken.

Über die bereits aus der Standardsuche bekannte Dropdown-Liste `Sprache` kann die Recherche auf Dokumente in einer bestimmten Sprache eingeschränkt werden.

Innerhalb der „Detail Suche" stehen Ihnen alle bereits in der Standardsuche genannten Optionen zur Verfügung, ergänzt um die Möglichkeit, die Booleschen Operatoren zu verwenden und abzukürzen. Die nachstehende Tabelle listet Ihnen die entsprechenden Suchoptionen noch einmal auf.

Boolescher Operator	***Eingabe***	***Abkürzung***
UND	AND	&
ODER	OR	|
UND NICHT	AND NOT	&!

Für die Ausgabe der Ergebnisse gelten die gleichen Bedingungen wie für die Standardsuche.

Worthäufigkeiten: Suchmaschinen: 28200
Dokument 1-10 von 12171 Treffern, beste Treffer zuerst.

Suchmaschinen in MOONCITY!
Suchmaschinen Aladin sucht Seiten, die eines der alle Suchworte enthalten. 10 25 100 Ergebnisse werden aufgelistet. Optionen Copyrights by Kreativ Foto, Stefan Ulmer kontakt@kreativ-foto.de
http://www.mooncity.de/Site-Ordner/Suchmaschinen.html - *Größe 3 K - 18.7.1997*

Multimedia-Labor Uni Karlsruhe
-- Suchen: Suchmaschinen Wählen Sie die Suchmaschinen aus, in denen Sie suchen wollen: Fireball Lycos.de Netguide Web.de CRAWLER.de Kolibri Dino Flipper finden.de Eule Aladin Sharelook Yahoo! Deutschland AOL Inte
http://mmlab.ira.uka.de/Suchmaschinen/ - *Größe 7 K - 3.7.1997*

Einge Suchmaschinen
Einige Suchmaschinen zur Auswahl Dies soll keine komplette Liste sein, sondern nur dazu dienen, die ersten Schritte im WWW zu erleichtern ! Deutschsprachige Dienste Englischsprachige Dienste Zurück zur Fakultätsseite Für Anregungen oder bei
http://www.lqw.mb.uni-dortmund.de/Suchmaschinen.html - *Größe 2 K - 1.7.1997*

Einge Suchmaschinen
Einige Suchmaschinen zur Auswahl Dies soll keine komplette Liste sein, sondern nur dazu dienen, die ersten Schritte im WWW zu erleichtern ! Deutschsprachige Dienste Englischsprachige Dienste Zurück zur Fakultätsseite Für Anregungen oder bei

Abbildung 4-26: Die Detailansicht einer Trefferliste mit Fireball.

4.3 Informationsrecherche mit Themenkatalogen

Die Suchmaschinen bieten Zugriff auf alle Dokumente, die sie in ihrem Index verzeichnet haben. Die Qualität eines Textes, der eigentliche Inhalt, spielt bei der Aufnahme in das Verzeichnis keine Rolle, da hier in aller Regel Computerprogramme für den Nachschub mit Dokumenten sorgen. Themenkataloge verfolgen ein anderes Ziel. Der Nutzer dieser Dienste soll nach den Ansprüchen der Betreiber nur ausgewählte Web-Sites angeboten bekommen. Dazu beschäftigen die Themenkataloge professionelle Web-Surfer, die den Datenbestand eines Programms sichten, in ein Klassifizierungsschema einordnen und zum Teil auch noch bewerten, bzw. sich von anderen Besuchern oder den Betreibern selbst vorgeschlagene Web-Sites ansehen.

Damit ist zugleich einer der Schwachpunkte von Besprechungsdiensten offenkundig. Die Entwicklung einer sinnvollen Klassifikation und die Einordnung in die sich ergebenden Kategorien verlangt einiges an Fachwissen und Fingerspitzengefühl. Zudem steckt in Themenkatalogen viel Handarbeit. Die Sites müssen gesichtet und begutachtet werden, bevor sie eingeordnet werden können. Dafür aber wird Zeit gebraucht, und so ist die Zahl der täglichen Neuzugänge deutlich geringer als bei den Suchmaschinen. In der Regel ist der Datenbestand eines solchen Themenkatalogs deutlich kleiner im Vergleich zu den Suchmaschinen. Dieses „Manko“ versuchen die Betreiber durch Kooperationen mit Suchmaschinen wieder wettzumachen. Wird innerhalb des eigentlichen Katalogs kein Dokument gefunden, das zu einer Anfrage passt, wird die Anfrage an eine Suchmaschine weitergeleitet.

Themenkataloge verfügen aber auch über ihnen eigene Vorteile. Zum einen werden Suchende nicht durch eine wahre Flut von Treffern erschlagen. Damit eignen sich diese Suchdienste besonders, um sich zu einem Thema einen ersten groben Überblick zu verschaffen. Zum anderen wird man vielleicht auf eine gute Idee gebracht, mit welchen Begriffen man nach Dokumenten in den großen Suchmaschinen fahnden soll.

4.3.1 Yahoo

Die Geschichte von Yahoo ist schon fast Legende. Begonnen hat dieser Dienst als Sammlung von Bookmarks zweier junger Studenten aus den USA. Die Idee kam bei den Nutzern des Internets derart gut an, dass Yahoo inzwischen zu einem international agierenden Unternehmen geworden ist und Millionenbeträge umsetzt. Nach dem großen Erfolg in den USA wurden nationale Angebote in Europa gestartet.

Sie erreichen Yahoo Deutschland mit der Eingabe von

`http://www.yahoo.de`

und die internationale Ausgabe mit

`http://www.yahoo.com`

Wie die Konkurrenten bietet Yahoo heute ein Komplettpaket von Dienstleistungen, um die Kunden zu regelmäßigen Besuchen zu animieren. Yahoo bietet unter anderem einen E-Mail-Dienst, einen Terminkalender, Shoppingangebote und vieles mehr.

Auf der Homepage finden Sie bereits eine Liste von Oberkategorien, nach denen der Katalog organisiert ist. Darunter finden Sie Einträge wie:

- Bildung und Ausbildung
- Gesellschaft und Kultur
- Nachschlagewerke
- Staat und Politik

sowie einige andere Kategorien. Alle diese Kategorien sind als Verweise ausgeführt und verzweigen mit einem Mausklick auf weitere Unterkategorien. Im oberen Teil der Homepage finden Sie aber auch eine Eingabezeile, mit der Sie Ihre Anfragen formulieren können.

Abbildung 4-27: Die Homepage von Yahoo.

Geben Sie hier eines oder mehrere Stichworte ein. Yahoo beginnt nun damit, seinen Datenbestand zu durchsuchen, und zwar zunächst die Kategorien und dann die bereits klassifizierten Web-Sites. In dieser Reihenfolge werden dann auch die Ergebnisse Ihrer Anfrage ausgegeben.

Ihre Recherche können Sie durch einige Parameter optimieren. So kennt Yahoo die Phrasensuche. Dazu stellen Sie, wie bei den Konkurrenten auch, den Ausdruck in Anführungszeichen:

"Siemens Nixdorf"

Muss ein Suchbegriff in einem Dokument vorkommen, markieren Sie dies durch ein vorangestelltes Pluszeichen. Wollen Sie einen Begriff explizit von der Suche ausschließen, dient das vorangestellte Minuszeichen dafür als Symbol.

Operator	***Funktion***
" "	Dient der Suche nach einer Phrase in exakt der eingeschlossenen Schreibweise.
+	Suchbegriff muss vorkommen, damit das Dokument als relevant gilt.

Operator	*Funktion*
-	Suchbegriff darf nicht vorkommen, damit das Dokument als relevant gilt.

Wie andere Anbieter auch, bietet Yahoo eine erweiterte Suche an, die einige Parameter mehr kennt und eine Verfeinerung der Recherche erleichtert.

Erweiterte Suche

Bei der erweiterten Suche haben Sie Zugriff auf die gleichen Suchparameter wie bei der Standardsuche, ergänzt um einige weitere Möglichkeiten.

Abbildung 4-28: Die Suchoptionen von Yahoo.

So lässt sich die Suche auf bestimmte Bereiche eines Dokuments beschränken. Yahoo erlaubt die Suche innerhalb des Titels und innerhalb der URL eines Dokuments. Wollen Sie den Titel durchsuchen, geben Sie bitte

```
t:Handball
```

ein, die Abkürzung für eine Titelsuche ist also der Buchstabe „t“. Soll innerhalb einer URL gesucht werden, genügt die Eingabe des Buchstabens „u“, hinter dem durch einen Doppelpunkt abgetrennt der Suchbegriff stehen sollte:

```
u:macintosh
```

Eine weitere nützliche Option für die erweiterte Suche ist die Verwendung von Platzhaltern (Wildcards). Yahoo hält sich hier an die gängigen Standards und verwendet das Sternchen (*) als Platzhalterzeichen. Der Platzhalter darf aber nur rechts von einem Suchbegriff angeordnet werden:

```
Haus*
```

Die vorgestellten Parameter lassen sich auch zu einer komplexen Suchanfrage kombinieren:

```
+t: Fußball -Deutschland
```

Hat Yahoo in seiner Datenbank passende Einträge gefunden, werden die Treffer nach Relevanzkriterien geordnet und in einer Liste ausgegeben. Bei der Bestimmung der Relevanz spielt zum einen eine Rolle, wie häufig die Suchbegriffe in einem Dokument vorkommen. Ein Dokument, das mehrere der angefragten Stichworte enthält, ist relevanter als eines, in dem nur einer der Suchbegriffe zu finden ist. Yahoo gewichtet die einzelnen Textbereiche eines Dokuments und geht von der Annahme aus, dass ein Dokument, das bereits das gesuchte Wort im Titel enthält, relevanter sein muss als eines, in welchem der Begriff erst am Ende auftaucht. Schließlich spielt auch noch die Gewichtung der Kategorie eine Rolle. Kategorien, die in der Hierarchie von Yahoo weiter oben stehen, also von mehr allgemeiner Natur sind, werden stärker gewichtet als tieferstehende Kategorien, die sich eher Spezialthemen annehmen.

Die Trefferliste von Yahoo ist ebenso übersichtlich wie bei konkurrierenden Systemen, erscheint aber ein wenig erklärungsbedürftig.

Abbildung 4-29: Eine Ergebnisliste von Yahoo.

Im Kopf der Seite finden Sie noch einmal wiederholt, wonach Sie gesucht haben, außerdem wird Ihnen kurz und knapp mitgeteilt, wie viele Kategorien zu Ihrer Anfrage passen und wie viele Web-Sites gefunden wurden. Als nächstes werden Ihnen die passenden Kategorien aufgelistet. Sie können diese Verweise sofort anklicken, um auf Dokumente zu stoßen, die zu

Ihrem Thema passen. Schließlich werden eventuell gefundene Web-Sites aufgezählt. Bei den Titeln der Seiten ist auch der Name der Kategorie angegeben, in der das Dokument enthalten ist. Eine Angabe der Relevanz ist von Yahoo nicht vorgesehen. Sind Sie mit dem Ergebnis nicht zufrieden, gelangen Sie über einen Link auf die Homepage von AltaVista. Diese Suchmaschine wird auch benutzt, sofern sich im Datenbestand von Yahoo weder eine zu Ihrer Anfrage passende Kategorie, noch eine passende Web-Site findet. Für den Besuch von AltaVista gelten allerdings die dortigen Voreinstellungen. In Yahoo ausgewählte Optionen, zum Beispiel zur Länge der Ergebnisliste, haben in AltaVista keine Auswirkungen.

4.3.2 Web.de

Web.de gehörte zu den ersten rein deutschsprachigen Themenkatalogen im WWW und ist seit Dezember 1995 online. Der Datenbestand wird täglich aktualisiert, der Besuch von Web.de lohnt sich also nicht nur bei der konkreten Recherche, sondern durchaus auch dann, wenn man sich über neue Angebote auf dem Laufenden halten möchte. Web.de agiert heute als Aktiengesellschaft, was die steigende Bedeutung des Internet für die Wirtschaft in den letzten Jahren deutlich zeigt.

Web.de wirbt damit, dass sein Datenbestand regelmäßig kontrolliert und überarbeitet wird, durch die redaktionelle Betreuung jedes Eintrags soll das Vorkommen von Dubletten ausgeschlossen sein.

Die Betreiber von Web.de haben einige Mühe auf die Erstellung der Kategorien verwendet, die sich Ihnen übersichtlich auf der Homepage präsentieren. Zu den Oberkategorien gehören zum Beispiel die Themen:

- Computer
- Medien
- Wissenschaft
- Wirtschaft
- Kunst & Kultur

Sie erreichen diesen Themenkatalog über die URL:

`http://www.web.de`

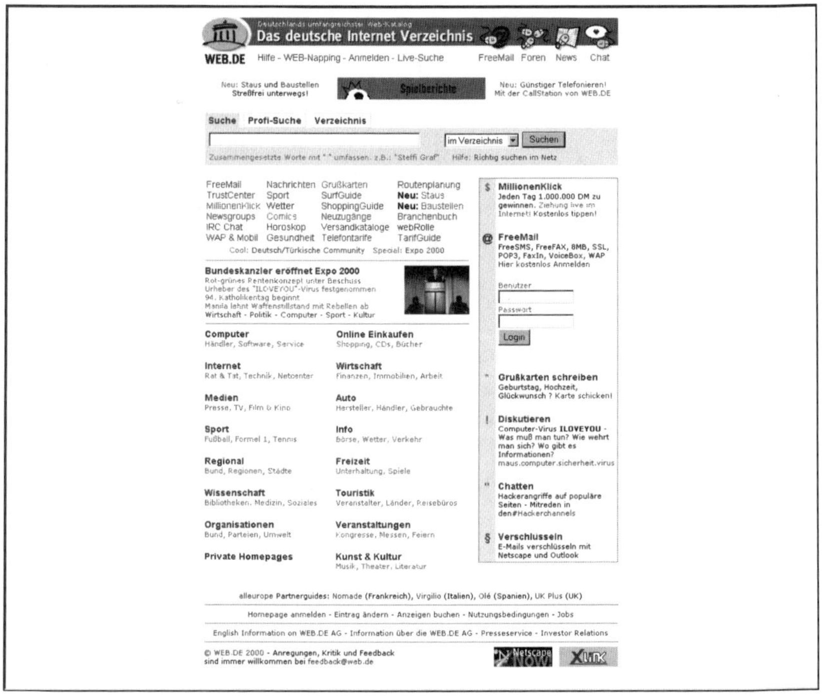

Abbildung 4-30: Homepage von Web.de.

Für die Suche mit Hilfe der Eingabezeile in Web.de gelten folgende Besonderheiten:

- Groß- und Kleinschreibung werden nicht beachtet: „Auto“, „AUTO“ oder „auto“ führen zum gleichen Ergebnis.
- Es wird immer nach Wortbestandteilen gesucht. „haus“ findet sowohl „Haus“, als auch „Haushalt“, „Autohaus“ usw.
- Geben Sie mehrere Begriffe ein, so werden erst alle Einträge mit einer UND-Abfrage und dann mit einer ODER-Abfrage durchsucht.
- Die Anzeige der Ergebnisse erfolgt nach Relevanzkriterien. Web.de ist einer der wenigen Anbieter, der seinen Kunden verrät, wie sich das Ranking der Trefferliste errechnet.

Über eine Dropdown-Liste wählen Sie den Bereich aus, innerhalb dessen gesucht werden soll. Zur Auswahl stehen rein deutsche Internetangebote, das Verzeichnis selbst, internationale Web-Sites sowie Nachrichten und Newsgroups.

Für die erweiterte Suche stellt Web.de den Besuchern eine eigene Eingabemaske zur Verfügung, die durch einen Klick auf `Profi Suche` oberhalb der Eingabezeile erreicht werden kann.

Erweiterte Suche

Die erweiterte Suche von Web.de bietet dem Suchenden einige Optionen für die Verfeinerung der Anfrage an, wobei das angebotene Instrumentarium allerdings nicht an die Möglichkeiten von Suchmaschinen wie AltaVista heranreicht.

Die erweiterte Suche von Web.de lässt sich mit Hilfe eines Formulars komfortabel verfeinern. Dabei sind die Einträge des Formulars eigentlich selbsterklärend, dennoch möchte ich kurz darauf eingehen:

Zunächst können Sie die Sprache der Dokumente bestimmen, die für die Suche relevant sein sollen. Die Palette reicht hier von Chinesisch bis hin zu Ungarisch.

Sofern Sie dies wünschen kann die Suche auf den Titel eines Dokuments, auf seine URL oder Meta-Sprachelemente beschränkt werden. Diese Fälle werden innerhalb der zweiten Dropdown-Liste des Formulars festgelegt.

Mit Hilfe des Bereichs `Typ` wird bei der Suche nach Web-Sites, Bildern oder Java-Applets unterschieden. Diese Option ist dann nützlich, wenn Sie nach Bildmaterial zu einem besonderen Thema suchen oder nach Programmen, die Sie auf der eigenen Homepage einsetzen möchten.

Über das Feld `Letzte Änderung` legen Sie einen Zeitraum fest, innerhalb dessen das Dokument geändert worden sein muss, damit es in der Suche berücksichtigt wird. So legen Sie selber fest, wie aktuell Ihr Suchergebnis wird.

Die Suche lässt sich auch geographisch einschränken. Dies erreichen Sie durch die Auswahl eines Eintrags im Dropdown-Feld `Länderkennung`.

Schließlich ermöglicht es Ihnen Web.de auch, nur einen bestimmten Server nach Dokumenten zu durchsuchen. Dazu müssen Sie allerdings seinen Namen in das entsprechende Feld in dem Formular eintragen.

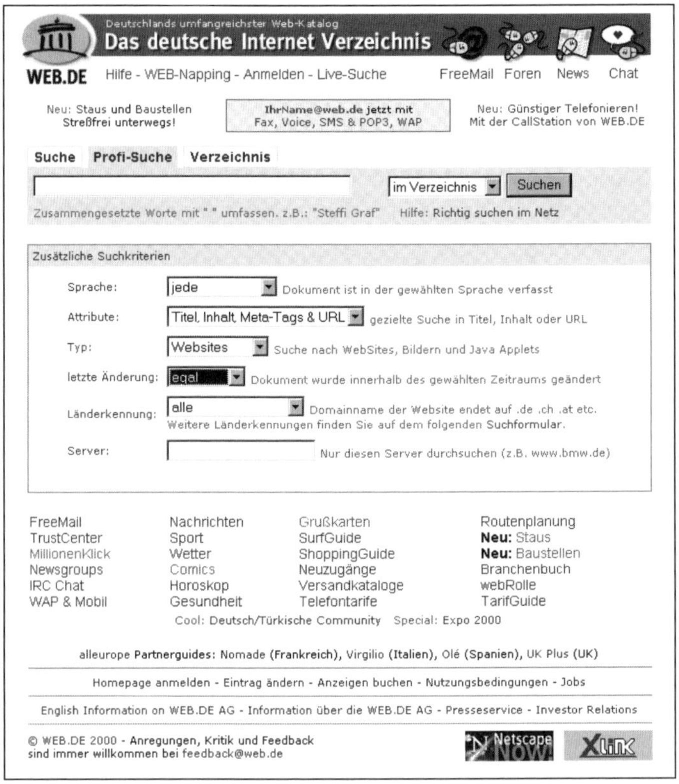

Abbildung 4-31: Die Eingabemaske für die erweiterte Suche.

4.3.3 Infoseek (Webseek)

Ganz dem Trend der Zeit folgend, bieten die Macher von Infoseek dem Kunden ein Komplettangebot. Sie finden dort aktuelle Nachrichten, einen persönlichen Informationsmanager, der Ihre Bookmarks, Adressen, Aufgaben und Termine organisiert, Abfrage von Fahrplänen und weitere Dienste. An Infoseek Deutschland ist der Axel Springer Verlag beteiligt. Nachdem der Disney-Konzern beim deutschsprachigen Infoseek ausgestiegen ist, wird sich das Angebot aller Voraussicht nach in Webseek umbenennen.

Sie erreichen den Anbieter unter der Adresse:

`http://www.infoseek.de`

Abbildung 4-32: Die Infoseek Homepage: Eine fast unerschöpfliche Quelle an Informationen.

Nach dem Aufbau der Seite blicken Sie auf eine voller Optionen steckende Homepage. Im oberen Bereich, fast untergehend, befindet sich eine Eingabezeile, in der Sie Ihre Suchanfrage formulieren. In der Mitte der Seite finden Sie aktuelle Schlagzeilen von Nachrichten, während sich die Verweise auf die Katalogeinträge am linken Rand der Seite befinden. Das Blättern im Katalog von Infoseek lohnt sich auch dann, wenn Sie nicht gerade auf der Suche für ein Spezialthema sind, denn hier finden Sie wirklich nur ausgezeichnete Seiten referenziert.

Infoseek geht bei der Standardabfrage seiner Kategorien von folgenden Vorgaben aus.

- Groß- und Kleinschreibung werden nur dann beachtet, wenn Sie bei der Eingabe sowohl große als auch kleine Buchstaben verwendet haben.
- Haben Sie mehrere Suchbegriffe eingegeben, werden diese durch eine ODER-Verknüpfung miteinander verbunden.
- Die Ergebnisse werden nach ihrer Relevanz geordnet ausgegeben.

Tragen Sie die gewünschten Begriffe in die kleine Eingabezeile auf der Homepage ein und wählen Sie anschließend aus der Dropdown-Liste einen Bereich aus, auf den Sie die Suche beschränken möchten. Es stehen Ihnen hier verschiedene „Webs" zur Verfügung, womit zum einen das WWW selbst gemeint ist, zum anderen aber auch die Themensammlungen von Infoseek.

Wenige Augenblicke nach einem Klick auf „Suchen" werden Ihnen die Ergebnisse angezeigt.

Abbildung 4-33: Trefferliste bei Infoseek nach Relevanz sortiert.

Für die Suche können eine Reihe von Operatoren benutzt werden:

- Tragen Sie einfach zwei oder mehrere Begriffe ein, so verknüpfen Sie diese mit Hilfe des logischen Operators „ODER", zumindest einer der eingetragenen Begriffe muss in einem Dokument vorkommen, damit dieses als relevant für die Suche gilt.
- Eine Phrasensuche erreichen Sie durch das Einschließen der Suchbegriffe in Anführungszeichen.
- Muss ein Begriff vorkommen, wird dies durch ein vorangestelltes Pluszeichen kenntlich gemacht.

- Darf ein Begriff im Suchergebnis nicht erscheinen, muss dies durch ein vorangestelltes Minuszeichen angezeigt werden.

Die Tabelle zeigt die Suchoperatoren von Infoseek noch einmal in der Übersicht:

Operator	***Funktion***
„ "	Phrasensuche
+	Begriff muss enthalten sein.
-	Begriff darf nicht enthalten sein.

Für eine weitere Verfeinerung Ihrer Suchanfrage sorgt die sogenannte Feldsuche, die Sie bereits an anderer Stelle kennen gelernt haben. Infoseek durchsucht die in der nachstehenden Tabelle dargestellten Felder.

Operator	***Funktion***
link:	Es werden nur Dokumente als relevant gesehen, die den entsprechenden Link beinhalten.
site:	Die Suche wird auf die Seiten eines bestimmten Servers eingeschränkt.
title:	Es gelten nur Dokumente mit dem Suchbegriff in der Titelzeile als relevant.
url:	Dokumente, in deren URL der Suchbegriff enthalten ist, gelten als relevant.

Die Suche nach

`site:www.microsoft.com`

fördert also nur die Seiten zu Tage, die vom Microsoft-Server stammen.

Die Ergebnisse einer Suche bei Infoseek werden nach Relevanz sortiert, wobei als Relevanzkriterien die Stellung der Suchbegriffe im Dokument, die Häufigkeit der Suchbegriffe im Dokument und die Häufigkeit der Suchbegriffe in der Datenbank dienen.

Auch Infoseek bietet seinen Besuchern die Möglichkeit, über ein Formular eine erweiterte Suche durchzuführen. Sie erreichen das Formular über den Verweis `Erweiterte Suche` auf der Homepage, gleich neben der Eingabezeile. Vor Ihnen baut sich dann ein Formular auf, in dem Sie die notwendigen Eintragungen vornehmen können.

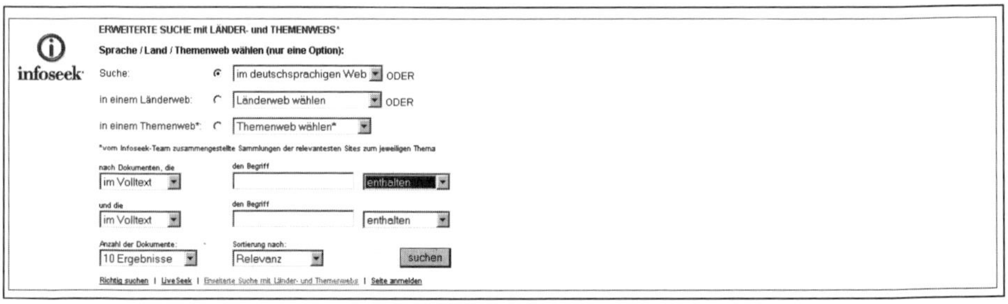

Abbildung 4-34: Erweiterte Suche bei Infoseek.

Der obere Bereich des Formulars dient dem Eingrenzen des Suchbereichs. Sie haben hier die Wahl zwischen dem deutschsprachigen oder dem gesamten Web, sowie verschiedenen Themenbereichen in Infoseek, die ebenfalls Webs genannt werden.

Die nächsten beiden Zahlen legen fest, in welchen Bereichen eines Dokuments Sie suchen möchten:

- Volltext,
- Titel,
- URL oder
- in einem Link.

Außerdem legen Sie mit der Dropdown-Liste am Ende der Zeile fest, ob der gesuchte Begriff innerhalb des Dokuments enthalten sein muss oder nicht enthalten sein darf.

Der letzte Bereich des Formulars legt das Aussehen der Trefferliste fest, die am Ende der Suche mit Infoseek steht. Es können zwischen 10 und 50 Treffer pro Bildschirmseite ausgegeben werden, wobei sich die Ergebnisse nach Relevanz oder dem Datum sortieren lassen.

4.3.4 Google

Dieser Suchdienst ist ein Phänomen. Ganz ohne aufwendige Anzeigen und Marketingmaßnahmen hat sich Google in den USA schnell zu einem der beliebtesten Suchdienste des WWW gemausert. Zu diesem Umstand haben zwei Tatsachen beigetragen: Zum einen die hohe Geschwindigkeit des ganzen Dienstes. Google verzichtet schon bei der Gestaltung auf grafisch aufwendige Effekte, die zu Lasten der Geschwindigkeit gehen. Außerdem zeichnet sich der Dienst durch eine sehr schnelle Bearbeitungszeit für eine Anfrage aus.

Bei der Entwicklung der Suchmaschine stand ganz eindeutig der Anwender im Mittelpunkt. Die Bedienung von Goggle ist alles andere als kompliziert. Nach dem Aufruf der Adresse

`www.google.com`

blickt der Anwender auf eine einzige Eingabezeile und zwei Schaltflächen. Tragen Sie also einen oder mehrere Suchbegriffe ein und drücken Sie auf den Schalter `Google-Suche`.

Eine witzige Variante im Vergleich zu anderen Anbietern ist die Option „Auf gut Glück“. Haben Sie sich für die Auswahl dieser Option entschieden, so erhalten Sie die erste Seite angeboten, die Google im Zusammenhang mit Ihrer Anfrage im Web findet. Auf Relevanzkriterien wird hier kein Wert gelegt.

Bei der Suche geht Google von folgenden Voreinstellungen aus:

- Google sucht exakt nach Übereinstimmungen in den gefundenen Dokumenten. Die Anfrage nach „Hotel“ und „Hotels“ führt zu unterschiedlichen Ergebnissen.
- Alle Begriffe, die Sie eintragen, werden über die logische Verknüpfung „UND“ miteinander verbunden.
- Es wird nicht nach Groß- und Kleinschreibung unterschieden.

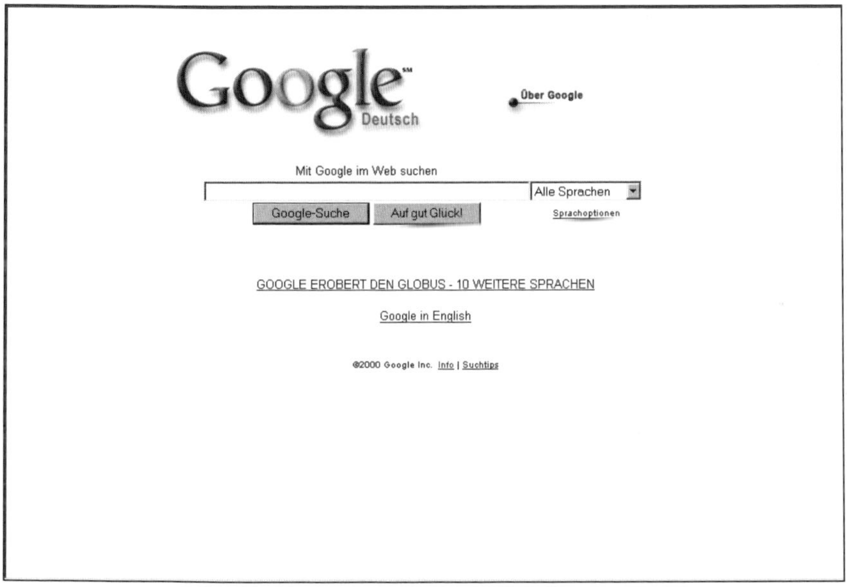

Abbildung 4-35: Die Homepage von Google.

Hinweis: Google unterstützt nicht die Verknüpfung der Suchbegriffe mit Hilfe des logischen Operators „ODER“. Möchten Sie die Suche weiter einschränken, so tragen Sie einfach mehr Begriffe in die Eingabezeile ein, so wird Ihre Suche weiter eingeschränkt.

Suche weiter verfeinern

Selbstverständlich kann auch bei der Arbeit mit Google die Suche weiter eingeschränkt werden. Sie können Wörter von der Suche ausnehmen. Dazu tragen Sie unmittelbar vor dem entsprechenden Begriff ein Minuszeichen ein.

Auch nach Phrasen kann gesucht werden. Wie bei den anderen Anbietern auch, wird eine Phrase von „Anführungszeichen“ umschlossen werden.

Hinweis: Google kennt keine Wildcards. Eine Anfrage mit den üblichen Platzhaltern verfälscht das Suchergebnis!

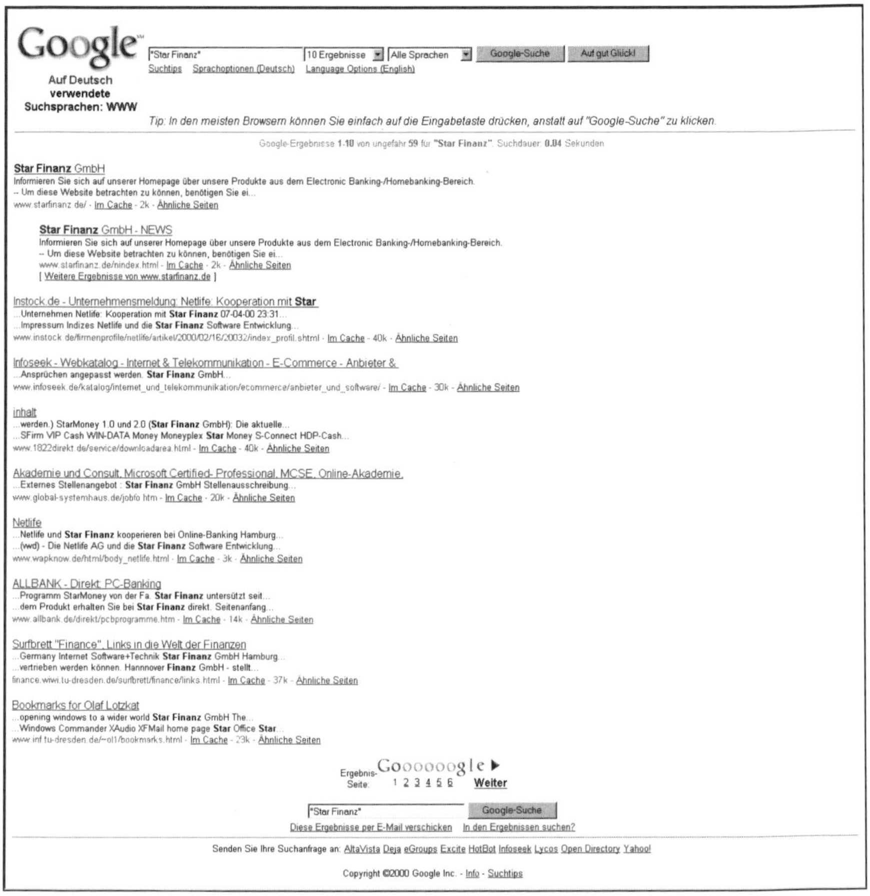

Abbildung 4-36: Die Trefferliste in Google.

Eine Besonderheit sind die so genannten „Stoppwörter“. Seinen Voreinstellungen gemäß, nimmt Google Begriffe, die im Internet gebräuchlich sind, wie „http:“ oder „com“ von der Suche aus. Zu diesen „Stoppwörtern“ gehören auch einstellige Zahlen, da die lapidare Suche nach „1“ zu einer kaum einschätzbaren Menge an gefundenen Dokumenten führen würde. Möchten Sie ein Stoppwort explizit in die Suche aufnehmen, so stellen Sie dem Wort ein Pluszeichen voran:

```
+com
```

Die Ergebnisliste von Google ist ein wenig erklärungsbedürftig. Bei der Anzeige wird ein Ranking verwendet, wobei die Häufigkeit von Verweisen auf dieses Dokument eine Rolle spielt. So hat sich die Eingabemaske im oberen Bereich des Bildschirms geändert. Gleich neben der Eingabezeile für den Suchbegriff finden Sie nun eine Dropdown-Liste, aus der Sie die Zahl der Dokumente, die in der Trefferliste angezeigt werden, erhöhen können.

Eine Besonderheit stellt auch der "Verweis im Cache" neben einem jedem Eintrag dar. Mit einem Klick auf diesen Link rufen Sie die Seite des betreffenden Angebots in der Form auf, wie sie von Google bearbeitet und in das Verzeichnis aufgenommen wurde. Gerade bei Seiten, die häufig aktualisiert werden, unterscheidet sich das Dokument, das aktuell im Web publiziert wurde, mit Sicherheit stark von der Seite, wie Sie von der Suchmaschine gesichtet worden ist.

4.3.5 All the web

Vollmundig waren die Ankündigungen dieses Anbieters am Start. Man wolle die beste Suchmaschine von allen sein und könne wirklich die Informationen des gesamten Web anbieten, so hieß es. Wer sich schon länger mit dem Internet beschäftigt, kennt solche Werbeaussagen zur Genüge. Ob es wirklich einmal möglich sein wird, alle Dokumente des WWW zu indizieren, sei dahingestellt: Tatsächlich ist All the web eine interessante Suchmaschine, die schnell arbeitet und einen ausgezeichneten Datenbestand bereithält. Sie erreichen das Angebot unter der Adresse

`www.alltheweb.com`

Auf der Homepage, die schlicht gestaltet ist und sich somit sehr schnell aufbaut, finden Sie eine einfache Eingabezeile zur Aufnahme der Stichwörter. Tragen Sie hier einen oder mehrere Begriffe ein. Mit Hilfe der Dropdown-Liste legen Sie dann die Art der Verknüpfung zwischen den Begriffen fest.

- Logische Verknüpfung „UND“: All of the words,
- Logische Verknüpfung „ODER“: Any of the words oder
- Phrasensuche: the exact phrase.

Oder Sie verfolgen einen der Verweise im oberen Teil der Homepage. Dadurch verzweigen Sie dann auf die Angebote von Kooperationspartnern von All the web, die Ihnen Zugriff auf Spezialkataloge geben. Auf diese Weise haben Sie die Möglichkeit, nach multimedialen Dateien, Software oder Nachrichten zu suchen.

Ein Druck auf die Schaltfläche „Fast Search“ komplettiert dann Ihre Anfrage. Sie gelangen anschließend zur Trefferliste.

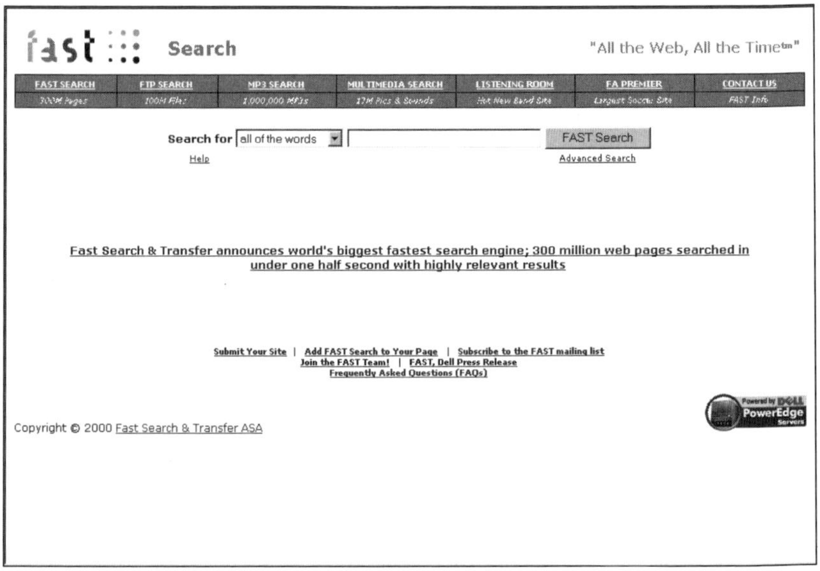

Abbildung 4-37: Die einfache Suche mit All the web.

Erweiterte Suche

Sollte diese einfache Suche nicht zu dem gewünschten Ergebnis geführt haben, so folgen Sie einfach dem Verweis „Advanced Search“, der sich direkt unter der Schaltfläche für die Suche befindet. Sie verzweigen nun zu einem weiteren Formular, das Ihnen mehr Optionen bietet.

Der obere Teil des Formulars ist identisch mit der Eingabemaske für die einfache Suche. Verknüpfen Sie also die Suchbegriffe, wie es für Ihre Anfrage sinnvoll erscheint. Um die Suche weiter einzugrenzen, können Sie mit Hilfe der ersten Dropdown-Liste die in den relevanten Dokumenten verwendete Sprache auswählen.

Gleich darunter finden Sie drei Zeilen angeordnet, die Sie jederzeit mit einem Druck auf „More/Fewer terms“ erweitern können. Sie können hier Begriffe definieren, die in den relevanten Dokumenten enthalten sein müssen bzw. auf gar keinen Fall enthalten sein dürfen, damit die Dokumente nach der Bearbeitung der Suchbegriffe noch als relevant gelten.

Schließlich können Sie eine Domain für die Suche explizit ein- oder ausschließen, sowie definieren, wie viele Dokumente pro Trefferseite angezeigt werden dürfen.

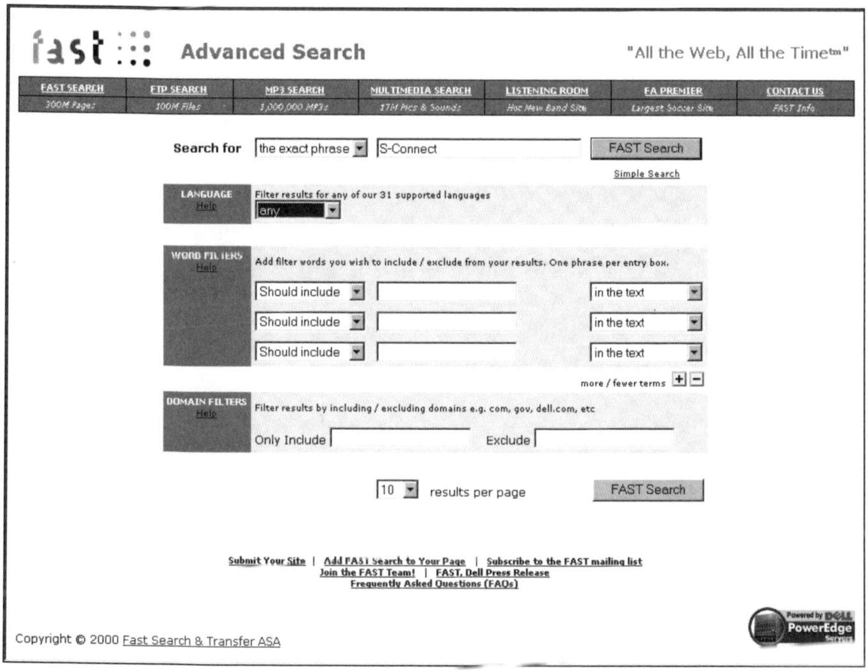

Abbildung 4-38: Die erweiterte Suche von All the web.

4.4 Metasuchdienste

Auf den vorangegangenen Seiten haben Sie nun eine Reihe von Suchmaschinen und Verzeichnisdiensten kennen gelernt, wobei eine Beschränkung auf die derzeit umfangreichsten und schnellsten erfolgen musste. Um bei einer Recherche möglichst akkurat zu arbeiten, sollten Sie sich nicht auf die Abfrage eines einzigen Dienstes verlassen, sondern eine Themenstellung mit verschiedenen Katalogen bearbeiten. Nur so können Sie einigermaßen sicher sein, dass Sie nicht relevante Ergebnisse übersehen.

Eine solche Herangehensweise kann allerdings mühsam sein, da Sie immer wieder die gleichen Eingaben in verschiedenen Formularen vornehmen müssen. Hier helfen Ihnen Metasuchdienste weiter, die sich darauf spezialisiert haben, verschiedene Suchmaschinen und Themenkataloge gleichzeitig abzufragen. Solche Metasuchdienste sollen in diesem Abschnitt vorgestellt werden.

4.4.1 MetaGer

Der Name dieses Dienstes lässt es schon vermuten. Bei dieser Metasuchmaschine handelt es sich um ein deutschsprachiges Angebot. Entwickelt wurde das Angebot vom Rechenzentrum der Universität Hannover. Der Suchdienst hat viele lobende Erwähnungen in der Fachpresse eingeheimst, und dies absolut zu Recht, denn MetaGer ist ein Metasuchdienst wie aus dem Bilderbuch. Es werden nicht nur die Anfragen des Benutzers parallel an verschiedene Quellen weitergeleitet und verarbeitet, sondern die zurückgelieferten Ergebnisse werden so zusammengefasst, dass es keine doppelten Verweise auf Dokumente gibt.

Sie erreichen den Dienst unter der Adresse:

`http://www.metager.de`

Bereits auf der Homepage können Sie mit der Eingabe Ihrer Suchbegriffe beginnen. Tragen Sie einfach einen oder mehrere Worte in die kleine Eingabezeile ein. Gleich darunter finden Sie eine Auswahl, die festlegt, wie die eingetragenen Worte miteinander verknüpft werden sollen. Dabei stehen Ihnen die üblichen Verknüpfungen zur Verfügung.

- UND-Verknüpfung: `Alle Worte sollen vorkommen im Dokument`
- ODER-Verknüpfung: `Mindestens eines der Worte im Dokument`
- Phrasensuche: `Wörter als String im Titel oder Kurzbeschreibung`
- NICHT-Verknüpfungen: Wird bei MetaGer als das Arbeiten mit Stoppwörtern bezeichnet.

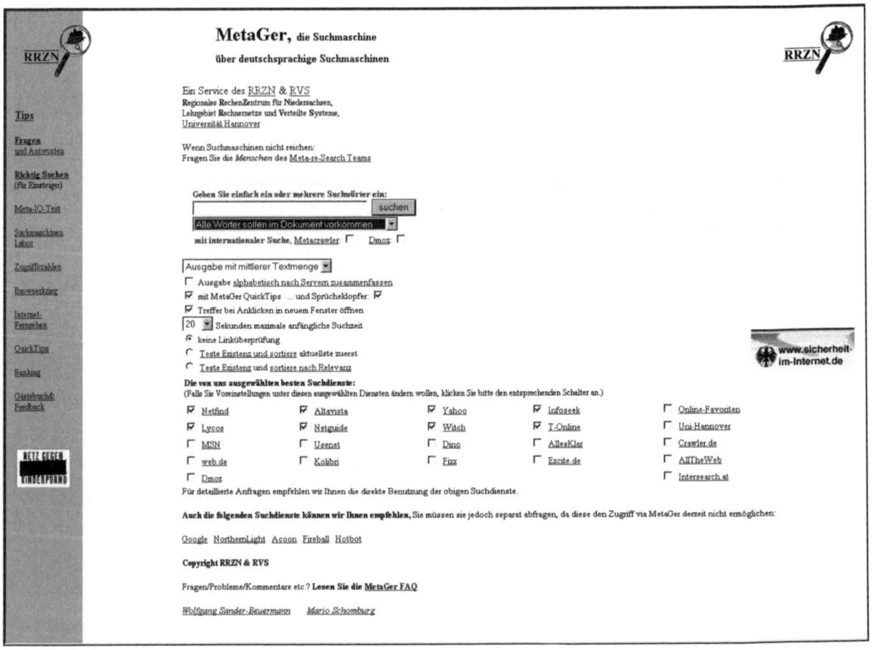

Abbildung 4-39: Homepage von MetaGer.

Unterhalb dieser eigentlichen Suchoptionen finden Sie noch weitere Felder, mit denen zum einen bestimmt wird, wie schnell die Suche abläuft, zum anderen, wie umfangreich Ihre Trefferliste wird.

So lassen sich die Ergebnisse der Suche alphabetisch nach Servern zusammenfassen. Diese Zusammenfassung der Ergebnisse erfordert allerdings einen weiteren Arbeitsschritt, weswegen die Bearbeitung Ihrer Anfrage länger dauert.

Sie können darüber hinaus mit Hilfe einer Dropdown-Liste festlegen, wie lange Metager zunächst auf die Antwort einer Suchmaschine warten soll.

Ein komfortables Werkzeug ist die automatische Überprüfung der Links, die zu den relevanten Dokumenten führen. Da Metager nur andere Suchmaschinen überprüft, werden nur dort gespeicherte Fundstellen ausgegeben, die allerdings schon veraltet sein können. Wird die entsprechende Option aktiviert, so überprüft Metager zunächst, ob die Dokumente noch über die Verweise erreicht werden können, bevor die Trefferliste zusammengestellt wird.

Im unteren Bereich des Formulars werden über zahlreiche Optionsschalter die Suchmaschinen definiert, die abgefragt werden sollen.

Hinweis: Das Konzept der Metasuchmaschinen kann nur funktionieren, wenn die Suchanfragen für die Weiterleitung an die anderen Suchdienste standardisiert werden. Für spezielle Anfragen sollten Sie die einzelnen Suchmaschinen getrennt abfragen, da Sie hier das komplette Befehlsinstrumentarium des Anbieters nutzen können.

Haben Sie die Eingaben abgeschlossen, leiten Sie die Suche mit einem Druck auf die Schaltfläche `Suchen` ein.

Wenige Augenblicke später werden Ihnen die Ergebnisse auf dem Bildschirm angezeigt. Sehr angenehm an der Arbeit mit MetaGer ist, dass ein kleiner Hinweis genauesten darüber Auskunft gibt, wie lange die Bearbeitung der Anfrage noch etwa dauern wird.

Sie können bei der Suche mit MetaGer Begriffe von der Suche ausschließen, wie Sie dies auch von anderen Suchmaschinen gewohnt sind. Diese unerwünschten Begriffe werden als Stoppwörter bezeichnet. Sie werden allerdings in der Eingabemaske von MetaGer vergebens nach einem Bereich suchen, in dem Sie diese Wörter eintragen können. Die Stoppwörter werden durch eine besondere Syntax innerhalb der Suchanfrage gekennzeichnet: Tragen Sie zunächst die Begriffe ein, nach denen Sie suchen möchten. Rechts von diesen Worten schreiben Sie nun ein Ausrufezeichen und anschließend die Stoppwörter hintereinander. Sind Sie beispielsweise auf der Suche nach Informationen zu HTML, möchten aber keine Informationen zu Java- oder VBScript, würden Sie die Anfrage etwa so formulieren:

```
HTML ! JavaScript VBScript
```

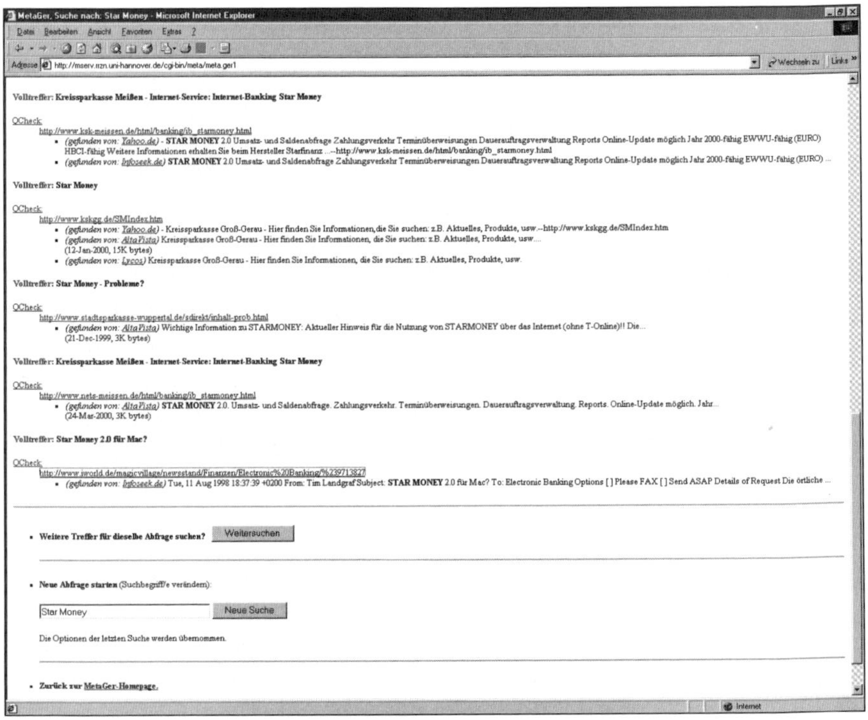

Abbildung 4-40: Eine Ergebnisliste von MetaGer.

Wenn Sie häufiger mit MetaGer arbeiten, werden Sie feststellen, dass dieses Instrument zu einem der effektivsten Suchwerkzeuge gehört, die Sie im Internet finden können. Bleibt zu hoffen, dass es uns allen noch möglichst lange zur Verfügung steht.

4.4.2 CUSI

CUSI ist eine Abkürzung für „Configurable Unified Search Engine", also keine Marken- sondern mehr eine Gattungsbezeichnung. Es handelt sich hier nicht eigentlich um eine Suchmaschine im reinsten Wortsinn, da hier keine umfangreichen Datenbanken im Hintergrund ihren Dienst tun, sondern um eine Plattform, über die Sie zahlreiche andere Suchmaschinen abfragen können. Ein Beispiel eines solchen Dienstes ist unter der Adresse

`http://www.tu-chemnitz.de/misc/cusi.html`

zu finden. Nachdem sich die Seite vollständig auf Ihrem Bildschirm aufgebaut hat, haben Sie Zugriff auf einige weitere Suchdienste, die thematisch zu Gruppen zusammengefasst sind. Dazu zählen:

- Metasuchmaschinen,
- Themenkataloge,

- Nachrichtendienste
- Verzeichnisse von Personen, usw.

Die Arbeitsweise ist für jede der Gruppen identisch. Sie tragen einen oder mehrere Suchbegriffe in die Eingabezeilen ein und drücken auf die Schaltfläche `Start`.

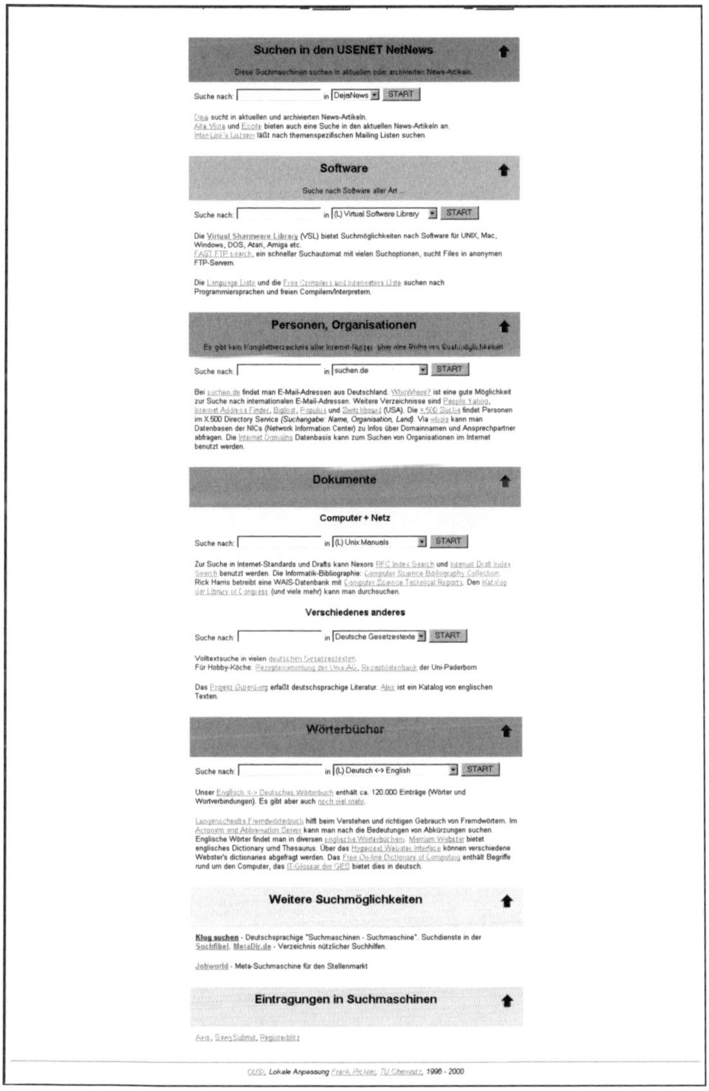

Abbildung 4-41: Über diese Benutzeroberfläche geben Sie Ihre Suchbegriffe ein.

4.4.3 MetaCrawler

MetaCrawler durchsucht für Sie einige der größten Themenkataloge und Suchmaschinen des Webs. Dieser Dienst war eine der ersten Metasuchmaschinen, die angeboten wurden. Derzeit werden folgende Verzeichnisse angesprochen:

- About Com
- AltaVista
- Direct Hit
- Excite
- Google
- Goto Com
- Infoseek
- Lycos
- Thunderstone
- Web Crawler

Sie erreichen diese Meta-Suchmaschine unter der Adresse:

`http://www.metacrawler.com`

Kurze Zeit später taucht die schlicht gestaltete Homepage auf dem Bildschirm auf.

In der Eingabezeile finden Sie Platz für Ihre Suchanfrage und können über Auswahlfelder festlegen, wie Ihre Anfrage von MetaCrawler bearbeitet werden soll. Es steht Ihnen eine

- UND-Verknüpfung („all“)
- ODER-Verknüpfung („any“)
- und eine Phrasensuche („phrase“)

zur Verfügung.

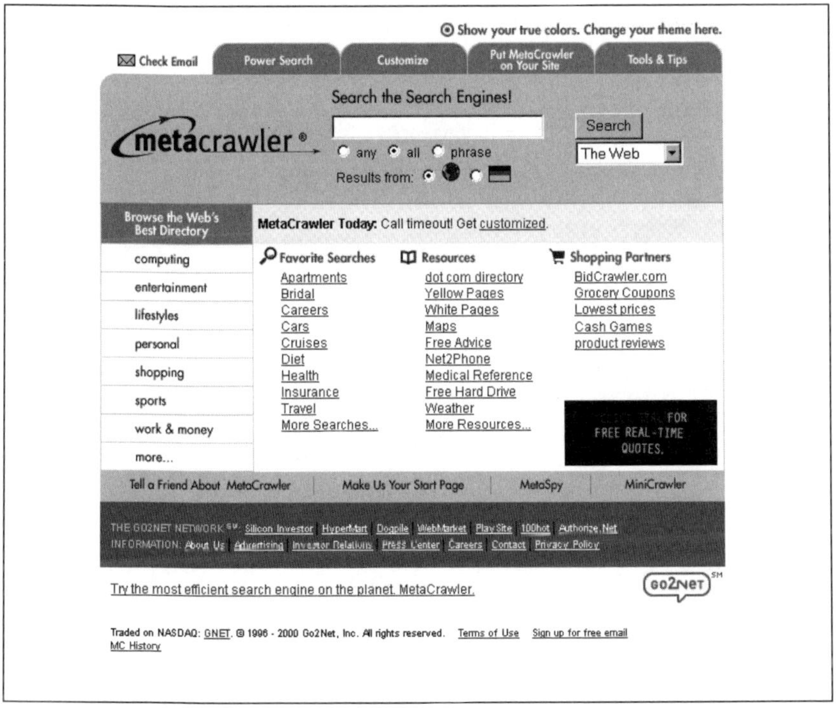

Abbildung 4-42: Die Homepage von MetaCrawler.

Da beim Aufruf der Homepage Ihre IP-Adresse von einer Logik des Anbieters einer Region zugeordnet wird, erhalten Sie neben der Eingabemaske die Option, das gesamte Internet zu durchsuchen, bzw. sich auf deutschsprachige Seiten zu beschränken, sofern Ihre aktuelle Internetadresse als deutsch erkannt wird. Außerdem können Sie bereits bei der einfachen Suche mit einigen weiteren Parametern arbeiten, die zu effizienteren Ergebnissen führen. Die nachfolgende Tabelle informiert Sie über die zur Verfügung stehenden Optionen.

Zeichen	***Bedeutung***
+	Wird einem Begriff unmittelbar vorangestellt, der in einem Dokument vorkommen muss.
-	Wird Begriffen unmittelbar vorangestellt, die in einem Dokument nicht enthalten sein dürfen.
”“	Definiert einen Begriff als Phrase.

Nach einem Druck auf die Schaltfläche `Search` werden Ihnen innerhalb kürzester Zeit die Ergebnisse in einer nach Relevanz sortierten Liste angezeigt.

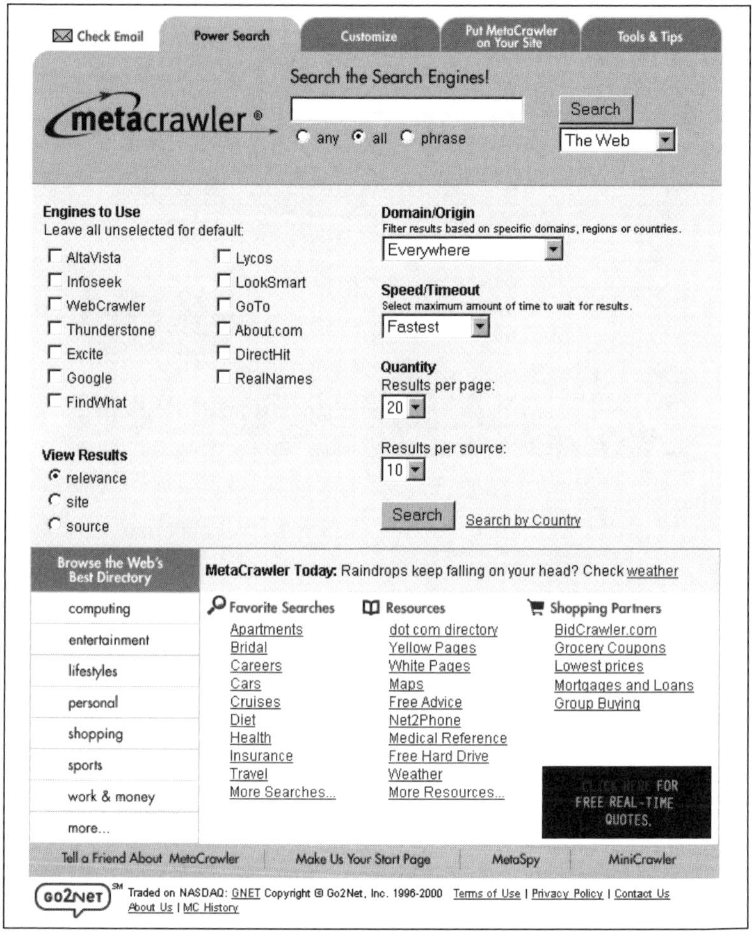

Abbildung 4-43: Die Power Search mit MetaCrawler.

Auch MetaCrawler bietet Ihnen erweiterte Funktionen für detailliertere Anfragen. Klicken Sie dazu auf den Punkt „Power Search" auf der Homepage. Ihnen wird ein neuer Bildschirm präsentiert, auf dem einige zusätzliche Optionen zur Verfügung stehen. Neben den bereits genannten Suchoptionen haben Sie die Wahl festzulegen,

- aus welcher geographischen Region die Suchergebnisse stammen sollen („Domains/Origin"),
- wie lange WebCrawler auf die Antwort der angefragten Suchmaschine warten soll („Timeout"),

- wie viele Ergebnisse pro Trefferseite angezeigt werden sollen („Results per page"),
- wie viele Treffer pro Suchmaschine berücksichtigt werden („Results per source").

Außerdem können Sie über Optionsfelder festlegen, welche Suchmaschinen abgefragt werden sollen. Falls Sie keine andere Wahl treffen, so werden alle Suchmaschinen verwendet, mit denen MetaCrawler zusammenarbeitet.

4.4.4 Savvy Search

Savvy Search ist der Ferrari unter den Suchdiensten, denn mit diesem Service sind Sie in der Lage bis zu 100 verschiedene Suchmaschinen und Verzeichnisse zugleich abzufragen. Allerdings mit einer Einschränkung: Sie können nicht selbst bestimmen, welche dieser Suchmaschinen konsultiert wird.

Darüber entscheidet Savvy Search selbständig anhand folgender Faktoren:

- von Ihnen eingetragene Suchbegriffe,
- geschätzte Netzauslastung der Suchmaschinen,
- geschätzte Anwortzeiten der abgefragten Systeme,
- Auslastung des Savvy Search-Rechnersystems

Sie erreichen Savvy Search über die URL

`http://www.savvysearch.com`

Auf dem Bildschirm erscheint eine sehr aufgeräumte Homepage mit einigen Auswahlfeldern.

Sie sehen hier zum einen eine umfangreiche Kategorienliste, unter der verschiedene Angebote des WWW zusammengefasst sind. Am linken unteren Rand der Homepage sind einige Landesbezeichnungen zu finden, mit denen Sie die Sprache der Oberfläche des Angebots wechseln können. Empfehlenswert ist es, hier dem Verweis Deutsch zu folgen, da die deutsche Oberfläche von Savvy Search einen leichteren Zugriff auf weitere Optionen des Suchdienstes bietet.

Bleiben Sie bei der Originalansicht, kann über zwei Checkboxen ausgewählt werden, ob es sich bei den Eintragungen der Eingabezeile um eine Phrase handelt, oder ob die Begriffe über eine UND-Verknüpfung miteinander verbunden sein sollen. Drücken Sie anschließend auf die Schaltfläche `Search`, um mit der Anfrage zu beginnen.

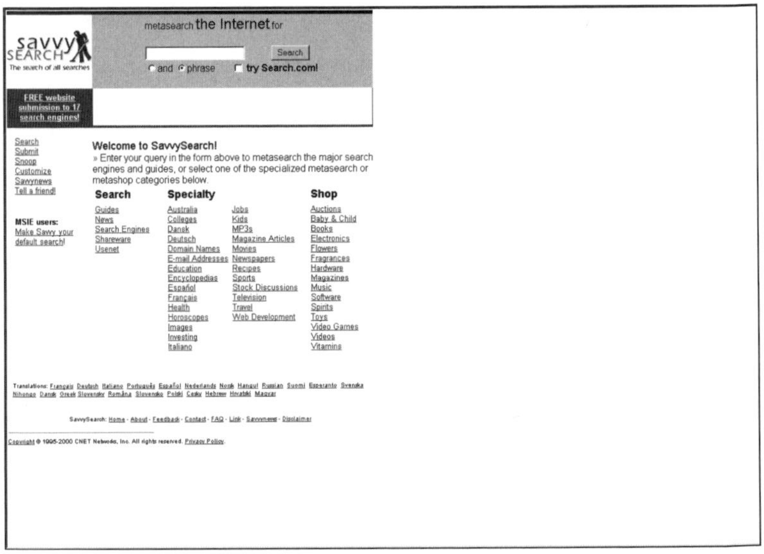

Abbildung 4-44: Die Homepage von Savvy Search.

Der Dienst kontaktiert nun die angeschlossenen Suchmaschinen. Aus diesem Grunde kann die Dauer der Recherche etwas variieren, je nachdem, wie stark die einzelnen Kataloge frequentiert werden.

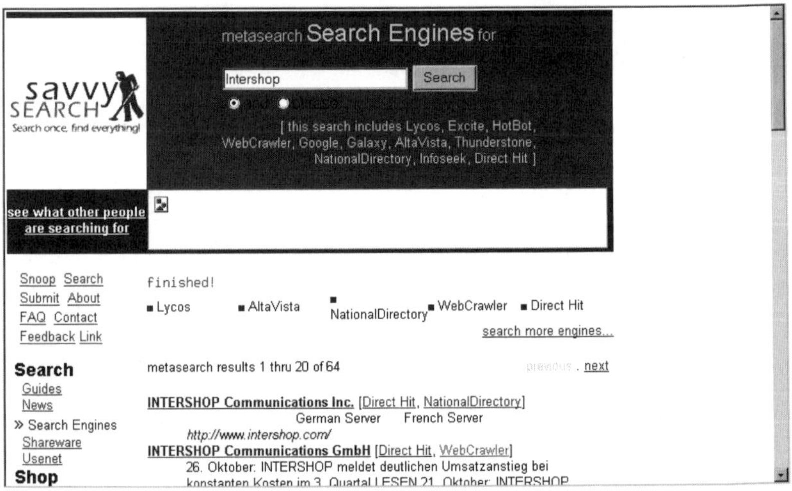

Abbildung 4-45: Suchergebnisse bei Savvy Search.

Ist die Recherche abgeschlossen, werden Ihnen die Ergebnisse in Form einer kurzen Liste angezeigt. Diesen Treffern können Sie neben dem eigentlichen Titel der gefundenen Dokumente auch entnehmen, aus welcher Quelle der jeweilige Eintrag stammt. Möchten Sie weitere Suchmaschinen befragen, finden Sie im oberen Teil einer Trefferliste den Eintrag `Search more engines`. Die Suche wird nun erneut durchgeführt und die neuen Ergebnisse in die Trefferliste integriert.

Wie bereits erwähnt, entscheidet Savvy Search selbständig darüber, welche Suchdienste abgefragt werden. Diese Auswahl bleibt für Sie allerdings nachvollziehbar, denn im oberen Teil der Trefferliste wird Ihnen angezeigt, welche Suchdienste ausgewertet wurden.

Abgefragt werden unter anderem

- AltaVista
- Deja
- Excite
- Infoseek
- Lycos
- WebCrawler
- Yahoo

4.4.5 C 4

C4 ist ein Suchdienst, der aus einem anderen Angebot hervorgegangen ist. Cyber 411 war ein sehr erfolgreicher Metasuchdienst aus den USA, der eine Anfrage parallel an 16 Suchmaschinen weiterreicht. Aufgrund vieler Anregungen hat sich die Betreiberfirma dazu entschlossen, den Dienst unter einem neuen Namen und mit neuem Gesicht, gepaart mit einer Reihe neuer Leistungen fortzuführen. Sie erreichen C4 unter der URL

`http://www.c4.com`

C4 versteht sich als Service für eine Nutzergemeinschaft. Sie können sich als Nutzer registrieren lassen und von Vorteilen dieser Mitgliedschaft profitieren. Dazu gehört etwa eine kostenlose E-Mail-Adresse und die Möglichkeit, Suchvorgänge abspeichern zu können. Die Registrierung ist kostenlos und mit keiner Verpflichtung auf Ihrer Seite verbunden. Die so genannte „Privacy Policy" des Anbieters garantiert Ihnen, dass mit den gespeicherten Informationen kein Missbrauch betrieben wird. Möchten Sie sich registrieren, wählen Sie den Eintrag „Register" auf der Homepage aus. Im Rahmen dieses Vorgangs wählen Sie einen Benutzernamen und ein Passwort, mit dem Sie sich beim nächsten Besuch einloggen können. Die Suchmaschine selbst steht aber auch nicht registrierten Anwendern zur Verfügung.

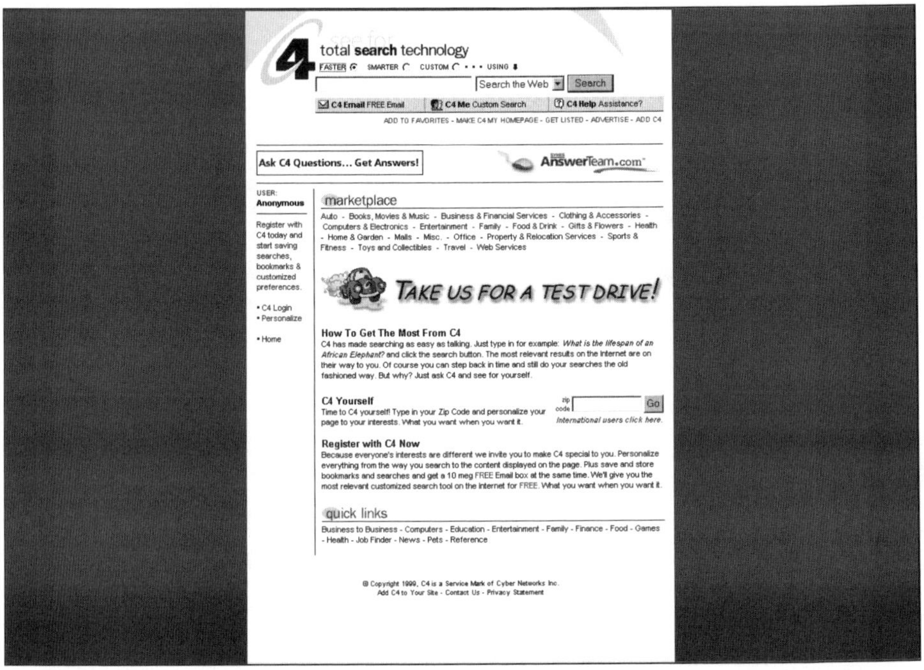

Abbildung 4-46: Die Homepage von C4.

Auf der Homepage finden Sie eine schlichte Eingabezeile, in die Sie die zu suchenden Begriffe eintragen können. Über die Dropdown Liste legen Sie den Bereich fest, den Sie durchsuchen möchten. Es stehen das World Wide Web oder die Newsgroups zur Verfügung. Oberhalb der Eingabezeile finden Sie drei unscheinbar aussehende Verweise, mit deren Hilfe Sie aber die Suche an Ihre Bedürfnisse anpassen können. Sie gelangen nach der Auswahl eines der Links zu einem umfangreichen Formular, in dem Sie festlegen, welche Suchmaschinen durchsucht werden sollen, wie viele Ergebnisse die einzelnen Suchdienste in welcher Zeitspanne zurückliefern sollen und wie viele Ergebnisse Ihnen angezeigt werden. Sie können sich hier bereits für eine Vorauswahl zwischen „Faster", also schneller, bzw. „Smarter" (genauer) entscheiden. Beide Einstellungen lassen sich aber, genau wie „Custom" detailliert an Ihre Wünsche anpassen.

Hinweis: Haben Sie sich als Nutzer bei C4 registriert, so werden die Einstellungen dauerhaft gespeichert!

Zu den von C4 abgefragten Diensten gehören u.a.:

- HotBot
- Lycos
- AltaVista

- Excite
- Yahoo

C4 unterstützt die Suche mit logischen Operatoren. In der nachfolgenden Tabelle finden Sie die Parameter, die Sie verwenden können.

Operator	***Funktion***
" "	Dient der Suche nach einer Phrase in exakt der eingeschlossenen Schreibweise.
AND	Die Suchbegriffe werden über eine UND-Verknüpfung miteinander verbunden.
OR	Setzt eine ODER-Verknüpfung.
NOT	Schließt einen Begriff explizit von der Suche aus.

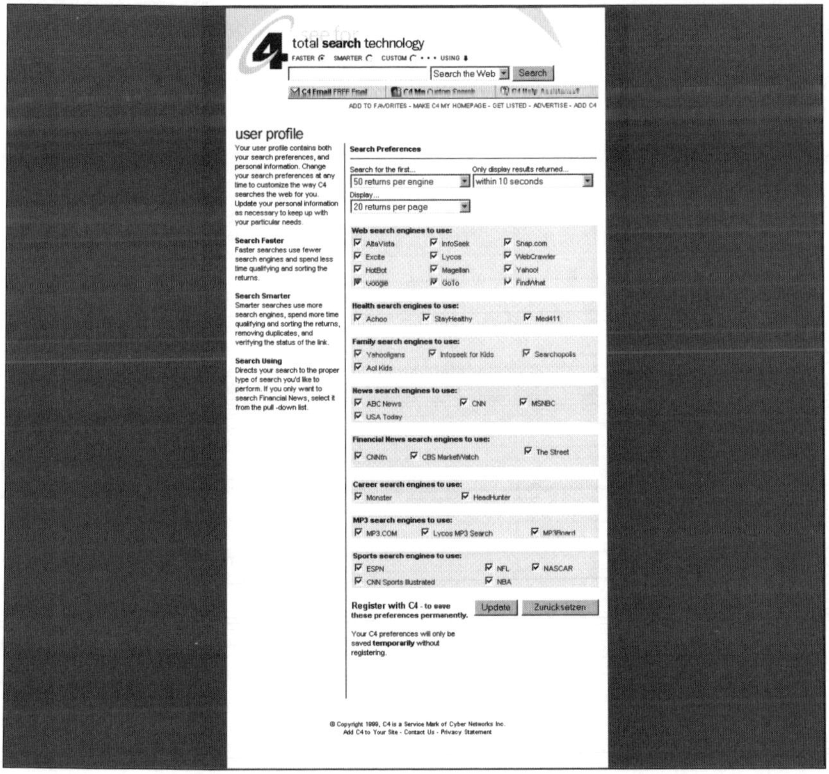

Abbildung 4-47: Mit zahlreichen Optionen können Sie die Suche anpassen.

Einige Augenblicke nach dem Abschicken Ihrer Anfrage wird Ihnen eine übersichtliche Trefferliste angezeigt, die die Fundorte von relevanten Dokumenten nach Suchmaschinen geordnet auflistet.

4.4.6 The Big Hub (Internet Sleuth)

The Big Hub ist aus dem bekannten Angebot Internet Sleuth, hervorgegangen. Nach Aussagen des Betreibers haben Sie hier Zugriff auf über 5000 unterschiedliche Recherchequellen. Die Suchmaschinen und Verzeichnisse, die Sie über The Big Hub erreichen, sind zu verschiedenen Kategorien zusammengefasst. The Big Hub stellt hierbei allerdings nur die Benutzeroberfläche für die Verzeichnisse zur Verfügung und reicht Ihre Eingaben an die jeweilige Adresse weiter. Sie erreichen diesen Suchdienst unter der Adresse:

`http://www.thebighub.com`

Auf der Homepage finden Sie eine Reihe von Kategorien, die von „Arts" über „Internet" bis hin zu „Zoology" reichen. Folgen Sie diesen Kategorien, so verzweigen Sie auf Unterseiten, die die Eingabemasken anderer Verzeichnisse und Suchmaschinen enthalten. Zu jedem Eintrag finden Sie darüber hinaus noch einen kurzen Kommentar, der den Service beschreibt, Ihnen also bei der Auswahl der geeigneten Suchmaschine behilflich ist.

The Big Hub präsentiert die Fundstellen in einer übersichtlichen Trefferliste, die Sie in Ruhe auswerten können.

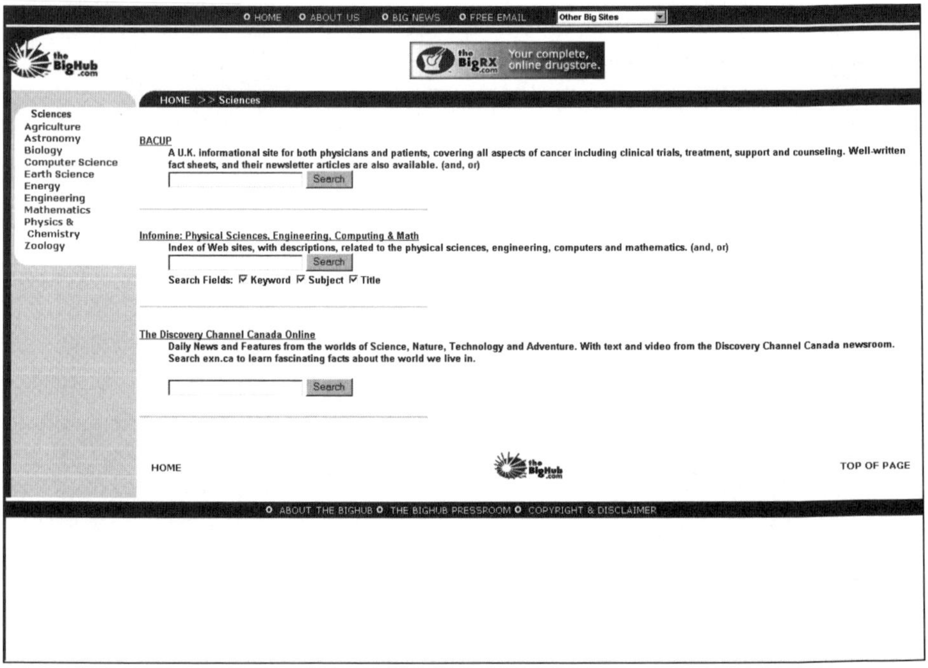

Abbildung 4-48: Eine typische Seite von The Big Hub mit den verschiedenen Eingabezeilen der Suchmaschinen.

4.4.7 All-In-One

Der Name dieses Suchdienstes lässt vermuten, dass auch hier mehrere Suchmaschinen in einem Rutsch befragt werden. Dies ist aber nicht der Fall. All-In-One fasst nur verschiedene Verzeichnisse unter einer einheitlichen Oberfläche zusammen. Sie erreichen All-In-One unter:

`http://www.allonesearch.com/`

Die Angebote sind dabei thematisch zusammengefasst. Ein Klick auf das kleine Pluszeichen neben „World Wide Web“ zeigt die Eingabemasken für Suchmaschinen im WWW an.

„General Internet“ führt Abfragen in Mailing-Listen und im Usenet durch. „Software“ führt zu Softwaresuchhilfen, „People“ ist für die E-Mail- und Adressensuche gedacht.

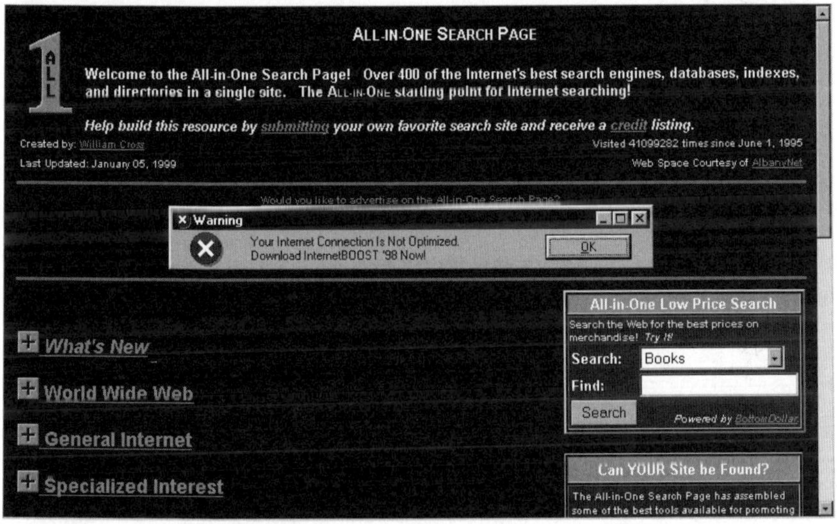

Abbildung 4-49: Homepage von All-in-One.

Ihre Eingaben werden nur an die Suchmaschine weitergereicht, die Sie ausgewählt haben. Sie können leider nicht mehrere Suchdienste auf einmal abfragen, sondern müssen immer auf die Ergebnisse einer Abfrage warten. Dennoch spart All-In-One Zeit, da Sie ja nicht immer erst die Adressen eines Suchdienstes eingeben müssen bzw. darauf warten müssen, dass sich die jeweilige Eingabemaske vor Ihnen am Schirm aufbaut. Die Treffer Ihrer Abfrage werden Ihnen dann von der abgefragten Suchmaschine angeboten.

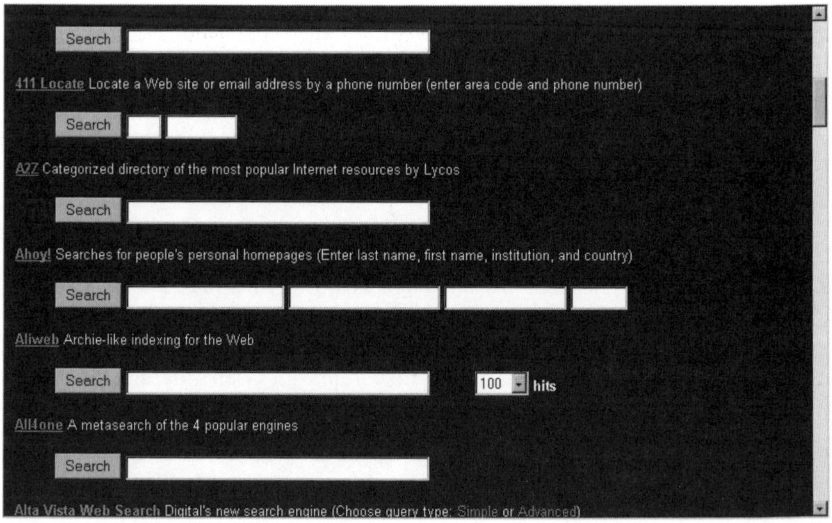

Abbildung 4-50: Beispiel für Eingabemasken bei All-in-One.

4.4.8 SEARCH.COM

Die Firma c|net betreibt eine Reihe von interessanten Angeboten im World Wide Web. Für Informationssuchende ist besonders der Dienst SEARCH.COM interessant. Das Konzept ist dabei ähnlich wie bei The Big Hub. Auf der Homepage, die Sie mit

`http://www.search.com`

erreichen, finden Sie im oberen Teil eine Eingabezeile, mit der Sie verschiedene Suchmaschinen abfragen können.

Gleich unter der Eingabezeile sind einige Kategorien aufgelistet, die von „Automotive" bis „Travel" reichen. Hinter jeder dieser Kategorien verbergen sich weitere Informationsdienste und Rechercheinstrumente zu den einzelnen Themen.

Auf diese Weise können Sie mit SEARCH.COM spezielle Abfragen durchführen, wie etwa:

- Suche nach Firmenadressen („Yellow Pages")
- Suche nach Telefonnummern („Phone Numbers")
- Suche nach E-Mail-Adressen („Email Adresses")
- Suche nach Software („Find Software")
- Aktuelle Börsennotierungen („Stock Quotes")
- Stadtpläne von US-Städten („City Maps") einsehen

Abbildung 4-51: Die Startseite von SEARCH.COM.

Folgen Sie einem der Verweise in den Kategorien, finden Sie die Eingabezeilen der anderen Suchdienste, wobei Sie durch Optionsschalter festlegen können, ob die angebotene Suchmaschine auch tatsächlich abgefragt werden soll.

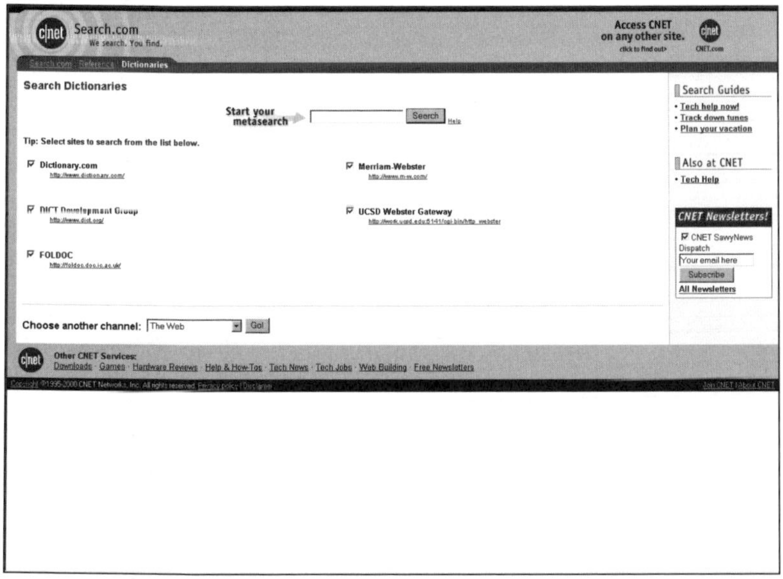

Abbildung 4-52: SEARCH.COM bietet thematisch gegliedert Zugriff auf unterschiedliche Suchdienste.

SEARCH.COM erweist sich als ideales und effizientes Sprungbrett zu den besten Datenquellen im Netz.

5 Die Arbeitsweise von Suchmaschinen ausnutzen

In diesem Abschnitt erfahren Sie, wie Suchmaschinen arbeiten und wie Sie diese Funktionsweise für Ihre eigene Homepage ausnutzen können, damit Ihr Angebot leichter von anderen Internetnutzern gefunden wird.

Bis Ihnen die Ergebnisse einer Suchanfrage in übersichtlicher Form präsentiert werden, müssen diese Dienste eine Menge Arbeit leisten. Zunächst gilt es, Dokumente darauf hin zu überprüfen, ob sie bereits in der Datenbank erfasst sind. Ist dies nicht der Fall, werden sie heruntergeladen. Damit der vorhandene Datenbestand nicht hoffnungslos veraltet, müssen bereits bearbeitete Dokumente in regelmäßigen Abständen auf Aktualisierungen überprüft werden. Sofern eine neuere Version existiert, werden auch diese Dokumente heruntergeladen.

Die so gewonnenen Rohdaten werden analysiert und in den vorhandenen Index integriert, damit anschließend die Datenbank aktualisiert werden kann.

Das Sammeln der Rohdaten wird mit Hilfe sogenannter Robots durchgeführt. Diese „Roboter“ gehen von Dokumenten aus, die bereits in der Datenbank enthalten sind und folgen den darin enthaltenen Verweisen. Die so aufgefundenen Dokumente werden in gleicher Weise untersucht, und den neuen Verweisen wird nachgegangen.

An neue Dokumente geraten die Robots auf zwei verschiedene Art und Weisen. Zum einen werden die Links innerhalb eines Dokuments verfolgt, zum anderen haben die Nutzer des Internet die Möglichkeit, Adressen zum Besuch durch einen Robot vorzuschlagen.

Sind die Rohdaten von den Robots gewonnen, beginnt der Prozeß der Indizierung. Das dahinterstehende Verfahren wird von den Anbietern allerdings aus naheliegenden Gründen geheimgehalten. Schließlich kann die Indizierung von unstrukturiertem Datenmaterial, wie es im WWW zu finden ist, auch auf anderen Gebieten eingesetzt werden. Bei der Analyse des Datenmaterials werden sehr unterschiedliche Wege beschritten. Zum Teil werden die Dokumente im Volltext erfaßt, zum Teil aber nur einige wenige Passagen wie Titel oder Zwischenüberschriften untersucht.

Um die Relevanz der Ergebnisse beurteilen zu können, lohnt es sich, die Informationstexte der verschiedenen Anbieter durchzusehen, in denen zumindest im Groben beschrieben wird, nach welchen Verfahren bei der Klassifizierung vorgegangen wird. Ebenso wichtig für die kritische Prüfung der Suchergebnisse ist, wie die Suchmaschinen die Relevanz von Suchergebnissen berechnen. Details werden aber meist verschwiegen, so daß hier nur einige allgemeine Hinweise gegeben werden können.

Eines der wichtigsten Kriterien für die Relevanz von Suchergebnissen ist die *Häufigkeit der gefundenen Wörter*. Haben Sie drei Suchbegriffe eingegeben, wird ein Dokument, das alle diese Begriffe enthält, als relevanter eingestuft als eines, das nur zwei der Begriffe enthält.

Ein anderes Kriterium ist der *Abstand der Suchbegriffe* innerhalb eines Dokuments. Finden sich die gesuchten Suchbegriffe allesamt in der ersten Zeile eines Textes, so gilt die Fundstelle als relevanter als ein Text, in dem die Suchwörter weit voneinander entfernt stehen.

Auch die *Position der Wörter* spielt bei der Bewertung der Relevanz eine Rolle. Ist ein Suchbegriff bereits in der Titelzeile einer Seite zu finden, so scheint sie relevanter zu sein als eine, in der die Wörter im Fließtext zu finden sind.

Fast selbstverständlich scheint es, daß die *Zahl der gefundenen Wörter innerhalb des gleichen Textes* in die Relevanzprüfung eingeht. Sind Sie auf der Suche nach Texten, die das Wort "Hypophyse" enthalten, gilt ein Dokument, in dem dieser Begriff zehnmal vorkommt als relevanter als eines, in dem Hypophyse nur einmal erwähnt wird.

Die genannten Kriterien fließen dann in einer unterschiedlichen Gewichtung in die Berechnung der Relevanz eines Dokuments ein. Die so errechnete Zahl wird meist in einem Prozentwert angegeben, der Ihnen auf der Trefferliste angezeigt wird.

Haben Sie sich einmal vor Augen geführt, wie eine solche Suchmaschine arbeitet, können Sie Ihre eigenen Internetseiten für den Besuch durch einen Robot vorbereiten. Je mehr Kriterien Ihre eigenen Seiten erfüllen, desto größer ist die Chance, dass bei einer Anfrage Ihre eigene Internetadresse auf den vorderen Plätzen einer Trefferliste auftaucht. Auf den nächsten Seiten möchte ich Ihnen einige Hinweise dafür geben.

- Verwenden Sie Meta-Tags! Im weiteren Verlauf dieses Kapitels werden Sie einige HTML-Sprachelemente kennen lernen, die keinen Einfluss auf die Gestaltung Ihrer Seiten haben, dafür aber im Zusammenspiel mit Suchmaschinen eine wichtige Rolle spielen.
- Keine Seite ohne Titel: Wie Sie in den vorangegangenen Seiten gesehen haben, werden Ihnen auf Trefferliste in aller Regel die Titel der Dokumente präsentiert. Der Titel eines Dokuments spielt bei der Auswertung einer Anfrage durch die Suchmaschine eine wichtige Rolle. Aus diesem Grund sollten Sie es sich zur Gewohnheit machen, HTML-Dokumente mit einem Titel über das dafür vorgesehene Sprachelement `<title>` zu versehen.
- Mit Texten nicht mit Bildern arbeiten!: Viele Internetseiten arbeiten heute mit grafischen Gestaltungselementen oder zeigen auf der Homepage ausschließlich Bildmaterial. Was die Nutzer des Internet vielleicht zum erneuten Besuch einer Seite bewegen mag, hat für den Besuch einer Suchmaschine keine Auswirkungen, denn die Robots untersuchen keine grafischen Effekte sondern die Struktur eines Dokuments. Eine Überschrift ist für eine Suchmaschine nur dann zu erkennen, wenn sie durch das entsprechende Sprachelement gekennzeichnet ist, nicht wenn eine Grafik verwendet worden ist, um eine bestimmte Schriftart verwenden zu können. Grafiken sind auch dann problematisch, wenn der Designer der Seite auf die Beschriftung der Abbildung mit einem alternativen Text (Attribut `alt` innerhalb des Grafikelements im HTML-Text) verzichtet hat. Die Besucher mit Hilfe des so genannten „Tunneleffekts“ auf seine Seiten zu ziehen, also auf den ersten Seiten nur

einige Grafiken zu präsentieren, um dann den Haupttext erst auf der dritten oder vierten nachfolgenden Seite zu stellen, ist für Suchmaschinen ebenfalls problematisch, denn die Suchtiefe mancher dieser Dienste beträgt gerade mal eine Ebene unter dem Hauptdokument. Verwenden Sie also Text, wann immer dies möglich ist!

- Schreiben Sie das Wichtigste am Anfang! Wie gerade ausgeführt, spielt bei der Erzeugung der Trefferliste auch die Stellung des Suchbegriffs innerhalb eines Dokuments eine Rolle. Bei vielen Anbietern wird nicht nur der Link auf die Seite innerhalb der Trefferliste gezeigt, sondern auch die ersten Zeilen des Dokuments. Deshalb sollten Sie die Kernaussagen Ihrer Seiten an den Anfang stellen. Insbesondere wenn wichtige Kernbegriffe aus den ersten Zeilen mit dem Titel des Dokuments korrespondieren, haben Sie gute Chancen, im Ranking auf den vordersten Plätzen zu landen. Nutzer der Suchmaschine können durch die Anzeige der ersten Zeilen des Dokuments zudem besser beurteilen, ob das Dokument für die Anfrage relevant gewesen ist.
- Frames und Weiterleitungen sind problematisch: Frames, also die Aufteilung der Bildschirmseite in voneinander unabhängige Bereiche, sind für Suchmaschinen problematisch. Die Robots arbeiten sich meist ausschließlich über die Links in den Dokumenten weiter und sind häufig unfähig, eine Beziehung zwischen den einzelnen Dokumenten einer Framekonstruktion herzustellen. Denken Sie bei der Gestaltung an eine Sektion für nichtframefähige Browser, was dieses Problem löst. Noch besser: Sie stellen eine Homepage an den Anfang Ihres Angebots und fassen hier alle wesentlichen Informationen zusammen. Anschließend können Sie immer noch auf die Framekonstruktion verzweigen. Ebenfalls problematisch sind automatische Weiterleitungen: Viele Anbieter unterhalten unter einer Adresse nur ein Dokument, das dann auf die entsprechende Hauptseite auf einem anderen Server verzweigt. Solche Dokumente, die nur eine Weiterleitung beinhalten, werden von den Robots meist gar nicht berücksichtigt. Vermeiden Sie also solche Weiterleitungen!

5.1 Meta-Tags

Wie im vorangegangenen Abschnitt beschrieben, werten die Robots die so genannten Meta-Tags aus. Dabei handelt es sich um spezielle HTML-Sprachelemente, die im Kopf eines Dokuments eingefügt werden, für die Darstellung in einem Browser aber keine Rolle spielen. Mit Hilfe von Meta-Tags legen Sie fest, wer der Autor des Dokuments ist, unter welchen Stichwörtern die Seite Ihrer Meinung nach einsortiert werden soll, usw. Machen Sie es sich zur Gewohnheit, Ihre HTML-Seiten mit Hilfe der Meta-Tags näher zu beschreiben, denn damit sind Sie nicht nur von einem Robot bei der Klassifizierung abhängig, sondern treffen die Vorgaben.

Die Meta-Tags werden innerhalb der Kopfsektion eines HTML-Dokuments eingefügt. Schematisch sieht dann eines Ihrer Dokumente so aus:

```
<html>
<head>
<meta tag1>
...
<meta tagn>
</head>
<body>
Hier folgt Ihr Inhalt
</body>
</html>
```

Nachfolgende finden Sie die wichtigsten Meta-Tags, die in einem Dokument zum Einsatz kommen können:

- Content Type: Mit Hilfe dieses Elements wird die Art des Dokuments und der darin verwendete Zeichensatz definiert. Damit stellen Sie sicher, dass der Browser auch die verwendeten Umlaute korrekt darstellt. Sie sollten dieses Element gleich zu Anfang des Dokuments aufführen, um Darstellungsprobleme zu vermeiden. Der Eintrag für ein HTML-Dokument mit dem europäischen Zeichensatz sieht so aus: `<meta http-equiv="content-type"> content="text/html; charset= iso-8859-1">`.
- Author: Mit diesem Element legen Sie den Autor eines Dokuments fest. Das Element sieht so aus: `<meta name="author" content="Stephan Lamprecht">`.
- Language: Viele Suchmaschinen versuchen bei der Bearbeitung eines Dokuments selbständig die darin verwendete Sprache zu erschließen. Sie können dem Robot aber auch so etwas wie einen Tipp geben. Die Kürzel der einzelnen Sprachen sind dabei die gleichen, wie sie auch bei den Domains verwendet werden. Das Kennzeichen für Deutschland ist also de, für Frankreich fr. `<meta http-equiv="language" content="de">`.
- Description: Mit diesem Element haben Sie die Möglichkeit, den Inhalt des Dokuments näher zu beschreiben. Die hier verwendete Beschreibung wird von den Suchmaschinen häufig als Ergebnis mit ausgegeben, bzw. sorgt für die entsprechende Referenzierung innerhalb des Index. Sie sollten hier besondere Sorgfalt verwenden, da es von dieser Beschreibung abhängen kann, ob ein Nutzer Ihre Seiten besucht oder nicht. `<meta name="description" content="Der hier eingegebene Text sollte nicht länger als 250 Zeichen sein. Beschreiben Sie Ihre Seiten in ein oder zwei kurzen Sätzen.">` Sie dürfen, wie in diesem Beispiel, auch Umlaute verwenden, sofern Sie vorher die Verwendung des europäischen Zeichensatz festgelegt haben.
- Keywords: Mit diesem Element definieren Sie Stichwörter, mit deren Hilfe die Seite in den Index aufgenommen werden soll. Sie sollten hier, wie bei einem Dokument, das abgelegt werden soll, alle wichtigen Schlagwörter eintragen. Die einzelnen

Begriffe, die Sie verwenden möchten, werden durch Kommata voneinander getrennt. Aber Vorsicht: Der eine oder andere unter Ihnen könnte nun auf die Idee kommen, hier auch Stichwörter zu verwenden, die nichts mit dem eigentlichen Dokument zu tun haben, in der Hoffnung, die Seite würde dann an exponierter Stelle in der Trefferliste erscheinen. Diese Unsitte griff immer stärker um sich, bis die Betreiber von Suchdiensten darauf reagiert haben. Eine solche Idee kann heute durchaus nach hinten losgehen und dazu führen, dass Ihre Seiten gar nicht in den Index aufgenommen werden bzw. in der Reihenfolge nach hinten gestellt werden. <meta name="keywords" content="schlagwort1, schlagwort2,... schlagwortn">.

- Copyright: Den meisten Suchmaschinen ist die Existenz dieses Elements reichlich egal, nach der Definition der Meta-Tags ist aber dieses Element der richtige Platz für den Hinweis auf das Copyright. <meta name="copyright" content="Stephan Lamprecht">.
- Robots: Mit Hilfe dieses Elements können Sie steuern, ob eine Suchmaschine Ihre Dokument überhaupt untersuchen, also in den Index aufnehmen soll, und ob den Verweisen in dem Dokument gefolgt werden soll. Auf diese Weise können Sie Dokumente von der Aufnahme des Index ausschließen. Mit dem Element <meta name="robots" content="noindex"> verbieten Sie dem Robot die Seite in sein Verzeichnis aufzunehmen. Mit <meta name="robots" content="index"> dagegen wird dies ausdrücklich erlaubt. Ähnlich verhält es sich auch mit den Anweisungen für das Verfolgen von Links. Hier lautet das Sprachelement mit dem Sie verbieten möchten, dass den Links im Dokument gefolgt wird <meta name="robots" content="nofollow">. Mit <meta name="robots" content="follow"> dagegen gestatten Sie der Suchmaschine die Verweise in den Dokumenten zu folgen.
- Cacheing: Dieses Element steht nicht so sehr bei der Arbeit mit Suchmaschinen im Vordergrund, hat dennoch aber eine wichtige Funktion. Viele Internetprovider unterhalten Proxy-Server, in denen die Seiten, die abgerufen werden, zwischengespeichert werden. Aktualisieren Sie Ihre Seiten regelmäßig, kann es passieren, dass die Dokumente auf Ihrem Server aktueller sind, als die, die innerhalb des Proxy-Servers gespeichert sind. Mit dem Element <meta http-equiv="pragma" content="no-cache"> verhindern Sie, dass Seiten in einem Proxy-Server zwischengespeichert werden.

Mit Hilfe der Meta-Tags bieten Sie den Suchmaschinen Informationen über die eigentliche Information auf Ihren Seiten an, können aber auch Dokumente von der Suche ausnehmen. Es gibt aber auch ein elegantes Instrument, mit dem Sie den Besuch einer Suchmaschine für Ihre gesamte Site steuern können. Die Betreiber von Suchmaschinen und Servern haben sich hier auf einen Standard geeinigt. Die Rede ist von der Datei robots.txt, die sich im Stammverzeichnis Ihrer Site befinden sollte. Dabei handelt es sich um eine einfache Textdatei, mit der Sie Verzeichnisse explizit vom Besuch eines Robots ausnehmen können bzw. bestimmten Programmen auch ganz ausdrücklich den Besuch der Seiten gestattet. Ein solcher Eintrag besteht immer aus zwei Teilen: Zum einen wird der entsprechende Robot oder die Software mit ihrem Namen benannt, im zweiten Teil das oder die Verzeichnisse, die vom Besuch ausgeschlossen werden sollen. Bestimmte Verzeichnisse von der Indizierung auszunehmen, macht durchaus Sinn. Sie können Verzeichnisse unterhalten, in denen Sie Dokumente speichern, die noch bearbeitet werden oder aber etwa das CGI-Verzeichnis Ihres Servers ausschließen. Ein Eintrag in einer Robots.txt könnte etwa so aussehen:

```
User-agent: fantasierobot
Disallow: /privat
```

In diesem Beispiel verbieten Sie dem Robot mit dem Namen fantasierobot den Besuch des Verzeichnisses privat auf Ihrem Server. Sie können aber auch mehrere Verzeichnisse ausschließen. Dann sieht die Datei etwa so aus:

```
User-agent: fantasierobot
Disallow: /privat
Disallow: /logfiles
Disallow: /cgi
```

Sie brauchen nicht jeden Suchroboter mit Namen zu kennen. Es kann in der Datei auch mit Wildcards gearbeitet werden. Möchten Sie für die oben genannten Verzeichnisse den Besuch eines Robots komplett ausschließen, variieren Sie den Eintrag so:

```
User-agent: *
Disallow: /privat
Disallow: /logfiles
Disallow: /cgi
```

Sie können auch alle Verzeichnisse von der Indizierung ausschließen. Dies macht aber nur dann Sinn, wenn sich dieses Verbot auf einen bestimmten Robot bezieht, denn andernfalls können Sie ja gar nicht von der Suchmaschine in das Verzeichnis aufgenommen werden.

```
User-agent: *
Disallow: /
```

Im nächsten Kapitel werden wir uns jetzt speziellen Recherchen im Internet zuwenden.

6 Spezielle Recherchen

Je länger Sie das Internet nutzen, desto häufiger werden Sie feststellen, dass es kaum ein Problem gibt, zu dem das Netz keine Antwort bereithält. In diesem Kapitel stehen Recherchen im Vordergrund, die immer wieder im Alltag eines Internetanwenders vorkommen. Dazu gehört etwa die Suche nach einer freien Stelle, aber auch die Hilfe bei EDV-Problemen.

6.1 Die Suche nach freien Stellen und Aufträgen

Stellenmärkte jeder Art sind heute ein fester Bestandteil des Internet geworden. Nicht nur in den Newsgroups, sondern auch auf zahllosen Web-Sites finden sich interessante Aufträge für Freiberufler und offene Stellen der unterschiedlichsten Branchen. Auch die Personalchefs von Unternehmen schauen inzwischen öfter einmal in das Netz, um Stellengesuche zu sichten oder sich über Bewerber zu informieren. Noch nie war es so einfach, sich bundesweit über offene Stellen und Positionen zu informieren. Ausgeklügelte Suchsysteme durchforsten die unterschiedlichsten Offerten und viele Unternehmen, die auf das Internet zur Personalakquise setzen, haben auch nichts gegen eine erste Kontaktaufnahme über E-Mail. Einfacher geht es nun wirklich nicht.

6.1.1 Jobs in der EDV-Branche

Es dürfte niemanden wirklich überraschen, dass gerade die EDV-Branche das Internet sehr intensiv nutzt, handelt es sich doch um ein technisches Medium, in dessen Anfangstagen sehr viel Fachwissen erforderlich war, um es zu nutzen. So finden sich unter den Stellenangeboten im World Wide Web nicht gerade wenige aus der Computerwelt. Ob Web und Multimedia, oder Programmierer, Service-Techniker und Support-Agents, der Bedarf der Branche ist riesig! Wenn Sie über einen Branchenwechsel nachdenken, sollten Sie sich einmal im Web informieren, welche Stellen angeboten werden.

6.1.1.1 DV-Jobs

Zu einer der ersten Adressen im WWW gehört das Angebot von DV-Jobs. Hier finden Sie Stellenangebote aller möglichen Berufsbilder, allerdings mit einer Gemeinsamkeit. Das Berufsumfeld hat etwas mit Datenverarbeitung zu tun.

Sie erreichen das Angebot unter der URL:

`http://www.dv-jobs.de`

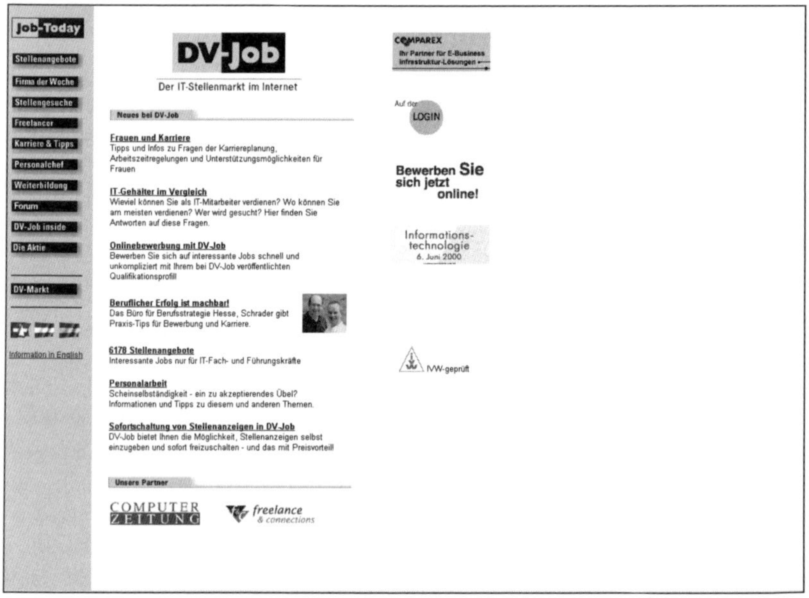

Abbildung 6-1: Die Homepage von DV-Jobs.

Vor Ihnen baut sich nun die Homepage des Angebots auf. Dank der übersichtlichen Gestaltung findet man sich schnell zurecht. Klicken Sie mit der Maus auf den Link `Stellenangebote` innerhalb des linken Bereichs. Sie verzweigen nun auf eine neue Seite, auf der Ihnen verschiedene Zugriffsmöglichkeiten auf die erfassten Stellenangebote angezeigt werden.

Möchten Sie sich bei der Suche auf ein bestimmtes Postleitzahlengebiet beschränken, aktivieren Sie die Checkboxen vor den Bereichen, die für Sie in Frage kommen. Gleich unterhalb der geographischen Auswahl finden Sie eine Listbox, in der Sie verschiedene Berufsbereiche finden. In dieser Liste markieren Sie nun die Gebiete, die von Interesse sind. Möchten Sie mehrere Eintragungen hervorheben, halten Sie die STRG-Taste gedrückt, während Sie mit der Maus auf die Bezeichnung klicken. Drücken Sie nun auf die Schaltfläche `Suche starten`. Es wird nun die Datenbank von DV-Jobs nach den entsprechenden Eintragungen durchsucht. Diese werden anschließend übersichtlich in einer Liste geordnet auf dem Bildschirm angezeigt. Sie finden in der Tabelle jeweils das Postleitzahlengebiet, die zu besetzende Position, den Namen des Unternehmens und das Datum, an dem die Anzeige geschaltet wurde. Wünschen Sie detaillierte Informationen zu einer Offerte, brauchen Sie nur der Bezeichnung der Stelle, die als Verweis ausgeführt ist, zu folgen. Sofort haben Sie alle wesentlichen Informationen vor Augen, wie geforderte Qualifikation, Arbeitsplatzbeschreibung, Ansprechpartner und Firmenadresse. Damit steht Ihrer Bewerbung eigentlich nichts mehr im Wege!

Stellenangebote

Stellenangebote nach Postleitzahl und Kategorie

Einsatzort	Position	Firma	Zugang
D-2..	IT - Spezialisten (m/w)	Manß & Partner GmbH	13.06.2000
D-2... Hamburg	Systems Engineer (m/w)	chello broadband GmbH	13.06.2000
D-20249 Hamburg	Producer/in	chello broadband GmbH	13.06.2000
D-2... Bremen	Trainer/Berater für Oracle-Datenbanken (m/w)	Dr. Materna GmbH	12.06.2000
D-2... Bremen	Trainer/Berater für NT-Systeme (m/w)	Dr. Materna GmbH	12.06.2000
D-2... Bremen	Trainer/Berater Netz- und Systemmanagement (m/w)	Dr. Materna GmbH	12.06.2000
D-2... Hamburg	Consultant Help-Desk (m/w)	Dr. Materna GmbH	12.06.2000
D-2... Hamburg	Webmaster (m/w)	Einsteinet AG	12.06.2000
D-2... Hamburg	NT-Spezialist (in)	Dr. Materna GmbH	12.06.2000
D-2... Hamburg	Application Testing and Implementation Specialist (m/w)	Einsteinet AG	12.06.2000
D-22083 Hamburg	Software-Entwickler(in) für Benutzungsschnittstellen	EMPRISE Software + Consulting GmbH	12.06.2000
D-22083 Hamburg	Software-Entwickler(innen) / Berater(innen) Client/Server und Internet	EMPRISE Software + Consulting GmbH	12.06.2000
D-22761 Hamburg	Projektleiter(in) und Programmierer(in) HTML, Perl, Java und Tcl	Crocodial Communications GmbH	07.06.2000
D-2.. Hamburg	Webmaster, Hamburg	Mummert + Partner Unternehmensberatung AG	06.06.2000
D-2.. Hamburg	Personalentwickler/in für interne Einsatzbereiche	Mummert + Partner Unternehmensberatung AG	06.06.2000

Abbildung 6-2: Offene Stellen werden Ihnen hier übersichtlich präsentiert.

6.1.1.2 Heise Stellenmarkt

Nüchtern geht es beim Stellenmarkt des Heise Verlags aus Hannover zu. Der Verlag ist in Deutschland durch sein Magazin ct bekannt geworden, einem Fachblatt für Profis aus der EDV-Branche. Neben aktuellen Nachrichten aus der IT-Branche und Zusatzdienstleistungen zu den Printobjekten des Hauses, finden Sie unter

`http://www.heise.de`

auch Stellenangebote. Klicken Sie auf den Link `Jobbörse` auf der Homepage. Sie gelangen damit zu einer Übersicht, in der Sie bereits die neuesten Stellenangebote einsehen können. Über weitere Verweise sind Sie in der Lage, zum einen den Datenbestand zu durchsuchen, bzw. selber Stellenangebote oder -gesuche zu schalten. Um die Daten gezielt zu durchsuchen, tragen Sie das gewünschte Stichwort in die kleine Eingabezeile ein. Achten Sie darauf, dass die Option `In Angeboten` in der Dropdown-Liste aktiv ist. Klicken Sie anschließend auf `Suchen`. Sind entsprechende Eintragungen in der Datenbank vorhanden, werden diese als Tabelle ausgegeben. In dieser Tabelle finden Sie zum einen die Stellenbezeichnung sowie das Datum, an dem die Anzeige erschienen ist. Die Stellenangebote sind als Link ausgeführt. Interessieren Sie sich für eine Stelle, folgen Sie dem jeweiligen Link, um weitere Informationen zu erhalten. Dort finden Sie dann etwa den Namen des Ansprechpartners im Unternehmen und die genaue Adresse. Wenn Sie dies möchten, können Sie die Offerte auch gleich direkt über eine E-Mail beantworten.

Abbildung 6-3: Über die Jobbörse des Heise Verlages kommen Sie schnell an den neuen Job.

6.1.2 Jobs im Bereich PR und Medien

Verlage gehören zu den wichtigsten Informationsanbietern des Internet. Dank der immer günstiger werdenden Netzzugänge und der Fülle an Informationen, die sich hier abrufen lassen, hat sich das Internet auch zu einem wichtigen Arbeitsmittel für Journalisten entwickelt. Es ist nicht sonderlich überraschend, dass sich auch viele Stellenangebote aus der Verlagsbranche im WWW abrufen lassen.

Ein für Journalisten aller Bereiche gedachtes Angebot ist Newsroom. Hier finden sie alle interessanten Meldungen aus der Medienwelt, aktuelle Pressemitteilungen und auch einen umfangreichen Stellenmarkt. Sie erreichen das Angebot mit der Adresse

`http://www.newsroom.de`

Die Homepage bietet Ihnen einen kompletten Überblick über das Angebot und präsentiert die wichtigsten Schlagzeilen des Tages. Zum Stellenmarkt gelangen Sie nach einem Klick auf den Schalter `Jobs`, der sich im linken Bereich der Homepage befindet. Seinen Voreinstellungen gemäß werden Ihnen die Angebote der letzten Woche angezeigt. Hier sehen Sie die Bezeichnung der Position, den Arbeitgeber, sofern dieser bekannt ist, und die Quelle, aus der die Anzeige stammt. Weitere Informationen rufen Sie ab, in dem Sie auf die Stellenbezeichnung klicken. Möchten Sie auch weiter zurückliegende Angebote einsehen, wählen Sie einen anderen Zeitraum aus der Dropdownliste und klicken auf den Schalter `Zeitraum ändern`. Sie können den Datenbestand aber auch gezielt nach den Angeboten durchsuchen, an denen Sie am meisten interessiert sind.

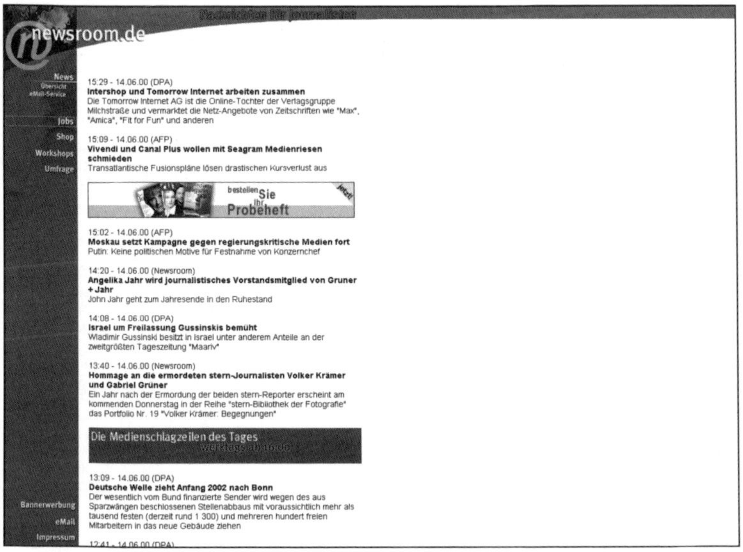

Abbildung 6-4: Newsroom ist ein spezielles Angebot für Journalisten mit einem umfangreichen Stellenteil.

Dazu klicken Sie auf den Eintrag `Profisuche` innerhalb der Navigationsleiste. Es baut sich nun ein kleines Formular auf, das Ihnen drei Auswahlfelder anbietet. Suchen Sie mit dem ersten Feld einen Berufsbereich aus. Gleich darunter legen Sie fest, für welches Medium Sie arbeiten möchten. Schließlich können Sie noch den Arbeitsort festlegen. Finden Sie dabei Ihren Wohnort nicht, heißt das nur, dass derzeit keine offenen Positionen dieser Stadt in der Datenbank enthalten sind. Klicken Sie nun auf den Schalter OK, um mit der Suche zu beginnen. Anschließend werden Ihnen die in Frage kommenden Stellen angezeigt.

6.1.3 Allgemeine Stellenbörsen

Auch wenn Sie nicht zur Medien- oder Computerbranche gehören, können Sie das Internet gewinnbringend für die Suche nach einem neuen Arbeitsplatz nutzen. Stellenangebote finden Sie inzwischen auf fast jeder Firmenseite im Netz. Darüber hinaus gibt es zahlreiche Stellenmärkte, die Jobs aus allen Wirtschaftsbereichen anbieten. Allerdings darf wohl festgestellt werden, dass ein eindeutiger Schwerpunkt auf den Büroberufen liegt. Das Handwerk tut sich zumindest im Bereich der Stellenmärkte noch etwas schwer mit dem Internet.

6.1.3.1 Stepstone

Ein relativ junges Angebot ist Stepstone, das durch die Fusion zweier Stellenbörsen entstanden ist. Mehr als 10.000 offene Stellen lassen sich unter dem Dach von Stepstone einsehen und gezielt durchsuchen. Interessant hierbei ist, dass nicht nur feste Anstellungen vermittelt werden. Wer auf der Suche nach einem Praktikum oder auf der Suche nach einem

Diplomarbeitsthema ist, kann bei Stepstone ebenfalls fündig werden. Sie finden das Angebot unter der Adresse

`http://www.stepstone.de`

Nachdem sich die aufgeräumt wirkende Homepage aufgebaut hat, können Sie sofort mit der Recherche anfangen.

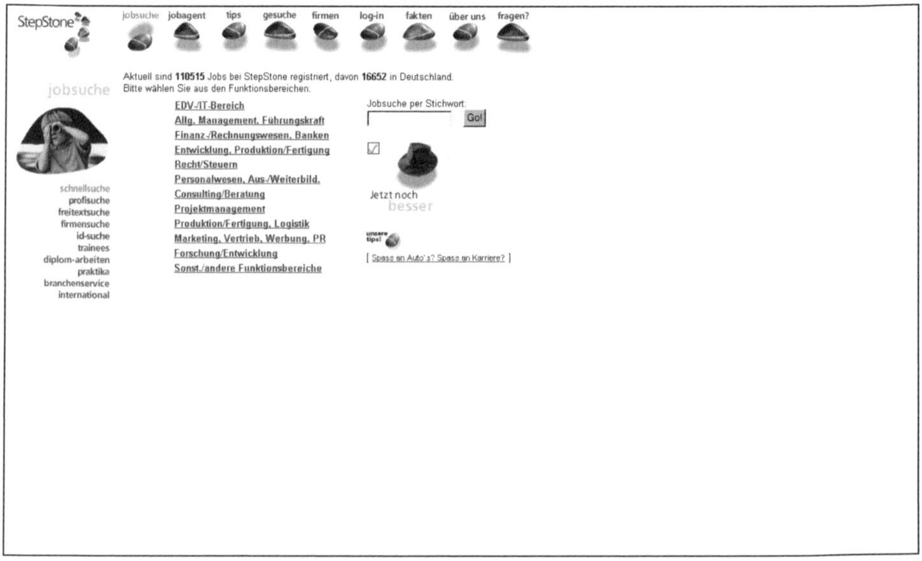

Abbildung 6-5: Die Homepage von Stepstone.

Es gibt mehrere Wege den Datenbestand von Stepstone zu sichten. Zum einen können Sie in den Kategorien auf der Homepage blättern, die das Angebot strukturieren. Zum zweiten existiert bereits auf der Homepage eine kleine Eingabezeile, in der Sie Stichworte notieren können. Für eine erste Information dürfte dieser Weg durchaus ausreichen.

Nachdem die Ergebnisliste angezeigt worden ist, finden Sie am Ende der Bildschirmseite eine kleine Eingabemaske, die die Stichworte Ihrer ersten Anfrage erneut aufgreift und Ihnen über Optionsfelder die Gelegenheit bietet, die Begriffe erneut zu verknüpfen. Selbstverständlich haben die Anbieter aber auch an ein umfassenderes Suchinstrument gedacht. Dazu klicken Sie auf der Homepage auf den Eintrag „Jobsuche“, wodurch Sie eine zusätzliche Navigationsleiste angeboten bekommen. Hier wählen Sie „Profisuche“ aus. Vor Ihnen baut sich dann ein etwas komplexeres Formular auf.

Dieses besteht nur aus Dropdown-Listen, mit denen Sie den Bereich, die Qualifikation, EDV-Kenntnisse und andere Parameter einstellen. Um mehrere Optionen zu selektieren, halten Sie die STRG-Taste gedrückt, während Sie die Einträge in der Liste markieren. Klicken Sie anschließend auf „Suchen“.

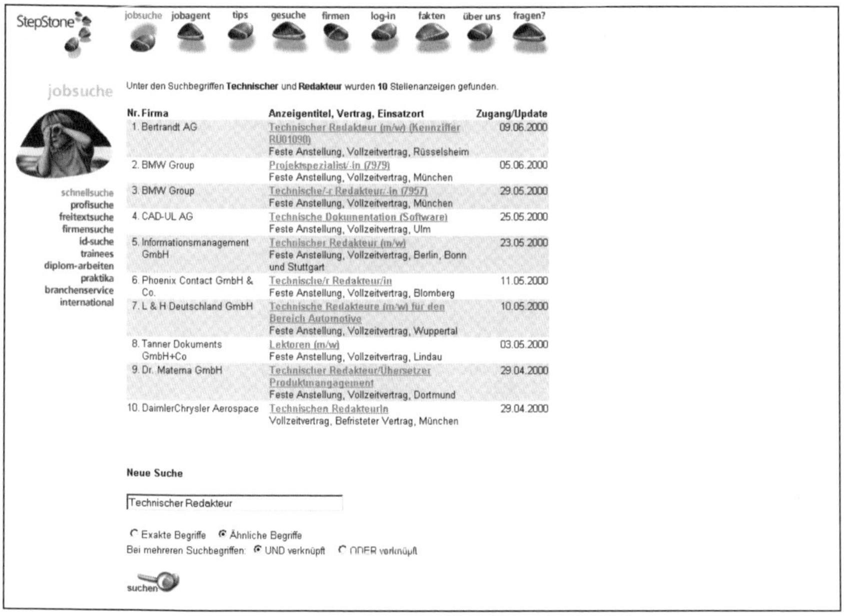

Abbildung 6-6: Die Trefferliste bei Stepstone.

6.1.3.2 Job Robot

Job Robot ist kein selbständiger Stellenmarkt, sondern ein Metasuchdienst für Stellenangebote im Internet. Das Angebot gehört zweifellos zu den bereits arrivierten Offerten im Web und kann auf über 100.000 offene Stellenanzeigen aus verschiedensten Quellen zurückblicken. Sofern Sie auf der Suche nach einer neuen Stellen oder einem Auftrag sind, lohnt sich der Besuch dieser Seiten auf jeden Fall. Nach Eingabe von

`http://www.jobrobot.de`

gelangen Sie zur Startseite des Angebots. Über Registermarken im oberen Teil der Seite gelangen Bewerber und Unternehmen, die auf der Suche nach neuen Mitarbeitern sind, auf die jeweils adäquaten Seiten. Folgen Sie dem Verweis `Jobsuche` im oberen Teil des Fensters, um zu einer Suchmaske zu gelangen, die Ihnen beim Auffinden behilflich ist.

Das Formular für die Suchanfrage ist sehr einfach aufgebaut. Sie können sich zunächst für verschiedene Berufsfelder entscheiden, zum Beispiel „PR und Journalismus" oder „Internet und Multimedia". Das zweite wichtige Kriterium ist das Postleitzahlengebiet, in dem die Stelle angeboten wird. Entscheiden Sie sich hier für das Zutreffende oder aktivieren Sie einfach die Einstellung „Alle", wenn Sie mobil sind. Daneben gibt es in dem Formular einen weiteren Bereich, aus dem Sie zusätzliche Kriterien, wie etwa eine Beratertätigkeit selektieren.

Haben Sie diese allgemeinen Parameter definiert, könnten Sie sofort mit der Suche beginnen, um sich allgemein einen Überblick zu verschaffen. Am unteren Ende des Formulars finden

Sie darüber hinaus drei weitere Felder, in die Sie Berufsbezeichnungen oder andere Begriffe eintragen können. Über die beiden Optionsschalter darunter lassen sich die Begriffe mit einer „ODER"-Verknüpfung bzw. mit der logischen Verknüpfung „UND" miteinander verbinden. Haben Sie die Suchparameter auf diese Weise festgelegt, klicken Sie auf `Suche starten`.

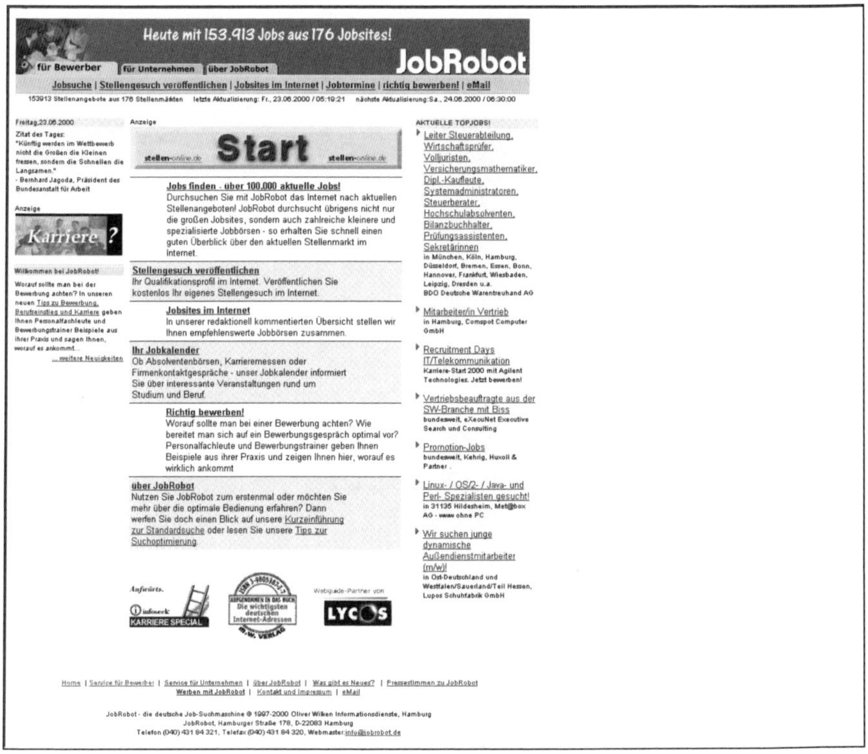

Abbildung 6-7: Die Homepage des Job Robot.

Wird Job Robot fündig, werden Ihnen anschließend die Ergebnisse Ihrer Suchanfrage dargestellt. Diese sind nach den verschiedenen Stellenmärkten, die von Job Robot abgefragt werden, geordnet. Auf diese Weise haben Sie auch gleich Zugriff auf weitere Stellenbörsen, denn Sie müssen nur den jeweils angezeigten Verweisen folgen. Interessiert Sie eine Position näher, so reicht ein Klick auf die Stellenbezeichnung, um weitere Informationen zu erhalten.

Abbildung 6-8: Die Ergebnisse einer Suche mit dem Job Robot.

6.1.3.3 Der Zeit Robot

Der Zeit Robot präsentiert sich seit Jahren nur leicht in Details verändert. Einer der ältesten Stellenmärkte im WWW ist auch immer noch einer der besten. Die „Zeit" setzt schon länger auf das Internet und präsentiert nicht nur hochwertige Informationen sondern auch umfangreiche Serviceleistungen. Auch der Zeit Robot ist eine Metasuchmaschine für offene Stellen. Anzeigen können nicht direkt geschaltet werden, sondern es werden nur bestehende Angebote ausgewertet. Sie erreichen das Angebot unter der Adresse:

`http://www.jobs.zeit.de`

Sie gelangen damit sofort zu einem kleinem Formular auf dem Schirm, das auf Ihre Eingaben wartet. Tragen Sie die gesuchten Begriffe in die beiden Felder ein und verknüpfen Sie diese mit Hilfe der beiden Optionsfelder.

Bei den Begriffen, die Sie hier eintragen, wird es sich vorzugsweise um eine Berufsbezeichnung handeln. Sie können aber auch ganz gezielt nach Stellen suchen, die Ihrer besonderen Qualifikation entgegenkommen und bezeichnen diese in den beiden Feldern näher. Aufgrund des Suchalgorithmus, der hinter dieser Datenbank steckt, empfiehlt es sich, nur Wortteile einzutragen und nicht zu genau zu sein. So ist die Chance am größten, auch wirklich alle verfügbaren Anzeigen zu finden.

Viele Stellenmärkte halten die Angebote eine ganze Weile in ihrem Datenbestand. Doch gerade in diesem Bereich gilt, dass nichts so nutzlos ist, wie veraltete Informationen. Wenn Sie sich vier Wochen nach der Schaltung einer Stellenannonce bewerben, dürfte die Wahrscheinlichkeit groß sein, dass das Unternehmen längst einen anderen Bewerber eingestellt hat. Über eine Dropdown-Liste können Sie den Zeitraum bestimmen, aus dem Angebote stammen müssen, damit diese Ihnen noch angezeigt werden. Dabei haben Sie die Wahl zwischen einer und vier Wochen.

Sind die Eingaben vorgenommen, wird die Suche mit einem Druck auf die Schaltfläche `Suche starten` eingeleitet. Nur wenige Augenblicke später werden Ihnen offene Stellen in einer Tabelle angezeigt.

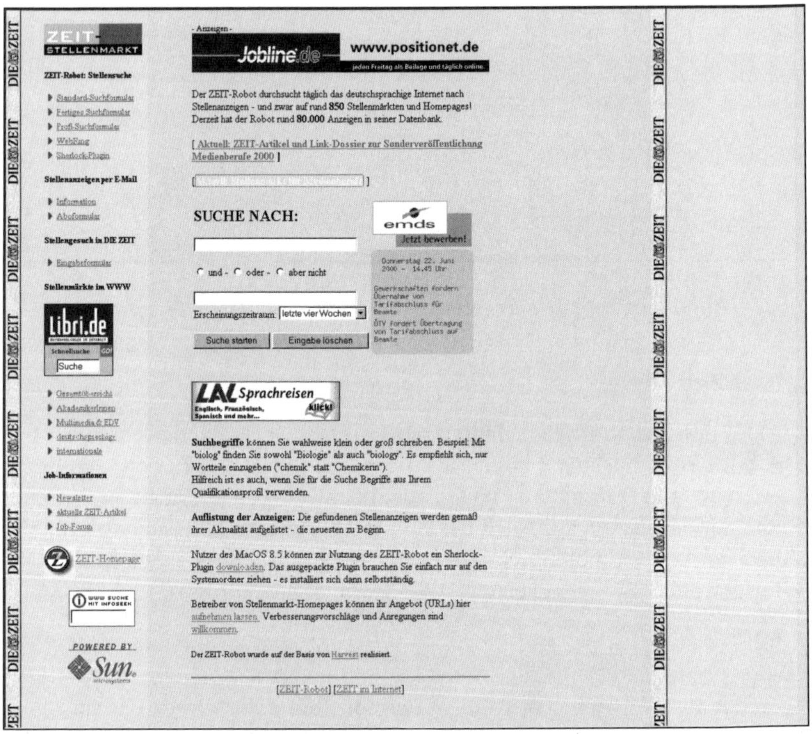

Abbildung 6-9: Über die komfortable Suchfunktion finden sich schnell offene Stellen mit dem ZEIT Robot.

Die Informationen zu den einzelnen Anzeigen sind dabei recht ausführlich. So finden Sie nicht nur die Quellenangabe als Link ausgeführt, sondern auch einen Auszug aus dem Volltext. Sind Sie der Meinung, dabei könnte es sich um einen Karrierechance handeln, führt Sie der Link zu dem eigentlich Stellenmarkt, in dem das Angebot ursprünglich publiziert wurde.

Wem die Möglichkeiten dieser Standardsuche nicht ausreichen, der kann ein zusätzliches Formular, die Profisuche nutzen. Von der Gestaltung wirkt es etwas schlicht, bietet Ihnen aber sämtliche Funktionen, die für umfangreiche Suchabfragen notwendig sind.

In dem größeren Eingabebereich lässt sich eine Anzahl von Begriffen eintragen, die ebenfalls über logische Parameter miteinander verknüpft werden können. Das Angenehme dabei ist, dass mit deutschen Begriffen gearbeitet wird. Verwenden Sie also „und“, „oder“ und „aber nicht“, um Ihre Anfrage zu präzisieren. Außerdem kann der Zeitraum in Tagen definiert werden, innerhalb dessen das Stellenangebot erschienen sein muss, damit es Ihnen in der Trefferliste überhaupt angezeigt wird. Auch hier leiten Sie die Suche über die Schaltfläche `Suche starten` ein.

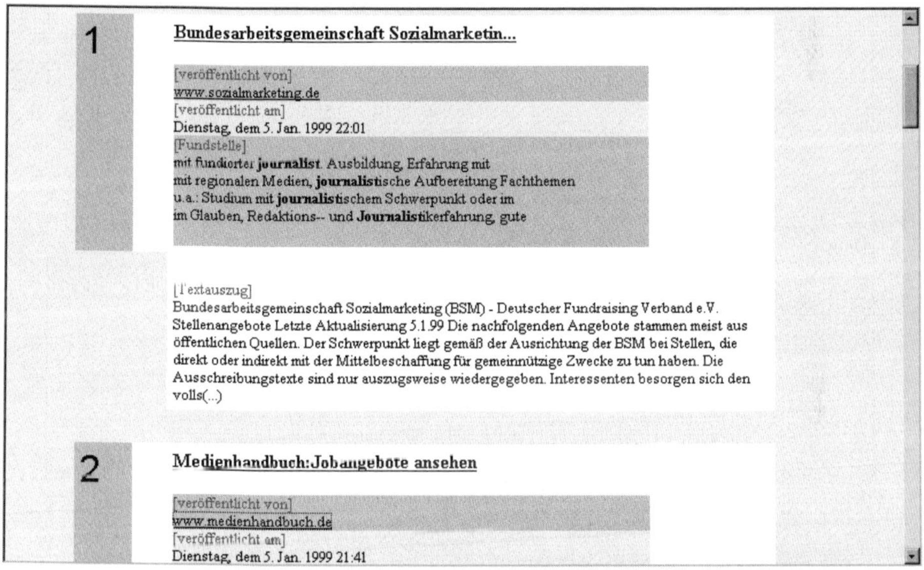

Abbildung 6-10: Die Ergebnisse werden sehr ausführlich dargestellt.

6.1.3.4 Das Arbeitsamt Online

Die deutschen Verwaltungen haben in den letzten Jahren die wachsende Bedeutung des Internet für das Leben aller Bürger erkannt und bauen ihre Angebote stark aus. Auch der größte deutsche Arbeitsvermittler stellt seine Datenbank nun für Abfragen online bereit. Sie haben damit die gleichen Möglichkeiten, die Ihnen das Arbeitsamt mit seinen Computerterminals in den einzelnen Arbeitsämtern zur Verfügung stellt. Von zu Hause aus haben Sie also Zugang zu Stelleninformationsservice (SIS). Sie gelangen in diesen Bereich direkt von der Homepage des Arbeitsamtes, die Sie mit

`http://www.arbeitsamt.de`

erreichen. Folgen Sie hier dem Link `SIS`. Auf der nächsten Seite wählen Sie dann den Eintrag `Stellenangebote` aus. Damit gelangen Sie zu einem Formular, das in drei Bereiche aufgeteilt ist.

Im ersten Teil werden von Ihnen Angaben zum gewünschten Beruf erwartet. Tragen Sie im Feld `Beruf` eine Bezeichnung ein und entscheiden Sie sich über die Checkboxen, ob die Berufsbezeichnung in weiblicher oder männlicher Schreibweise verwendet werden soll.

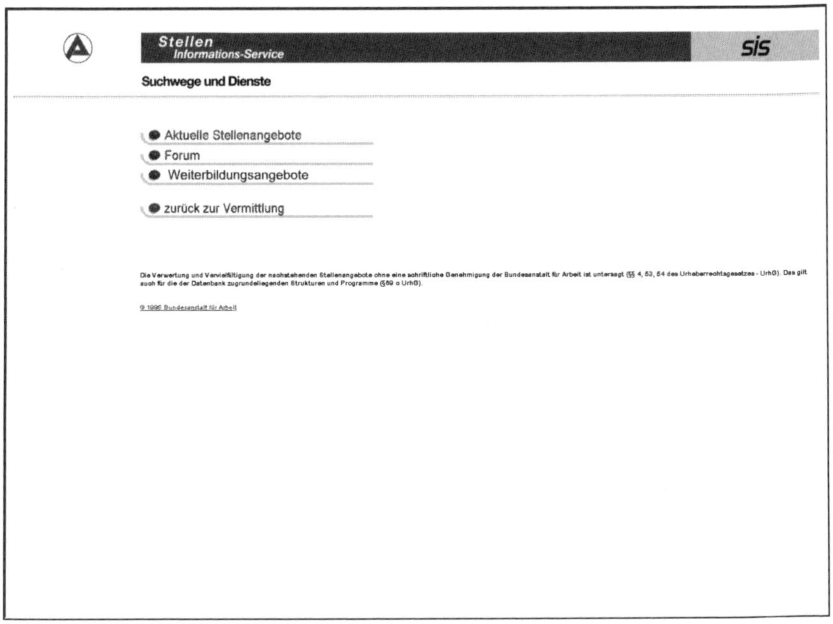

Abbildung 6-11: Die Homepage des SIS.

Wie Ihnen vielleicht bekannt ist, werden die Zuständigkeitsbereiche der Arbeitsämter nach Bereichskennzahlen (BKZ) aufgeteilt. Sofern Ihnen die BKZ Ihres Wohnortes bekannt ist, sollten Sie diese in das Formular eintragen. Ebenfalls wichtig sind die Optionsfelder, die die Arbeitszeit bestimmen. Suchen Sie eine Vollzeit- oder Teilzeittätigkeit? Schließlich legen Sie fest, aus welchem Zeitraum die Stellenangebote stammen sollen.

Der zweite Bereich des Formulars dient der geographischen Einschränkung der Suche. Über den Verweis `Auswählen`, gelangen Sie zu einer Deutschlandkarte, mit deren Hilfe Sie den Wirtschaftsraum auswählen können, in dem Sie arbeiten möchten. Klicken Sie hier auf `Übernehmen`, um Ihre Auswahl in das Formular zu übertragen. Nun schränken Sie die Suche noch weiter ein, in dem Sie unter Regionen sich für einen Teil des Wirtschaftsraumes entscheiden. Sie gelangen wieder zu einer komfortablen Übersicht der Städte und Gemeinden dieses Raumes. Markieren Sie die gewünschten Daten und drücken Sie erneut auf `Übernehmen`. Die Eingaben sind dabei interaktiv. Bei jeder Änderung des Formulars wird Ihnen angezeigt, wie viele Treffer es bereits gibt. Ist die Zahl gering genug, werden Sie darüber informiert, dass eine Anzeige möglich ist. Drücken Sie nun den Schalter `Suchen`, so werden Ihnen offene Stellen auf den nächsten Bildschirmseiten präsentiert. Alle wichtigen Informationen finden sich auf einen Blick: Name des Arbeitgebers, notwendige Qualifikation, eventuelle Besonderheiten und der Name des Ansprechpartners. So können Sie sich direkt bewerben. Ein wirklich toller Service!

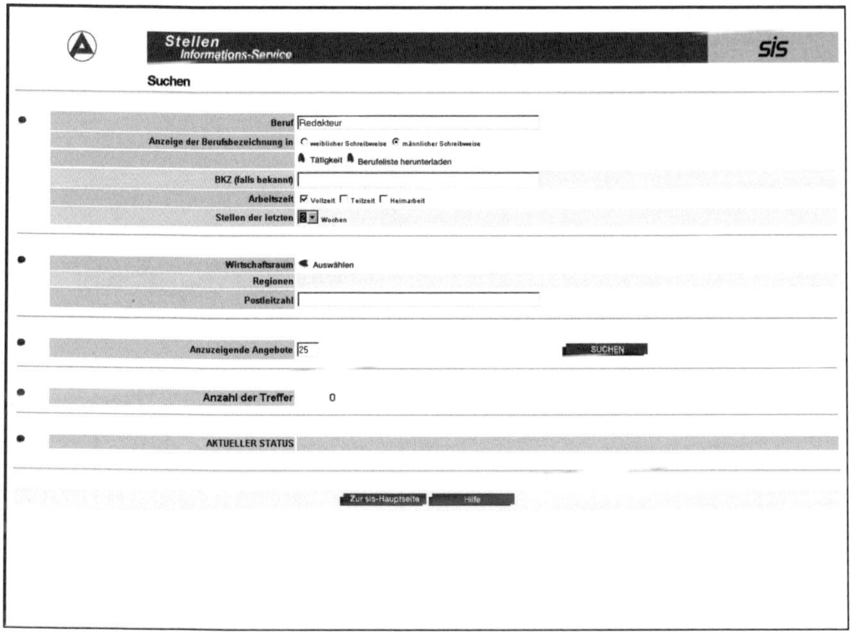

Abbildung 6-12: Über dieses komfortable Formular finden Sie bestimmt eine offene Stelle.

6.1.3.5 Jobuniverse

Dieser Stellenmarkt ist der letzte, der hier ausführlicher vorgestellt werden soll. Jobuniverse ist ein noch recht neues Angebot, das dem Nutzer aber dennoch eine umfangreiche Zusammenstellung von offenen Stellen anbietet. Die Site ist Teil des Angebots des Verlagshauses IDG, das in Deutschland durch zahlreiche Publikationen im PC-Bereich bekannt ist. Sie erreichen die Seiten mit

`http://www.jobuniverse.de`

Damit gelangen Sie zu einer sehr aufgeräumt wirkenden Homepage, die Ihnen mit der Schnellsuche sofort die Möglichkeit bietet, nach einer offenen Stelle zu suchen. Markieren Sie in der ersten Auswahlliste die Berufsfelder, die Sie interessieren. Um mehrere Einträge zu selektieren, halten Sie die STRG-Taste gedrückt, während Sie mit der Maus klicken. Ebenso gehen Sie bei der Auswahl der geographischen Region vor, aus der das Stellenangebot stammen soll. Sie können aber auch einen Text in das kleine Eingabefeld eintragen und anschließend aus `Suchen` klicken.

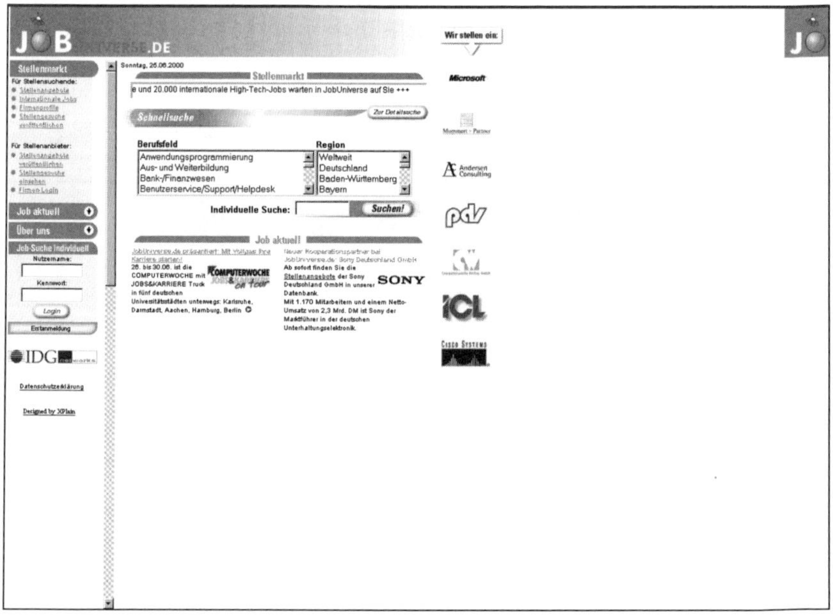

Abbildung 6-13: Die Homepage von Jobuniverse.

Sind entsprechende Einträge in der Datenbank vorhanden, erhalten Sie wenige Augenblicke später in einer Liste alle gefundenen offenen Stellen. Die Stellenbezeichnungen sind als Hyperlinks ausgeführt. Mit einem Klick auf einen dieser Verweise gelangen Sie zu den weiteren Informationen der angebotenen Stelle. Hier finden Sie dann zum Beispiel die Kontaktadresse vor, an die Sie Ihre Bewerbungsunterlagen zu senden haben, oder ein Formular, mit dem Sie sich online bewerben können.

Reichen Ihnen die Möglichkeiten der schnellen Suche nicht aus, finden Sie gleich neben der Eingabezeile auf der Homepage einen Verweis auf die Detailsuche des Angebots. Sie gelangen damit zu einem etwas umfangreicheren Formular, dessen Bedienung sich kaum von der einfachen Suche unterscheidet, das aber eine Unterscheidung im Bereich der Anstellungsart erlaubt. Mit dieser Option kann zum Beispiel festgelegt werden, dass Sie sich nur für Führungspositionen interessieren.

Damit Sie nicht immer die gleichen Einstellungen vornehmen müssen, bieten Ihnen die Betreiber von Jobuniverse an, sich als registrierter Nutzer eintragen zu lassen. Haben Sie diese Anmeldung durchlaufen, erhalten Sie zum Ende einen Benutzernamen und ein Passwort, mit dem Sie sich beim nächsten Besuch der Seiten anmelden. Ab diesem Zeitpunkt können Sie auf gespeicherte Abfragen zurückgreifen und gelangen schneller zu den für Sie interessanten Angeboten.

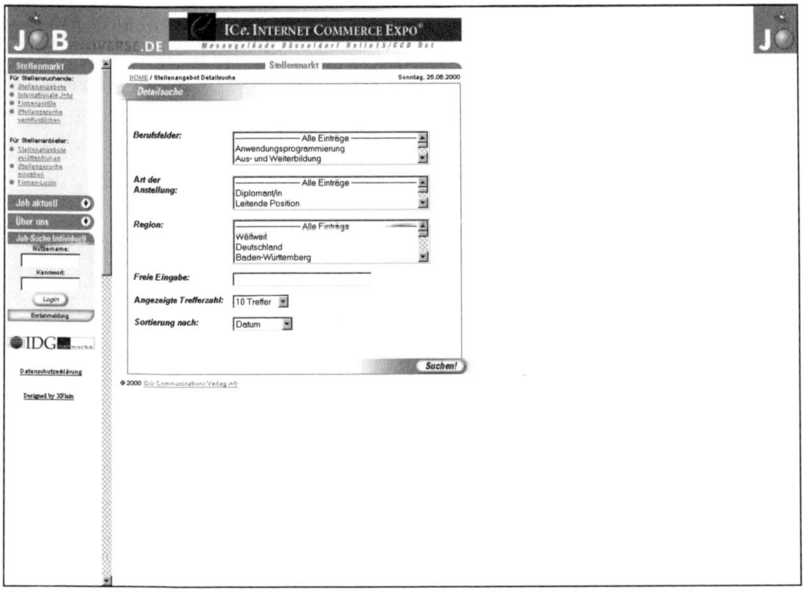

Abbildung 6-14: Detailsuche bei Jobuniverse.

6.2 Schnäppchensuche – das WWW lädt zum Kaufen ein

Internetnutzer der ersten Stunde haben zum Teil auch heute noch ein Problem damit, dass sich das Netz von einem reinem Kommunikationsmittel zu einem neuen Medium mit fast unbegrenzten Einkaufsmöglichkeiten weiterentwickelt hat. Von Lebensmitteln bis hin zu hochwertigen Designer-Möbeln können Sie im Internet alles bestellen und sich bequem nach Hause schicken lassen. In diesem Abschnitt werden Ihnen einige Einkaufsführer und Dienste vorgestellt, die Ihnen dabei helfen, bares Geld zu sparen.

6.2.1 Powershopping – die Menge macht's

Der einfache Gedanke hinter einer Reihe von Angeboten ist verblüffend: Tun sich viele Käufer zusammen, können sie bei einem Händler einen höheren Rabatt heraushandeln, als wenn jeder für sich allein in die Verhandlungen eintreten würde. So finden Sie eine Reihe von Portalen im Netz, für die sich die Genrebezeichnung „Powershopping“ etabliert hat. Die Anbieter von Produkten stehen diesem Treiben allerdings nicht so positiv gegenüber, wie man vielleicht annehmen sollte. Die Gegner des Powershopping sind von zwei Ängsten getrieben: Zum einen könnten niedrige Preise die „Wertigkeit“ der Produkte in Frage stellen, zum anderen sorgen sie sich um das eigene Vertriebsnetz mit seinen zahlreichen Outlets.

Für den Kunden bieten diese Dienste aber eigentlich nur Vorteile: Sie wählen aus dem umfangreichen Angebot aus und legen fest, zu welchem Preis Sie bereits sind, den Artikel auch tatsächlich zu erwerben. Je mehr Käufer sich finden, desto eher wird ein niedriger Preis erreicht. Allerdings kann es Ihnen auch passieren, dass der in Aussicht gestellte Preis nicht zustande kommt. In diesem Fall haben Sie sich zu nichts verpflichtet, müssen also nicht den ungünstigen Preis bezahlen. Allerdings erfordert Powershopping ein wenig Geduld: ist Ihnen im Hochsommer die Klimaanlage ausgefallen, werden Sie schon ein wenig warten müssen, bis Sie den Artikel erhalten. Mit andern Worten: sind Sie auf etwas dringend angewiesen, empfiehlt es sich, ganz konventionell in den nächsten Laden zu gehen, um dort mit dem Verkäufer zu feilschen.

6.2.1.1 Letsbuyit

Letsbuyit war einer der ersten Dienste, der seinen Kunden die Möglichkeit des Powershopping eingeräumt hat. Unter der Adresse

`www.letsbuyit.com`

finden Sie die Homepage, auf der Sie sich zunächst für das Land entscheiden, in dem Sie wohnen. Damit wechseln Sie zur jeweiligen Hauptseite. Um an den Preisvorteilen partizipieren zu können, ist es erforderlich, sich bei den Betreibern der Angebote zu registrieren. Wie es heute schon fast zum guten Ton gehört, veröffentlichen alle Anbieter auf ihren Seiten eine Datenschutzerklärung, der Sie entnehmen können, welche Daten gespeichert werden und wie diese weiterverwendet werden.

Haben Sie sich bei Letsbuyit erfolgreich registriert, können Sie in dem umfangreichen Angebot stöbern. Sie finden auf der linken Seite die verschiedenen Kategorien, nach denen die Angebote geordnet sind. Wechseln Sie in einen solchen Bereich, finden Sie weitere Verzweigungen, bis Sie zu einer Produktübersicht gelangen. Interessieren Sie sich für ein Produkt, bringt Sie ein Hyperlink auf die Detailseite zum Produkt. Hier finden Sie allgemeine Informationen wie zum Beispiel die technischen Daten oder Besonderheiten. Außerdem ist hier zu sehen, wie viele Käufer sich bereits dazu entschlossen haben, das Produkt ebenfalls zu erwerben und welcher Preis damit bereits möglich ist. Möchten Sie den Artikel etwa zum besten Preis erwerben, so klicken Sie auf das entsprechende Optionsfeld und folgen Sie dem Link `Kaufen`.

Hinweis: Sie sollten bei Kaufentscheidungen bedenken, dass unter Umständen der Preis für die Ware sofort fällig sein kann, etwa wenn Sie per Kreditkarte bezahlen möchten bzw. der beste Preis bereits erreicht ist.

Auf die Dauer hilft Ihnen natürlich nicht, wenn auf den Seiten eines solchen Angebots immer nur Artikel verkauft werden, die Sie im Moment gar nicht brauchen. Deshalb finden Sie auf der Homepage einen Verweis, der Sie zu einem Formular führt, in dem Sie entweder für einen bereits gemachten Vorschlag votieren können oder aber einen völlig neuen Vorschlag machen. Wie beim Powershopping selbst, regiert auch hier das demokratische Prinzip: je mehr Interessenten sich für ein Produkt finden, desto höher ist auch die Wahrscheinlichkeit, dass der Artikel auch tatsächlich angeboten werden wird.

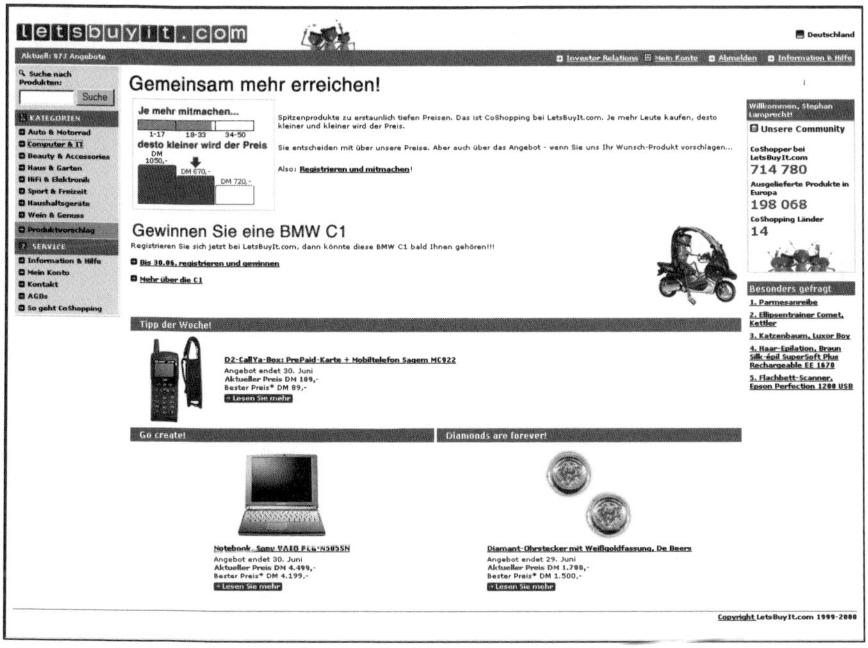

Abbildung 6-15: Die Homepage von Letsbuyit.

6.2.1.2 Powershopping

Ein Konkurrent von Letsbuyit ist das rein deutschsprachige Angebot von Powershopping. Die dahinterstehende Idee und die Vorgehensweise ist mit dem vorgenannten Angebot identisch. Sie erreichen die Seiten des Anbieters unter

`www.powershopping.de.`

Auch hier müssen Sie sich als Benutzer anmelden, um beim Schnäppchenjagen aktiv mitmachen zu können. Anschließend können Sie sich an der Nachfrage der ausgewählten Produkte beteiligen. Diese sind übersichtlich in verschiedene Kategorien aufgeteilt, wobei das Anklicken des entsprechenden Eintrags in der Navigationsleiste zur Übersicht der Produktgruppe führt. Zu jedem angebotenen Artikel finden Sie eine ausführliche Beschreibung und in der Regel auch Bildmaterial vor. Bei technischen Angeboten hilft Ihnen das Fachwortlexikon weiter, das Begriffe wie „Klirrfaktor“ oder „Rauschabstand“ erläutert. Darüber hinaus wird auch der Termin genannt, an dem die Möglichkeit endet, ihn zu erwerben. Wie beim Konkurrenten auch, kann über eine spezielle Seite ein Vorschlag gemacht werden, was als nächstes angeboten werden soll.

Abbildung 6-16: Das umfangreiche Angebot bei Powershopping.

6.2.2 Ersteigern macht Spaß – das WWW ein großes Auktionshaus

Powershopping macht Spaß, ist aber in aller Regel nur dann sinnvoll, wenn Sie etwas neuwertig und fabrikneu erwerben möchten. Doch was machen Sie, wenn Sie partout auf der Suche nach einem Ersatzteil für einen Oldtimer sind, oder das Lampenglas einer alten Badezimmerlampe zerbrochen haben? Dann ist vielleicht ein anderer Internetnutzer im Besitz genau dieses Gegenstands und möchte ihn verkaufen! Virtuelle Auktionshäuser gehören derzeit mit Sicherheit zu einem der beliebtesten Angebote im WWW. Hier wird gehandelt was das Zeug hält. Fast unglaublich, was hier alles angeboten und nachgefragt wird. Auktionshäuser im Internet sind ein Eldorado für Sammler der unterschiedlichsten Gebiete: Ob Briefmarken, Figuren aus Überraschungseiern oder Spielzeug – hier findet wahrscheinlich jeder etwas. Mitmachen kann jeder und Spaß macht es obendrein.

6.2.2.1 Ricardo

Eines der vielen deutschsprachigen Auktionshäuser, die in den letzten Monaten wie Pilze aus dem Boden sprießen, ist Ricardo. Unter der Adresse

`www.ricardo.de`

können Sie sich in das Reich der Auktionen begeben. Vielfältig ist das Angebot, das sich Ihnen hier bietet. Zum einen hat jeder hier die Möglichkeit, etwas zu ver- bzw. ersteigern. Sie sehen sich die vielen Offerten an, die nach Kategorien geordnet sind und bieten einfach mit. Zu jedem Angebot existiert ein Stichdatum: bis dahin muss das letzte Angebot eingegangen sein. Wer bis zu diesem Stichtag das höchste Gebot abgegeben hat, erhält den Zuschlag auf die Ware.

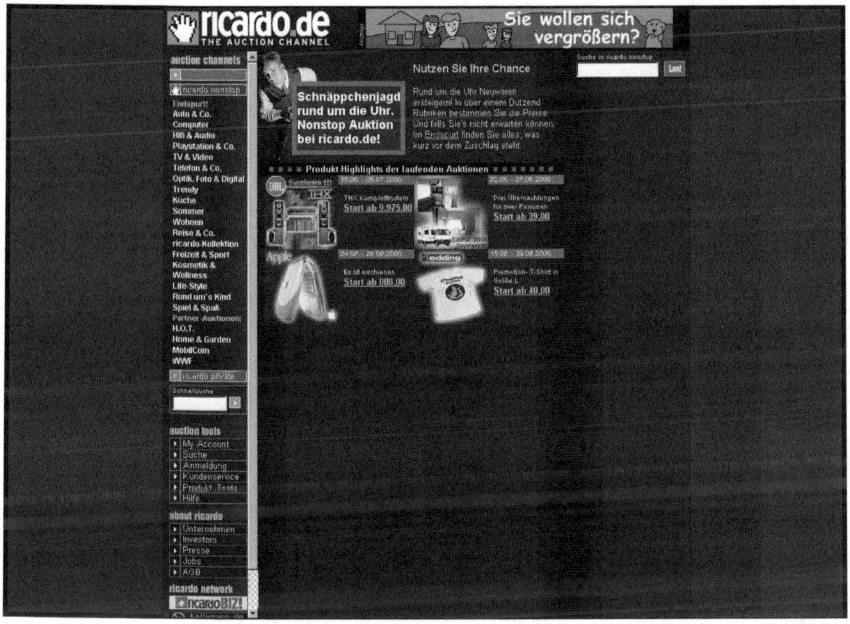

Abbildung 6-17: Das Auktionshaus Ricardo ist eine Chance ein Schnäppchen zu machen!

„Ricardo privat" heißt der Bereich, in dem von Privat zu Privat alle möglichen Dinge versteigert werden können. Richtig spannend sind aber die Live-Auktionen, die unter der Rubrik „Ricardo live" zu finden sind. Hier wird tatsächlich in Echtzeit versteigert. Ein Moderator ist dabei für den geordneten Ablauf der Veranstaltung verantwortlich. Es lohnt sich auf jeden Fall, bei einer solchen Live-Auktion einmal hereinzuschauen, denn häufig gibt es hier tolle Produkte zu einem deutlich niedrigeren Preis!

Tipp: Schauen Sie, bevor Sie mitbieten, in einem einschlägigen Shoppingangebot im Internet nach dem Produkt Ihrer Wahl. Informieren Sie sich über den aktuellen Marktpreis und rechnen Sie, wie viel Sie bereits sind, für diesen Artikel auch tatsächlich auszugeben, denn so mancher hat im Eifer einer Auktion auch schon mal mehr bezahlt, als das Produkt tatsächlich in einem Geschäft gekostet hätte.

6.2.2.2 Ebay

Ebay war eines der ersten Auktionshäuser im Netz überhaupt und kann auf ein entsprechendes Renommee zurückblicken. Einen Schwerpunkt in dem fast nicht zu überschauenden Angebot dieses Auktionshaus bilden Sammlungen aller Art. Ob Sie nun Bücher, altes Spielzeug oder Kunstgegenstände sammeln: Hier werden Sie mit Sicherheit fündig!

Sie erreichen Ebay unter der Adresse

`www.ebay.de.`

Der Umgang mit den auf den ersten Blick verwirrend vielen Auktionen ist dank der ausgeklügelten Struktur kinderleicht. Damit Sie aber überhaupt mitbieten können, müssen Sie sich auch bei Ebay erst einmal anmelden. Das ist nicht mehr als eine Formalität, dient aber Ihrer eigenen Sicherheit. Sofern die Anmeldung bestätigt worden ist, können Sie sich ins Getümmel stürzen.

Abbildung 6-18: Die Homepage von Ebay.

Das Mitsteigern ist sehr einfach. Sie blättern sich durch die Vielzahl der Kategorien, bis Sie einen Artikel gefunden haben, den Sie ersteigern möchten. Eine kleine Liste informiert Sie über die aktuellen Gebote. Tragen Sie nun Ihr Maximalgebot in das dafür vorgesehene Feld. Nun bestätigen Sie Ihre Eingabe noch mit Ihrem Benutzernamen und Ihrem Passwort – das war es auch schon. Eine besondere Software hilft Ihnen nun beim Ersteigern. Denn bis zu Ihrem Maximalgebot wird der Betrag, den Sie bieten, immer wieder automatisch erhöht, sofern jemand anderes mitsteigern sollte. Haben Sie die Auktion gewonnen, erhalten Sie eine kurze E-Mail mit allen wichtigen Daten des Anbieters. In dieser privaten Atmosphäre können Sie sich dann über die Zahlungsmodalitäten und den Versand der Ware einigen.

6.2.3 Kostenlos

Man glaubt kaum, was es nicht alles umsonst im Internet gibt. Spezielle Dienste offerieren 12 Megabyte und mehr Speicherplatz für die eigene Homepage, ein Anbieter von Sprachmehrwertdiensten ermöglichte jedem, der dies wollte, einen Anruf vom Weihnachtsmann, der sich dann nach den Wünschen der Lieben erkundigte. Probeabonnements und Warenproben sind ebenfalls kostenlos im Internet abzurufen. Nicht zu vergessen die vielen Gewinnspiele, die es täglich im Netz gibt. Manchmal scheint es, dass das Web nicht nur ein Medium und Kommunikationsmittel ist, sondern auch ein weltweiter Spielsalon. Das Angebot von Kostenlos stellt für Sie täglich alle nur erdenklichen Schnäppchen zusammen: Gewinnspiele, Gratis-Software, Serviceleistungen, Probeabos und vieles mehr ist übersichtlich in Kategorien zusammengefasst. Wer keine Zeit hat, sich durch die umfangreichen Seiten des Angebots zu blättern, kann eine Suchfunktion nutzen. Sie erreichen den Service unter der URL

`http://www.kostenlos.de`

Bereits auf der Homepage werden Ihnen die aktuellen Angebote des Tages angezeigt. Kaum ist ein Gewinnspiel gestartet, finden Sie es auch auf den Seiten von Kostenlos wieder. Die Suchfunktion für die Seiten findet sich in der Bedienleiste am linken Rand. Mit einem Klick auf den Eintrag `Suchen` gelangen Sie zu einem einfachen Formular, in das Sie Stichwörter eintragen können. Über eine Dropdown-Liste legen Sie noch fest, auf welche Weise Sie die Stichwörter miteinander verbinden möchten. Mit einem Druck auf die Schaltfläche `Suche starten` wird die Recherche eingeleitet. Sind entsprechende Dokumente innerhalb des Angebots verfügbar, werden diese sofort angezeigt.

Abbildung 6-19: Auf Kostenlos.de finden Sie jegliche Art von Schnäppchen!

6.2.4 Shop.de

Kaum ein Unternehmen ist heute nicht im Internet zu finden und fast jedes dieser Unternehmen unterhält einen Onlineshop. Zahlreiche virtuelle Einkaufszentren offerieren Waren aller Art online. Doch wie findet man schnell günstige Anbieter im Internet? Sie könnten sich selbstverständlich der bereits vorgestellten Suchmaschinen und Verzeichnisse bedienen, mit denen Sie sicherlich auch fündig werden. Viel bequemer ist allerdings das Angebot von Shop.de, denn hier werden ausschließlich Einkaufsmöglichkeiten im Web aufgelistet. Mit Hilfe der zahlreichen Kategorien finden Sie schnell den gewünschten Shop. Selbstverständlich lässt sich der Datenbestand auch mit einer Suchfunktion direkt abfragen. Interessant ist dabei die Möglichkeit, einen Anbieter zu bewerten. Sind Sie mit dem Service zufrieden, können Sie dies bei Shop.de anderen Nutzern mitteilen, die sicherlich leichter Vertrauen zum Anbieter entwickeln, wenn sie wissen, dass jemand anderes bereits gute Erfahrungen gemacht hat.

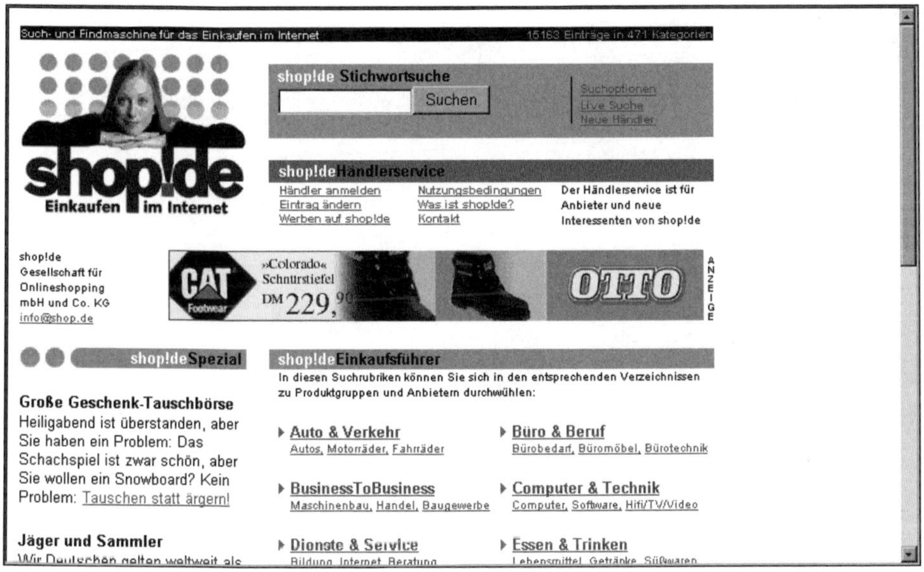

Abbildung 6-20: Auf den Seiten von Shop.de finden Sie ausschließlich Verweise auf Einkaufsmöglichkeiten im Internet.

Sie erreichen die Seiten des Anbieters über die Adresse `http://www.shop.de`.

6.2.5 Gold

Die Betreiber von GOLD verfolgen ein nahezu identisches Konzept wie die Konkurrenz von Shop.de. Auch hier kann der Surfer in der großen Datenbank nach Einkaufsmöglichkeiten suchen bzw. nach Produkten recherchieren. Im Unterschied zu Shop.de verlassen sich die Macher von Gold aber nicht auf das Internet allein. Am Kiosk finden Sie auch eine gleichnamige Zeitschrift, die das Treiben im Web unter die Lupe nimmt und Einkaufsmöglichkeiten vorstellt und bewertet. Die vorgestellten Shops sind im Heft mit einer kurzen Ziffernkombination versehen, die Sie auf der Homepage von Gold nur noch in das dafür vorgesehene Feld eintragen müssen. Schon erhalten Sie die Detailinformationen auf den Monitor und können gleich einem Link zum Shop folgen. Ein recht ambitioniertes Projekt, dessen Verkaufszahlen bei Niederschrift des Manuskripts noch hinter den Erwartungen des Verlags zurückbleibt. Doch nicht nur Leser des Magazins können das Angebot nutzen. Sind Sie auf der Suche nach einem bestimmten Produkt oder Shop, lässt sich das Angebot gezielt abfragen. Auch hier hilft eine Bewertung dabei, den richtigen Shop zu finden. In einer kurzen Zusammenfassung werden Sie über die angebotenen Versandarten und Zahlungsformen informiert.

Abbildung 6-21:Die Homepage von Gold.de.

6.2.6 Pro Buy

Ein noch recht junger Wirtschaftszweig sind Preisagenturen. Die Geschäftsidee dahinter ist bestechend: Einmal angenommen, Sie tragen sich mit dem Gedanken, eine neue Waschmaschine anzuschaffen. Sie sehen sich ein Gerät bei einem Händler an, sind aber mit dem Preis nicht ganz glücklich. Sie könnten nun verschiedene Händler und Fachmärkte abklappern und die Preise miteinander vergleichen, bis Sie das günstigste Angebot gefunden haben, oder aber versuchen, den Händler herunterzuhandeln.

Preisagenturen haben sich genau hierauf spezialisiert. Sie teilen dem Dienstleister mit, welches Gerät Sie anschaffen möchten und zu welchem Preis Sie es gefunden haben. Die Preisagentur versucht nun, genau dieses Gerät zu einem günstigeren Preis zu finden. Als Honorar für diese Dienstleistung berechnet Ihnen die Agentur dann einen Prozentsatz von Ihrer Ersparnis. Diese Gebühr wird auch dann fällig, wenn Sie das Gerät nicht kaufen. Die Ergebnisse der Recherche einer Preisagentur sind zum Teil wirklich verblüffend und wenn man an einem einzigen Einkauf gleich mehrere Hundert Mark sparen kann, zahlt man die

Gebühr der Agentur sicherlich gern. Einige führende Anbieter unter den Preisagenturen sind auch im Internet zu finden. Sie können gleich dort einen entsprechenden Auftrag online hinterlassen. Empfehlenswert ist allerdings, erst einmal selbst ein wenig nach den Preisen des gesuchten Artikels zu schauen, da sonst der ersparte Betrag und damit das Honorar der Agentur zu hoch ist. Eine bekannte Agentur ist Preiswärter, die über ein entsprechendes Renommee verfügt.

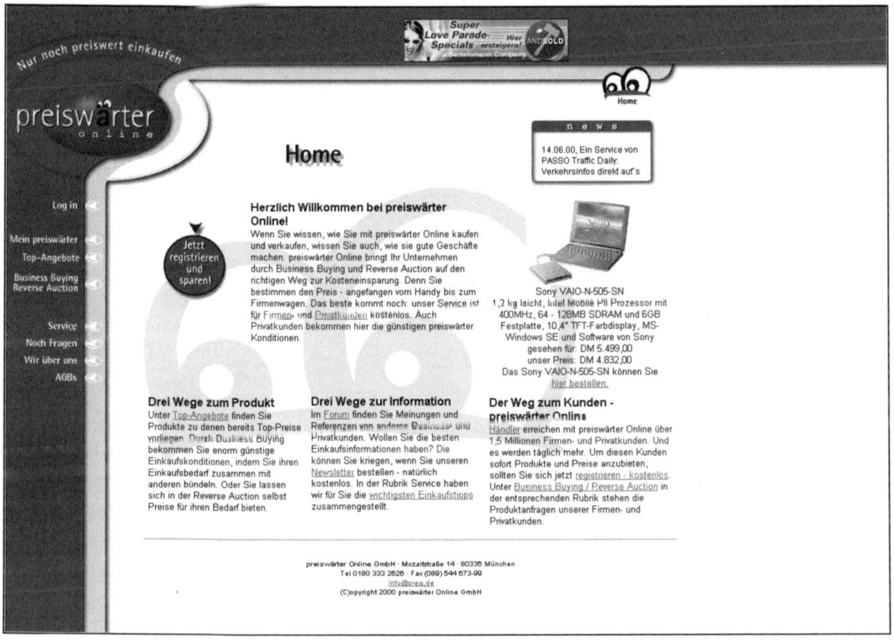

Abbildung 6-22: Die Homepage der Agentur Preiswärter.

Die Seiten erreichen Sie unter der Adresse `http://www.preiswaerter.de`.

6.3 Suchen Sie nach Gleichgesinnten – Communitys im WWW

Eine Entwicklung der letzten Zeit sind virtuelle Gemeinschaften. Dabei sind zwei Typen zu unterscheiden. Zum einen existieren Angebote, wo jeder seine eigene Gemeinschaft zu einem beliebigen Thema gründen kann. Binnen weniger Minuten ist der Nutzer anschließend stolzer Besitzer eines Diskussionsforums mit Nachrichten-, Chat- und Dateibereich. Ein anderer Ansatz besteht darin, dass ein kommerzieller Anbieter eine Gemeinschaft zu einem einzigen Thema unterhält. Diese so genannten Meinungsforen erfreuen sich einer recht großen Beliebtheit. Meist geht es hier um den Austausch von Verbraucherinformationen. Möchten Sie etwa das Produkt eines Herstellers erwerben, können sie sich hier über die Erfahrungen anderer Nutzer erkundigen.

6.3.1 Dooyoo

Unter der Adresse `www.dooyoo.de` finden Sie Informationen von Verbrauchern für Verbraucher. Die einzelnen Bemerkungen sind dabei nach Kategorien zusammengefasst, wie Sie es etwa von Yahoo und anderen Verzeichnissen gewohnt sind. Damit laden die Beiträge zum Stöbern ein. Sie können über eine integrierte Suchfunktion aber auch direkt nach einem Beitrag zu einem bestimmten Thema oder Produkt suchen. Um bei Dooyoo aktiv Beiträge verfassen zu können und die Vorteile zu nutzen, die sich aus einer aktiven Teilnahme ergeben, etwa den Erwerb von Bonuspunkten für Shoppingangeboten, müssen Sie sich bei den Betreibern registrieren lassen. Wie bei den meisten Diensten im Web verpflichten Sie sich damit zu nichts.

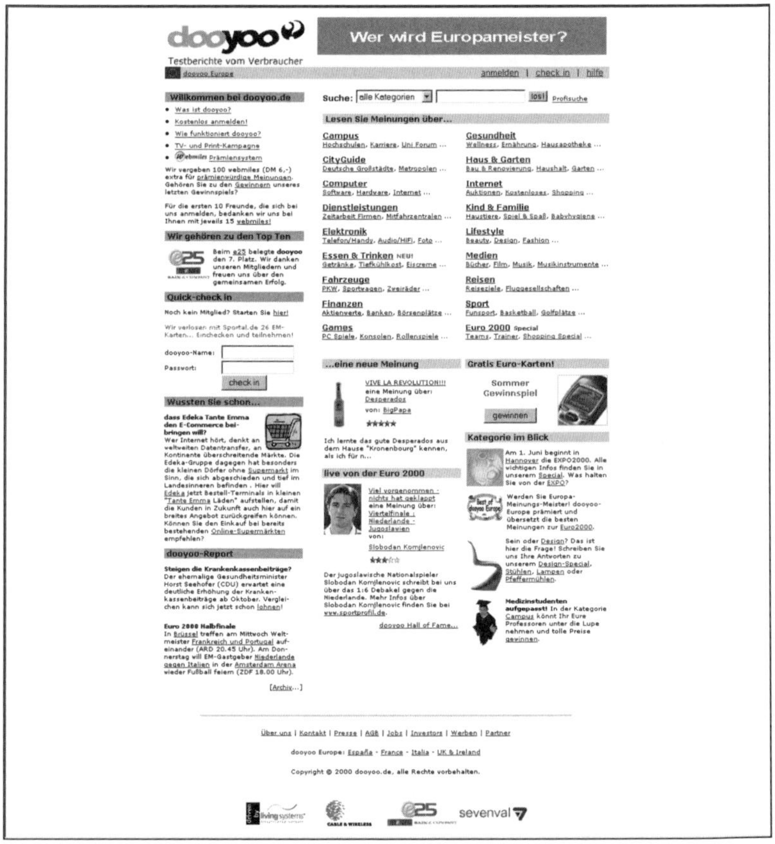

Abbildung 6-23: Die Homepage von Dooyoo.

Um gezielt nach einer Meinung zu einem Produkt zu suchen, tragen Sie einen entsprechenden Begriff in die kleine Eingabezeile auf der Homepage ein. Daneben steht noch eine erweiterte Suchfunktion zur Verfügung, die aber bei weitem nicht so detailliert wie bei den großen Suchmaschinen sind. Wurden Beiträge zum gewünschten Thema gefunden, werden Ihnen die

Überschriften anschließend in einer Tabelle angezeigt. Aufgrund der Bewertungen der Mitglieder ergeben sich durchschnittliche Noten für das jeweilige Produkt, von denen Sie Ihre Kaufentscheidung mit abhängig machen können.

6.3.2 Ciao

Den gleichen Ansatz wie Dooyoo verfolgen auch die Betreiber von Ciao, das aus den Angeboten Ciao und Amiro entstanden ist. Auch hier können Sie in den Meinungen der anderen Mitglieder einfach über die Kategorien stöbern oder aber auch gezielt nach Informationen zu einem bestimmten Produkt mit Hilfe der Suchfunktion recherchieren. Auch bei Ciao empfiehlt sich die Registrierung als Mitglied. Als Mitglied können Sie sogar mit Ihrer Meinung etwas Geld verdienen. So erhalten Sie ein kleines Begrüßungsgeschenk und jedes Mal, wenn ein anderes Mitglied einen Ihrer Beiträge abruft, eine kleine „Entschädigung“ für Ihre Mühe.

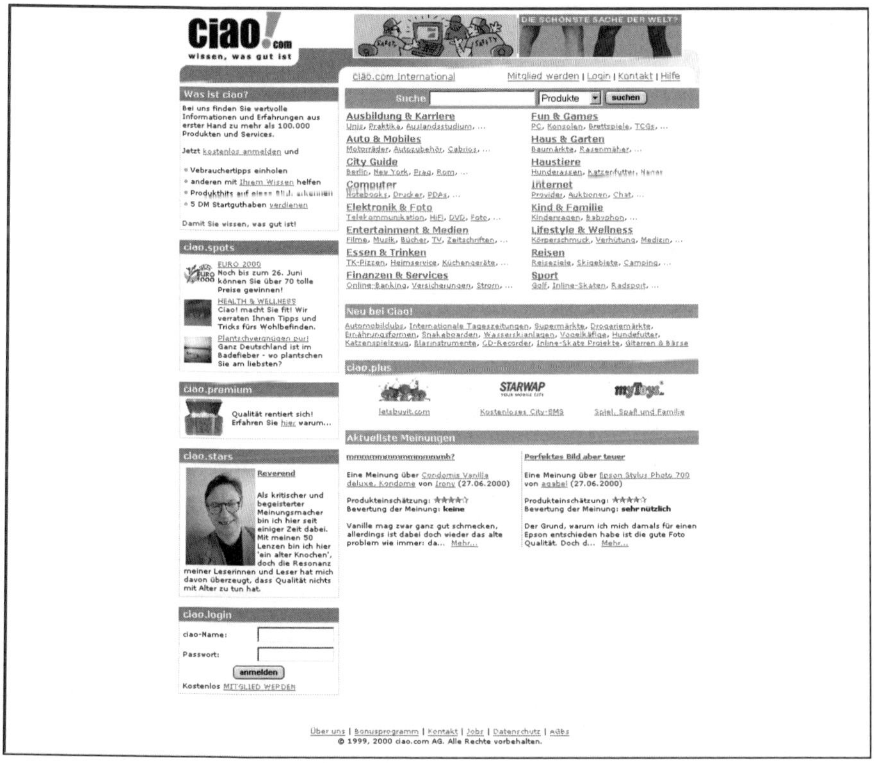

Abbildung 6-24: Die Homepage von Ciao.

Sie erreichen die Seiten unter der Adresse `www.ciao.com`.

6.3.3 Die eigene Community

In dem Bestreben, die Konkurrenz mit zusätzlichen Dienstleistungen zu übertreffen, was dann zwangsläufig dazu führt, das binnen kürzester Zeit auch die Konkurrenz das jeweilige Feature übernimmt und zur Verfügung stellt, haben die größeren Betreiber der Suchmaschinen und Verzeichnisse ihren Kunden die Möglichkeit eingeräumt, eigene Diskussionsforen einzurichten. Je nach Angebot werden alle Werkzeuge zur Verfügung gestellt, um eine virtuelle Gemeinschaft zu errichten. Dazu gehören ein Nachrichtenbereich, in dem jedes Mitglied Beiträge verfassen und lesen kann, meist auch eine Chatfunktion, die den Austausch von Meinungen in Echtzeit gestattet. Abgerundet wird das Angebot in der Regel durch einen Dateibereich, in dem Daten aller Art für den Download bereitgestellt werden können. Was früher nur den Betreibern der Foren und Pinboards in den großen Onlinediensten möglich war, steht nun jedermann offen. Weil sich die Angebote stark gleichen, soll im Folgenden nur die Einrichtung einer Community bei der Suchmaschine Excite gezeigt werden. Bei den übrigen Angeboten verlaufen die Schritte analog.

Nach Eingabe der Adresse `http://clubs.excite.com` gelangen Sie zu einer Abfragemaske, die Sie nach Ihrem Mitgliedsnamen fragt. Ein solcher Mitgliedsname ist zwingend erforderlich, um sich aktiv an den Gemeinschaften beteiligen zu können bzw. selber eine einzurichten. Sind Sie noch kein Mitglied, folgen Sie einfach dem Link `Sign me up`. Damit gelangen Sie zu einem umfangreichen Formular, in das Sie Ihre persönlichen Informationen eintragen. Dies ist unter anderem auch deshalb notwendig, damit die Betreiber die Möglichkeit haben, Straftäter zu verfolgen, die eventuell mit einem Diskussionsforum Missbrauch betreiben.

Nach der erfolgreichen Anmeldung haben Sie die Möglichkeit, einen eigenen Club zu gründen. Dazu folgen Sie einfach dem entsprechenden Link am Ende des Formulars, das Ihnen die Anmeldung bestätigt. Sie gelangen damit auf die Homepage der Clubs, auf der sich ein Verweis befindet, der Sie einlädt einen eigenen Club zu gründen. Folgen Sie diesem Link, werden Sie zu einem weiteren Formular geleitet, dass Ihnen beim Einrichten behilflich ist. Hier tragen Sie den Namen des Clubs und einige Stichworte ein, die den Inhalt des Clubs beschreiben.

Sind Sie mit allen Eingaben einverstanden, klicken Sie auf den Schalter `Create Club`. Sie gelangen wenige Augenblicke später auf die Homepage des neuen Clubs. Die Seite ist nun noch etwas schmucklos, aber die Betreiber gestatten Ihnen ganz einfach, das Aussehen an Ihre Wünsche anzupassen. Dazu klicken Sie auf der Homepage Ihrer neuen Community auf den Link `Settings`.

Sie können nun damit beginnen, Leute für Ihre Gemeinschaft zu interessieren. Schreiben Sie doch Ihren Freuden und Bekannten eine E-Mail. Excite zeigt Ihnen bei den Einstellungen Ihrer Community den Link an, der direkt auf die Startseite führt. Über die Homepage der Clubs können Sie auch auf bestehende Clubs zugreifen. Dazu tragen Sie einfach einen Begriff in die kleine Eingabezeile auf der Übersichtsseite ein. Sind Gemeinschaften zum gesuchten Thema vorhanden, folgen Sie einfach den Verweisen. Sie gelangen damit zu den jeweiligen Übersichtsseiten, um sich dort anzumelden. Befinden Sie sich gerade in Ihrem eigenen Club, führt Sie der Verweis Clubs Directory zur entsprechenden Suchmaske.

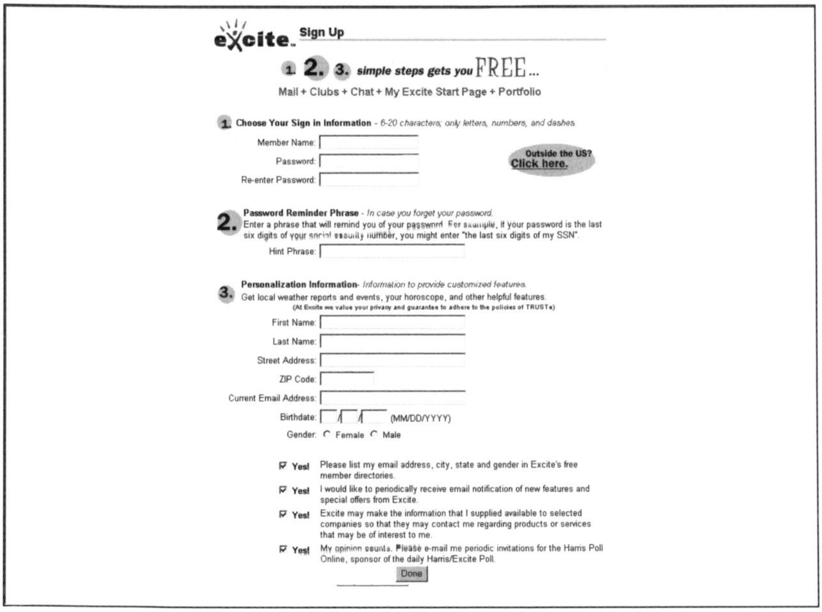

Abbildung 6-25: Um Ihre eigene Gemeinschaft zu gründen, müssen Sie sich zunächst einmal registrieren lassen.

Entsprechende Angebote finden Sie auch bei den anderen Suchmaschinen vor. Die Gemeinschaften bei Yahoo erreichen Sie unter: `http://clubs.yahoo.com` und auch Lycos konnte gegenüber der Konkurrenz nicht zurückstehen und präsentiert unter `http://clubs.lycos.com` eigene Foren für jedermann. Damit stellen die Gemeinschaften eine interessante Alternative zu den Newsgroups dar.

6.4 Die Suche nach Software

Ernstzunehmende Schätzungen gehen davon aus, dass im Internet einige Terrabyte an Software frei verfügbar zum Download bereitstehen. Auf unzähligen Servern werden Demoversionen, Patches, Audio- und Videodateien und Sharewareprogramme bereitgehalten.

In diesem Abschnitt lernen Sie Quellen für den Nachschub an Software kennen: Wenn Sie auf der Suche nach einem guten HTML-Editor sind, der nichts kostet oder aber sich ein kleines Backgammonspiel für die Mittagspause auf dem Rechner installieren wollen, sollten Sie zunächst einmal auf den Seiten der folgenden Anbieter nachschauen.

6.4.1 DOWNLOAD.COM

Ein Eldorado für jeden Softwaresuchenden ist das Angebot der Firma clnet aus den USA.

Unter der Adresse

`http://www.download.com`

wird eine wahre Fundgrube an Dateien und Software für die unterschiedlichsten Betriebssysteme bereitgehalten. Egal ob Spiele, Anwendungen, Tools oder Patches. Jede Anwendung ist fein säuberlich in einer Kategorie erfasst und mit einem kurzen Erläuterungstext versehen. Eine Suchfunktion gestattet es dem Besucher darüber hinaus gezielt nach einem Programm zu suchen. Neben der unvermeidlichen Werbung zeigt Ihnen die Homepage einige zahlreiche Kategorien bzw. kurze Artikel zu gerade eingetroffenen Programmen.

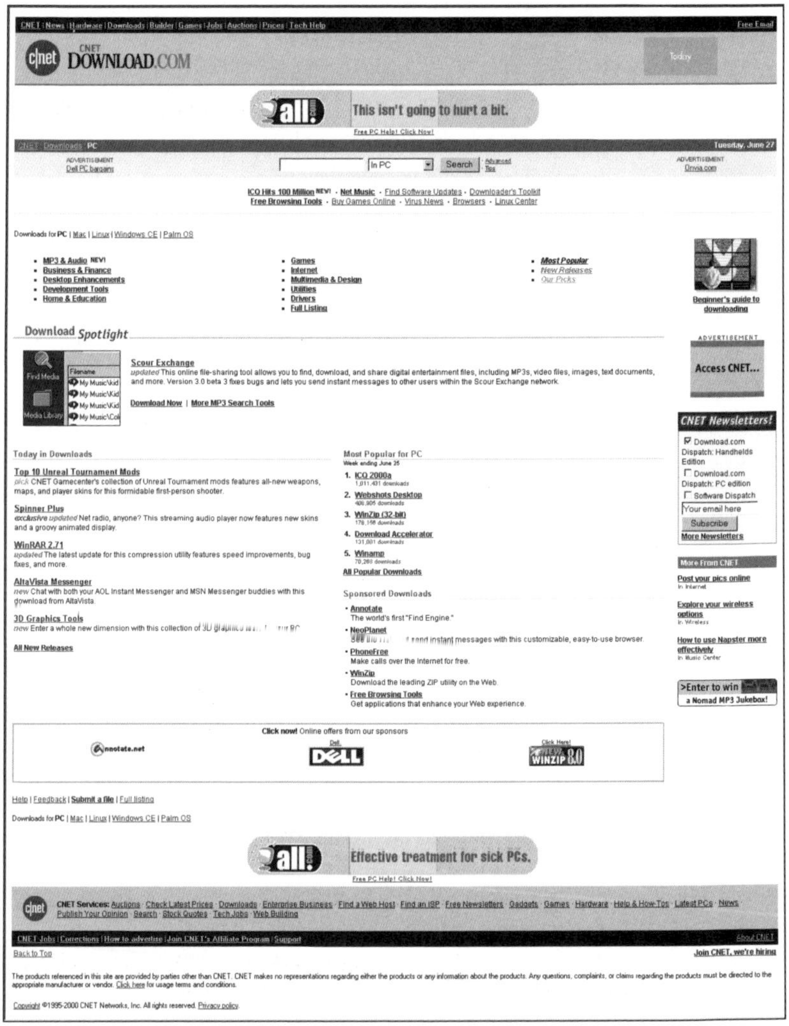

Abbildung 6-26: Die Homepage von Download.com.

Bereits mit der einfachen Suchfunktion, die Sie mit Hilfe der kleinen Eingabezeile auf der Homepage ansteuern, können Sie effizient nach einer bestimmten Datei suchen. Tragen Sie hier den gewünschten Begriff oder die Begriffe ein, und legen Sie mit der Dropdownliste fest, ob Sie nur in den Downloads für den PC oder in allen Downloads, also auch für andere Betriebssysteme und Plattformen suchen möchten. Werden Dateien gefunden, die Ihrer Anfrage entsprechen, wovon bei dem umfangreichen Angebot ausgegangen werden kann, werden Ihnen die Ergebnisse anschließend übersichtlich in Listenform präsentiert. Folgen Sie einem dieser Verweise, gelangen Sie zur Detailansicht zum Programm. Hier informiert Sie ein kurzer Text über Einzelheiten der Software und verrät Ihnen etwas über den Hersteller bzw. den Preis, der zu entrichten ist, wenn Sie das Programm kaufen möchten. Ein Klick auf den Verweis `Download` leitet dann die Dateiübertragung ein.

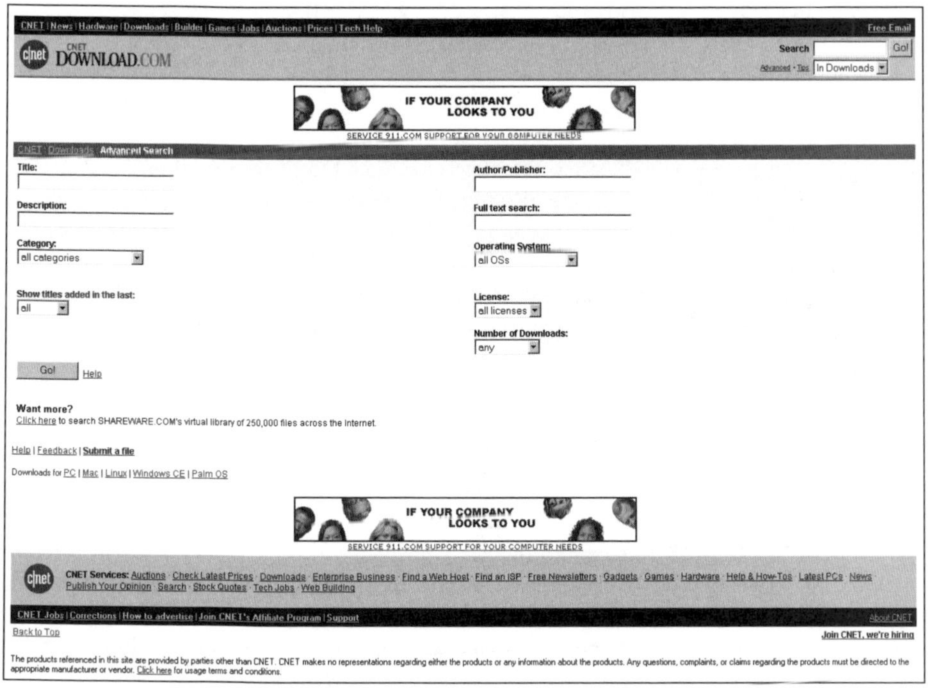

Abbildung 6-27: Mit dem Eingabeformular der erweiterten Suche finden Sie mit Sicherheit das gewünschte Programm.

Für umfangreichere Recherchen in dem Softwareangebot empfiehlt sich die Verwendung der erweiterten Suche, die Sie über den Verweis `Advanced` erreichen, der direkt neben der Eingabezeile auf der Homepage platziert ist. Damit gelangen Sie zu einem Abfrageformular, das eine Reihe von Optionen zur Verfügung stellt. Hier kann nicht nur nach einem Programmnamen gesucht werden, sondern auch festgelegt werden, in welcher Kategorie abgefragt werden soll. Außerdem lassen sich Programme für andere Plattformen ganz gezielt von der Anfrage ausnehmen, da die Suche auf ein bestimmtes Betriebssystem eingeschränkt werden kann. Möchten Sie für Software am liebsten nichts ausgeben, wählen Sie die Option

Freeware aus der Dropdownliste License. Sind Sie mit den Eingaben zufrieden, so genügt ein Druck auf den Schalter Go, um mit der Suche zu beginnen.

Das Angebot von Download.com ist so umfangreich, dass Sie hier mit Sicherheit fündig werden können. Dennoch sollen in diesem Kapitel noch einige weitere Anbieter vorgestellt werden, die sich eigene Schwerpunkte gesetzt haben und eine interessante Alternative darstellen.

6.4.2 Freeware Publishing Site

Lizenzierte Software kostet Geld, zum Teil sogar sehr viel Geld, dachten sich viele Programmierer und erstellten Programme, die sie in kostenlosen Demoversionen offerierten, die von jedermann frei kopiert und verteilt werden durften. Nach Ablauf eines Testzeitraums musste dann die Software erworben werden, wobei sich der Betrag für diese „Registrierungsgebühr" in einem sehr niedrigen Bereich bewegte. Dass sich aus solchen Programmen durchaus Konkurrenz zu den Produkten kommerzieller Hersteller entwickeln kann, zeigen Klassiker der so genannten Sharewareszene wie zum Beispiel Paintshop Pro, ein Bildbearbeitungsprogramm, das sich heute vor Anwendungen aus dem Hause Adobe nicht mehr zu verstecken braucht. Doch auch die Lizenzgebühren, die mancher Programmierer gerne für seine Arbeit gesehen hätte, war anderen immer noch zu teuer. Sie stellten Ihre Programme kostenlos anderen zur Verfügung. Der Freeware-Gedanke war geboren. Dabei sind die Anwendungen immer noch das geistige Eigentum des Autoren, aber dieser möchte von Ihnen keine Gebühr für die Nutzung erhalten. Allenfalls der eine oder andere hätte von „seinen" Anwendern gern eine Postkarte, wofür sich dann schnell der Begriff „Postcardware" eingebürgert hat.

Die Freeware Publishing Site hat sich auf die Bereitstellung von Freeware spezialisiert. Unter der Adresse

`http://www.freewarepub.net`

können Sie auf eine recht ansehnliche Sammlung nützlicher Tools und Anwendungen zurückgreifen, die vor allem eines verbindet: ihre Nutzung kostet keinen Pfennig. Wer sich einmal in das Archiv einliest, wird überrascht sein, zu welchen Themen es bereits kostenlose Programme gibt. Einen deutlichen Schwerpunkt bilden hier Applikationen, die mit dem Internet zu tun haben und die Arbeit mit dem Netz deutlich erleichtern. Es finden sich aber auch Dutzende von Spielen und Anwendungen für alle Arbeitsbereiche.

Eine deutschsprachige Alternative zur Freeware Publishing Site bildet der Freewareguide, den Sie unter `www.freewareguide.de` erreichen. Alle erfassten Programme sind übersichtlich nach Rubriken zusammengefasst und werden mit einem kleinen Kommentar versehen. Stöbern Sie ruhig einmal im Angebot der Bildschirmschoner, Dateibetrachter und Tools für die Textverarbeitung: Sie werden begeistert sein!

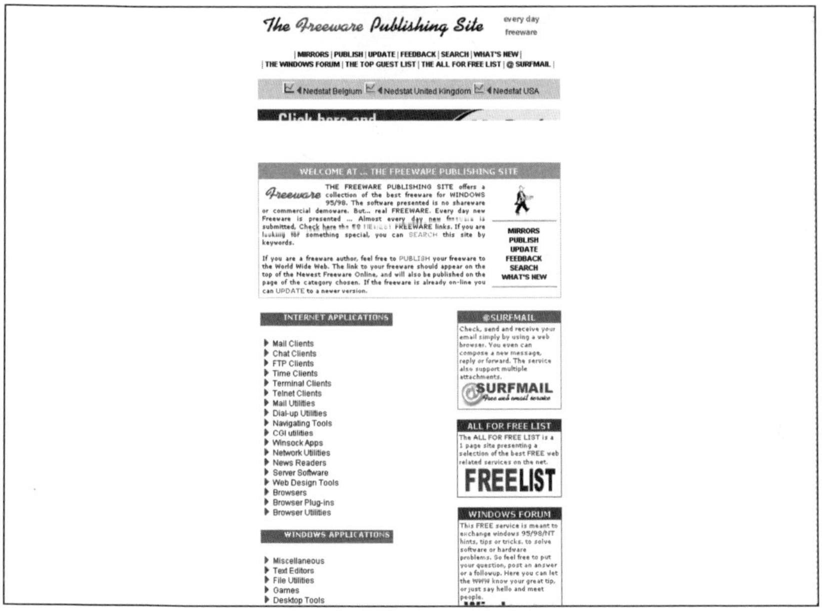

Abbildung 6-28: Freeware Publishing Site: eines der umfangreichsten Archive im Netz für kostenlose Software.

Beide Angebote haben allerdings leider gemeinsam, dass es keine Suchfunktion auf den Seiten gibt. Da aber das Angebot an Freeware insgesamt immer noch recht überschaubar ist, dürfte dieses Manko nicht zu schwer wiegen.

Ein Klassiker unter den Freewaresammlungen ist das deutsche Freeware.de, das Sie unter `www.freeware.de` im Netz finden. Allerdings war es zur Drucklegung dieser Auflage nicht so ganz klar, wie es mit dem Angebot weitergehen sollte. Die redaktionelle Pflege des tollen Angebots erfordert recht viel Aufwand, der zu finanzieren ist. So suchten die Betreiber nach Sponsoren. Es sei ihnen gewünscht, dass sie diese auch finden.

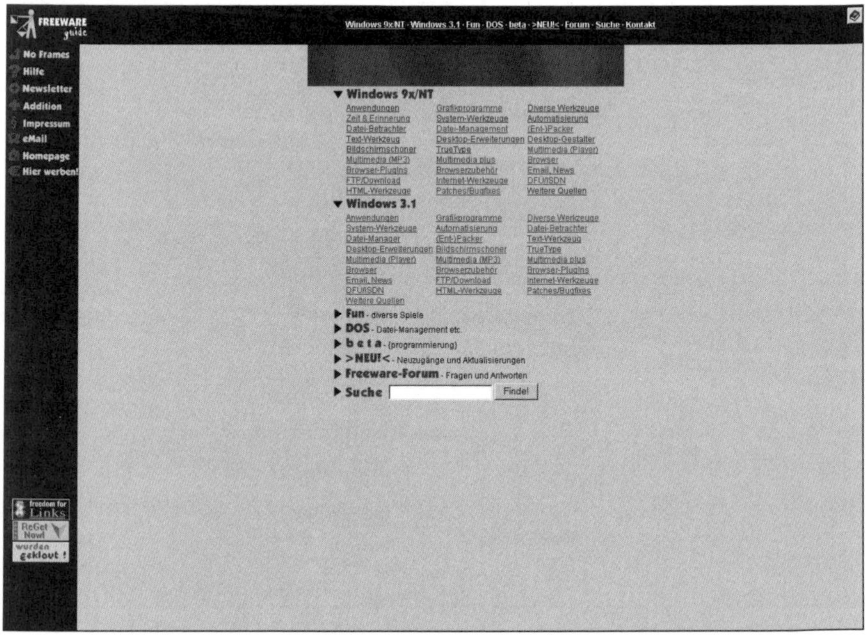

Abbildung 6-29: Freewareguide ist ein deutschsprachiges Angebot für Freewareprogramme.

6.4.3 PDA-Central

Mobile Kleinstcomputer, so genannte Handhelds, sind längst dabei, ihren Siegeszug im Alltag anzutreten. Einer der bekanntesten Vertreter dieser Gattung ist der Palm Pilot aus dem Hause 3COM. Für dieses millionenfach verkaufte Gerät sind unzählige Applikationen als Share- und Freeware erschienen. Doch auch für mobile Computer, die vom Microsoft Betriebssystem Windows CE betrieben werden, haben Programmierer Anwendungen entwickelt, die über die reinen Möglichkeiten der Geräte hinausgehen. Allerdings spiegelt die Zahl der verfügbaren Applikationen etwa die Marktdurchdringung wider. Es sind für Windows CE deutlich weniger Programme verfügbar als für das mit Windows CE konkurrierende Palm OS. Mit diesem kann sich eigentlich nur noch EPOC messen. Dieses Betriebssystems wird in Geräten aus dem Hause Psion eingesetzt. Für diesen mobilen Businesscomputer der ersten Stunde gibt es auch sehr viele kommerzielle Programme, die dem gestressten Manager oder Außendienstmitarbeiter den Alltag deutlich erleichtern.

Für alle drei genannten Systeme finden sich zahllose Programme aller Art gemeinsam unter einem Dach. Egal ob Sie nun ein Spiel für unterwegs suchen oder nach einem Programm, mit dem Sie auf Reisen Ihre Mails abholen, unter der Adresse

`www.pdacentral.com`

werden Sie bestimmt etwas finden.

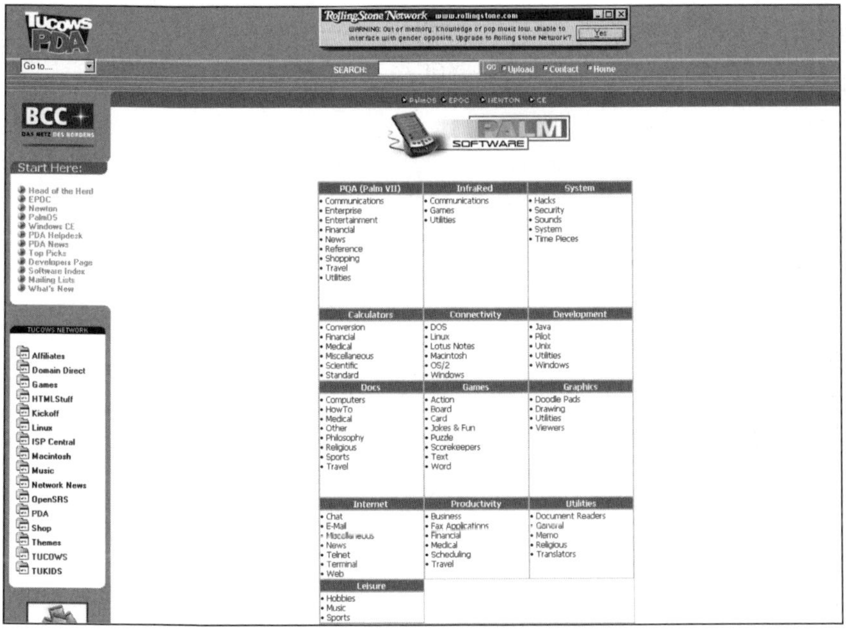

Abbildung 6-30: PDA Central hat sich auf Programme für mobile Computer spezialisiert.

Das Angebot erfreut sich so großer Beliebtheit, dass es notwendig geworden ist, verschiedene so genannte Mirror-Sites zu unterhalten, die den Datenbestand des Servers in den USA auf europäischen Rechnern spiegeln. Anwender, die sich in Europa befinden, erhalten so einen schnelleren Datentransfer, weil die Daten nicht erst über den Atlantik transportiert werden müssen.

Nach dem Aufbau der Homepage folgen Sie zunächst dem Verweis auf die geographische Region, in der Sie sich befinden, in aller Regel also „Europe". Es werden Ihnen im Anschluss daran die zur Verfügung stehenden Server innerhalb Europas angeboten. Entscheiden Sie sich hier für eine der Optionen und Sie gelangen zur eigentlich Homepage des Anbieters. Im linken Navigationsbereich der Seite finden Sie eine Unterteilung zwischen den eben genannten Betriebssystemen für Handhelds. Folgen Sie einem der Links, werden Ihnen auf der nachfolgenden Seite unterschiedliche Kategorien angeboten, nach denen die Software gegliedert ist. Zur Auswahl stehen hier zum Beispiel Business-Anwendungen oder Spiele, die jeweils noch weiter unterschieden werden. Schließlich gelangen Sie zur Übersicht aller Programme, die der jeweiligen Kategorie zugeordnet worden sind. Zu jedem Programm finden Sie einen kurzen Hinweistext und eine Wertung der Betreiber. Auf Wunsch kann eine längere Beschreibung zu jedem Programm abgerufen werden. Um das Programm auf Ihren Rechner zu übertragen, klicken Sie auf den Verweis „Download".

Einige Tausend Anwendungen werden von PDA Central angeboten. Obwohl es viel Spaß machen kann, einfach in den Kategorien zu blättern, um sich einen Überblick über die angebotene Software zu schaffen, kann die Suche mit der integrierten Funktion schneller zum

Ziel führen. Im oberen Bereich der Homepage finden Sie eine kleine Eingabezeile. Tragen Sie hier den gewünschten Begriff ein und klicken Sie auf „Search“. Anschließend wird Ihnen eine Ergebnisliste zusammengestellt, die genauso aufgebaut ist, wie eine Softwareübersichtsseite innerhalb einer Kategorie.

Zwar haben sich inzwischen auch die anderen Anbieter von Software des Themas PDA-Software angenommen, jedoch kommt noch kein Archiv an die Fülle von PDA Central heran.

6.4.4 TUCOWS.COM

Wer viel mit dem Internet arbeitet, stellt schnell fest, dass die Browser und anderen kommerziellen Programme zwar schon recht komplett ausgestattet, aber bei weitem noch nicht perfekt sind. Findige Programmierer in aller Welt stellen täglich neue Produkte mit interessanten Features her. Zum Beispiel Programme, die in der Lage sind, abgebrochene Downloads wieder fortzusetzen bzw. unbeaufsichtigt und timergesteuert Downloads durchzuführen. Auf Internetanwendungen hat sich in seinen Gründungstagen der Anbieter Tucows spezialisiert, sein Angebot aber auf alle erdenklichen Softwarebereiche ausgeweitet. Das Angebot ist mit Sicherheit eines der aktuellsten und umfangreichsten im WWW überhaupt. Sie erreichen die Seiten von Tucows nach der Eingabe der Adresse

`htpp://www.tucows.com.`

Auf der Homepage wählen Sie zunächst aus, für welches Betriebssystem Sie Software suchen. Nach dieser Auswahl gelangen Sie zu einer weiteren Auswahlseite. Hier müssen Sie entscheiden, in welcher geographischen Region Sie sich befinden. Je näher sich der angewählte Server zu Ihrem Aufenthaltsort befindet, desto kürzer ist der Weg der Daten, die übertragen werden müssen. Sie haben also einen schnelleren Datendurchsatz. Nach Auswahl der Region gelangen Sie zu einer Übersicht der zur Verfügung stehenden Server. Allein für Deutschland werden 10 verschiedene Rechner angeboten. Folgen Sie dem entsprechenden Verweis, gelangen Sie zur eigentlichen Übersichtsseite der Kategorien für das zu Beginn ausgewählte Betriebssystem.

Der gesamte Datenbestand von Tucows ist nach Kategorien gegliedert. Dabei wird zum Beispiel zwischen Anwendungen, Spielen und Internetwerkzeugen unterschieden. Die einzelnen Kategorien sind dann noch weiter untergliedert. Bei Spielen finden Sie etwa eine Unterscheidung zwischen Brett-, Action- und Kartenspielen. Entscheiden Sie sich hier für eine der Kategorien, wird Ihnen anschließend eine längere Übersicht aller zur Verfügung stehenden Dateien angeboten. Hier finden Sie den Namen des jeweiligen Programms, eine kurze Beschreibung, eine Bewertung des Programms durch die Betreiber und einen Link, der den Download einleitet.

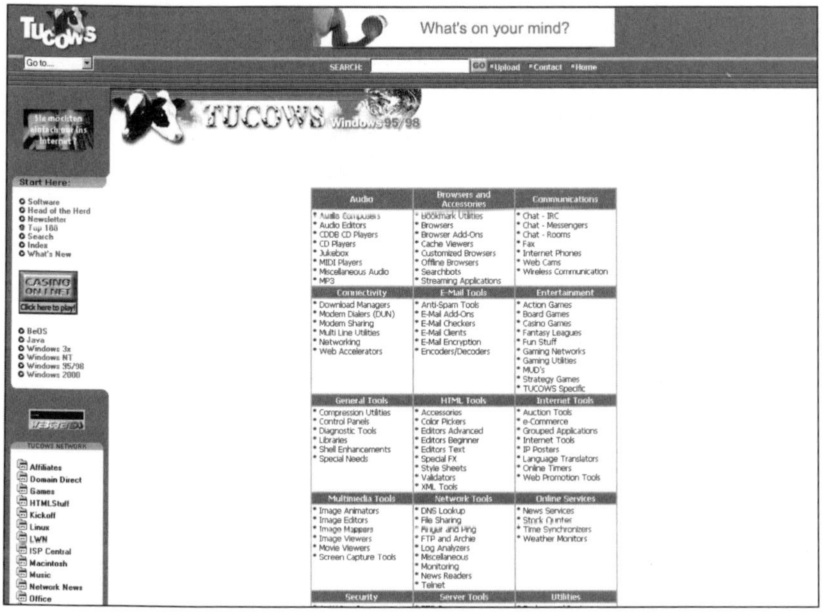

Abbildung 6-31: Die vielen Rubriken von Tucows.

Zu jedem Eintrag kann auch eine weitere Beschreibung angefordert werden, die das Programm ausführlich beschreibt. Im oberen Teil der Seiten finden Sie eine kleine Eingabezeile, die Ihnen die gezielte Recherche im Datenbestand von Tucows gestattet. Geben Sie hier zum Beispiel den gesuchten Programmnamen ein und klicken Sie auf „Search". Anschließend wird Ihnen eine Trefferliste zusammengestellt, die genauso aufgebaut ist wie die Detailansicht einer Kategorie.

6.4.5 ZDNet

Der Ziff-Davis Verlag ist weltweit einer der größten Anbieter von Computerfachpublikationen. In Deutschland ist das Verlagshaus zum Beispiel durch seine Magazine „PC Professionell" und „Internet Professionell" bekannt. Schon sehr früh erkannte das Haus die Bedeutung des Internet und kann heute auf einer der mit Sicherheit umfangreichsten Sites im WWW blicken. Unter der Adresse

`http://www.hotfiles.com`

macht Ziff-Davis USA allen Nutzern des Internets eine überaus gepflegte und gut sortierte Softwarebibliothek zugänglich. Die vom deutschen ZDNet angebotene Softwaresammlung, die Sie unter `www.zdnet.de` erreichen, ist ebenfalls topaktuell und gepflegt, kann aber bei weitem nicht den gleichen Umfang aufweisen.

Die angebotene Software gliedert sich in verschiedene Kategorien, wie etwa „Free Software", „Internet" oder „Games". Die Online-Redaktion des Verlages lässt den Besucher nicht mit dem Angebot allein, sondern bietet durch Besprechungen und Ranglisten eine Orientierungshilfe durch das Dickicht der Tausenden Programme.

Abbildung 6-32: Die umfangreiche Homepage der Hotfiles.

Der gesamte Datenbestand kann über die kleine Eingabezeile im oberen Bereich der Seite durchsucht werden. Dazu tragen Sie einfach einen gewünschten Begriff ein und wählen mit Hilfe der Dropdownliste aus, für welches Betriebssystem Sie Programme suchen.

Anschließend werden Ihnen die gefundenen Dateien auf einer Übersichtsseite präsentiert. Für genauere Anfragen wird ein zusätzliches Abfrageformular angeboten, das Sie über den

Verweis `Power Search` erreichen. Das Abfrageformular präsentiert sich sehr praxisnah. So können Sie nicht nur nach dem Namen eines Programms oder nach Begriffen in der Beschreibung suchen, sondern die Anfrage auch auf einzelne Kategorien des gesamten Angebots von Hotfiles einschränken.

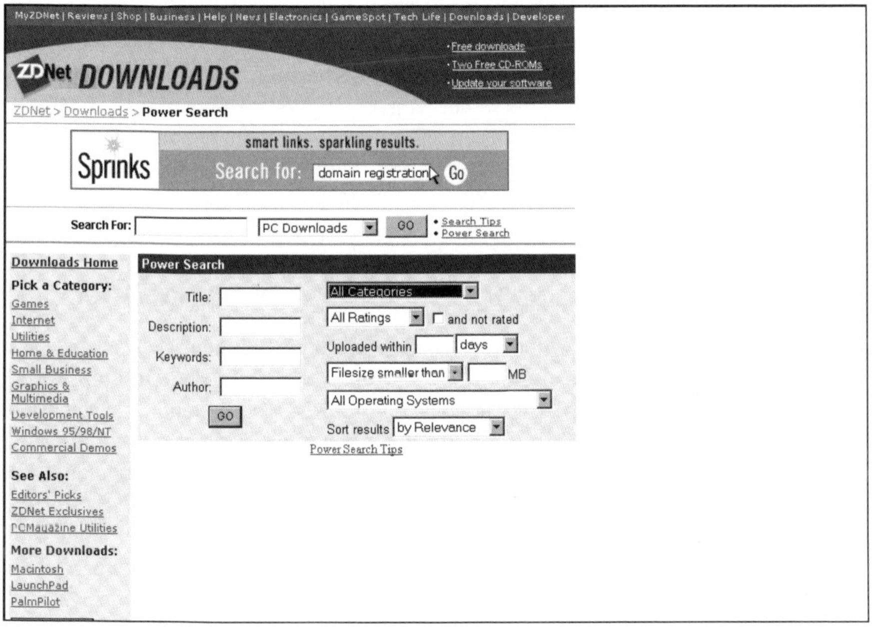

Abbildung 6-33: Die erweiterte Suche bei Hotfiles.

Um nur neuere Dateien zu berücksichtigen, kann ein Zeitraum bestimmt werden, innerhalb dessen die Dateien auf dem Server bereitgestellt worden sein müssen. Wer sich auf die Bewertung durch die Onlineredaktion verlassen möchte, kann zum Beispiel die Anfrage zusätzlich auf Programme einschränken, die eine bestimmte Höchstwertung erreicht haben. Sind alle Eingaben getätigt, wird die Suche mit einem Druck auf den Schalter „OK“ ausgelöst.

Anschließend werden die Treffer in Listenform zusammengefasst. In der Liste sehen Sie nur den Namen des Programms und seine Bewertung. Weitere Informationen erhalten Sie erst, wenn Sie den Namen der Software anklicken, denn dann werden Sie zur Kurzbesprechung geführt, die dann auch den Link für den Download bereithält.

Hotfiles ist ein sehr umfangreiches Angebot, das sowohl den PC-Anfänger als auch den Profi zufrieden stellen wird.

6.5 Hilfe bei Computerproblemen

Die Arbeit mit dem Computer ist schon etwas Besonderes: auf der einen Seite helfen sie uns allen sehr viel Zeit zu sparen, auf der anderen Zeit werfen sie dann aber auch Probleme auf, die einem ohne diese Maschinen nie begegnet wären und zu deren Lösung unter Umständen mehr Zeit gebraucht wird, als sie eingespart hatten. Da nicht in jedem von uns ein Computergenie steckt, ist manchmal guter Rat sehr teuer: Hersteller von Hard- und Software lassen sich Anrufe bei einer Hotline teuer bezahlen. Das Internet hilft hier ganz entschieden dabei Kosten zu sparen, denn wohl alle Hersteller von Hard- und Software sind inzwischen im Internet mit einem eigenen Angebot vertreten, in dem sich in aller Regel auch ein umfangreicher Supportbereich befindet. Damit Sie diese Informationen aber auch wirklich verwenden können, muss Ihr System allerdings noch so stabil sein, dass Sie wenigstens Internetzugang zur Verfügung haben.

6.5.1 Microsoft Knowledge Base – Infos vom Marktführer

Bei allen Schlagzeilen für die Microsoft in den letzten Monaten gesorgt hat, hält der Softwareriese aus Redmond unbestritten die Marktführerschaft auf den Desktop PCs. Word, Excel, Powerpoint oder der Internet Explorer – eine dieser Komponenten ist mit Sicherheit auf Ihrem Rechner installiert. Zu jedem Produkt kann ein individueller Supportvertrag abgeschlossen werden, der Ihnen das gute Gefühl gibt bei Problemen kompetente Hilfe zu erhalten. Microsoft bietet Ihnen im Internet aber eine preiswerte Alternative zum Hotline-Anruf an. Die MS Knowledge Base sammelt in Form von Artikeln die offiziellen Antworten der Microsoft Hotline auf alle nur erdenklichen Probleme und Fehlermeldungen. Bevor Sie zum Telefonhörer greifen, lohnt es sich einmal selbst in dieser Datenbank nachzuschlagen. Rufen Sie zunächst die Microsoft Homepage auf. Sie erreichen Sie mit `http://www.microsoft.com`.

Hier finden Sie im oberen Bereich einen Verweis, der mit `Support` beschriftet ist. Klicken Sie hier auf den Eintrag `Knowledge Base`.

Sie finden nun eine einfache Eingabemaske, mit der Sie in den Artikel der Knowledge Base bereits recherchieren können.

In der ersten Listbox entscheiden Sie sich für ein Produkt von Microsoft, zu dem Sie eine Frage haben. Im zweiten Bereich werden verschiedene Arten der Suche über Checkboxen angeboten. Sie haben die Auswahl zwischen diesen Optionen:

- `Keywords`: Hier handelt es sich um eine Suche, wie bei anderen Suchmaschinen auch. Sie tragen eine Reihe von englischsprachigen Suchbegriffen ein, die Ihr Problem möglichst genau beschreiben sollten.
- `Specific Article ID`: In manchen Zeitschriften finden Sie bei Tipps & Tricks zu Microsoft Produkten in letzter Zeit häufiger die entsprechende Artikelnummer der Knowledge Base. Mit Hilfe dieser Nummer können Sie den entsprechenden Text sehr schnell auf den Bildschirm holen.

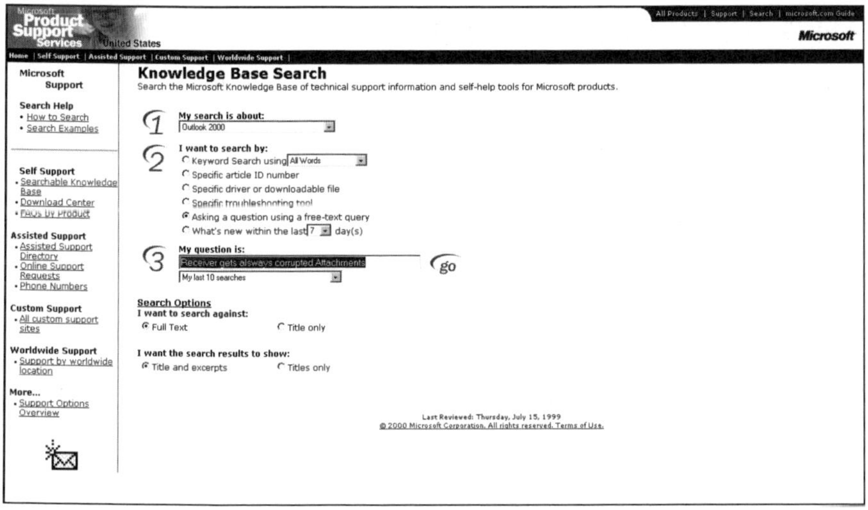

Abbildung 6-34: Das Formular für die Suche in der Knowledge Base.

- `Specific Driver or downloadable file`: Oft finden Sie in Zeitschriften auch einfach nur Dateinamen angegeben, die ein bestimmtes Problem lösen sollen. Die Microsoft Web Site umfasst einige Tausend Seiten, die alle durchzusehen etwas problematisch wäre. Wenn Sie auf der Suche nach einem bestimmten Dateinamen oder Treiber sind, sollten Sie seinen Namen in das Feld des Formulars eintragen.
- `Specific Troubleshooting Tool`: Dabei handelt es sich um Problemlöser, etwa Schritt für Schritt-Anleitungen, die bei häufiger aufgetretenen Schwierigkeiten helfen.
- `Asking a question using free text query`: Mit diesem Feld können Sie Ihr Problem in englischer Sprache schildern, wie Sie dies auch von der Onlinehilfe einiger Programme her kennen, beispielsweise: „How can I compress my registry".
- `What's new`: Mit Hilfe dieses Eintrages blättern Sie durch die neu in die Datenbank aufgenommenen Hilfsartikel.

In das dritte Feld tragen Sie nun den Text gemäß Ihrer ausgewählten Option ein, also entweder die komplette Frage, einen Dateinamen oder eine Reihe von Stichworten. Klicken Sie schließlich auf `Go`, um die Suche zu starten. Wenige Augenblicke später werden Ihnen eine Reihe von Dokumenten in einer Ergebnisliste präsentiert. Neben der eigentlichen Quellenangabe erhalten Sie auch Informationen zum Dokument selbst, so dass Sie entscheiden können, ob es zur Lösung Ihres Problems relevant ist.

6.5.2 ZD Help

Das amerikanische Verlagshaus Ziff Davis ist Ihnen bereits an anderer Stelle in diesem Buch begegnet. Ziff-Davis stellt den Internetnutzern aber nicht nur ein umfangreiches Softwarearchiv zur Verfügung sondern auch die geballte Kompetenz seiner Experten.

Unter der Adresse

`http://www.zdhelp.com`

erreichen Sie dieses Info-Center. Die Homepage ist klar strukturiert und gibt auf der rechten Seite Zugriff auf sogenannte Help-Guides. Damit sind verschiedene Themenkreise bezeichnet, zu denen sich weitere Informationen abrufen lassen. Sie finden hier etwa Artikel und Problemlösungen für das Internet, Office-Anwendungen, aber auch zu aktuellen Computerspielen.

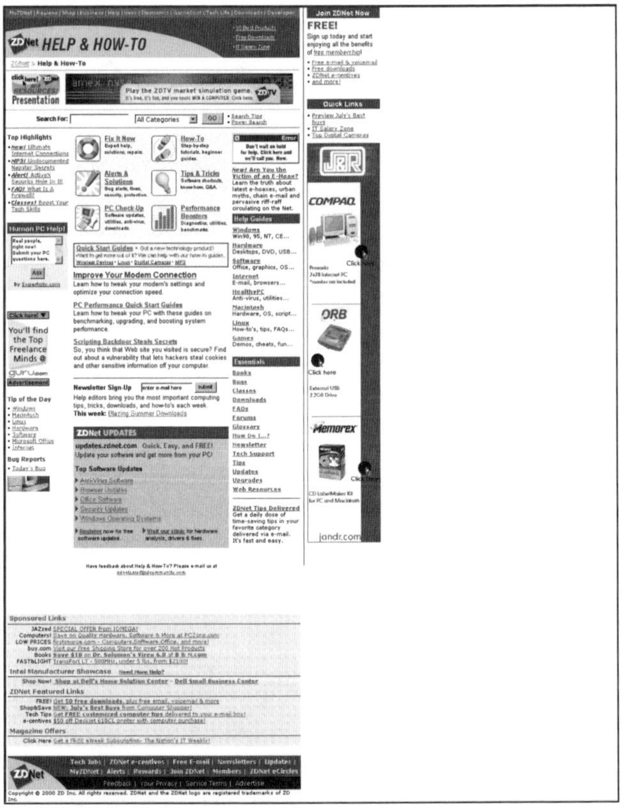

Abbildung 6-35: Die Homepage von ZDHelp.

Das angebotene Material ist von hoher Qualität. Schritt für Schritt-Anleitungen, Workshops, FAQs und vieles andere mehr erwarten den Besucher. Der gesamte Datenbestand kann über eine kleine Suchmaschine abgefragt werden, wobei allerdings keine umfangreichen Fragestellungen möglich sind. Aber bereits die Eingabe eines Stichwortes führt eine Menge an Verweisen innerhalb des Angebots zu Tage. Da jede der Ressourcen gut beschrieben ist, ist eine erweiterte Suchfunktion eigentlich gar nicht nötig. Insbesondere wenn Sie kein dringendes Problem mit Ihrem System haben, sondern vielleicht nur wissen möchten, wie Sie Ihre Software besser oder reibungsloser einsetzen, lohnt eine Recherche im Angebot von ZDHelp.

6.5.3 User hilft User

Dieses Angebot ist vielleicht am ehesten mit einer Selbsthilfegruppe bei PC Problemen zu vergleichen und ähnelt damit den Diskussionsforen der Newsgroups. Haben Sie besondere Erfahrungen bei der Arbeit mit Ihrem Rechner gemacht und wollen diese an andere Menschen weitergeben? Dann sind Sie hier genau richtig! Unter der Adresse

`www.user-hilft-user.de`

finden Sie verschiedene Rubriken vor, die allerdings noch etwas unstrukturiert scheinen.

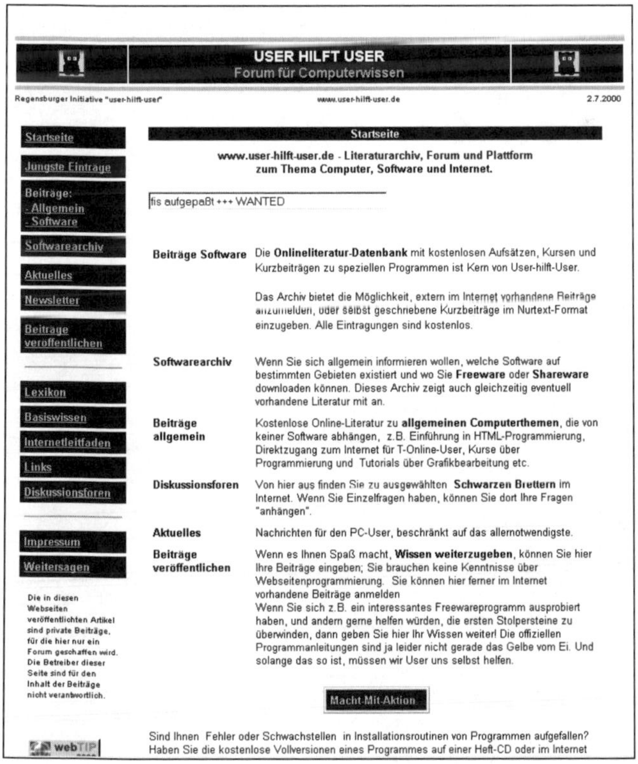

Abbildung 6-36: Die Startseite von User-hilft-User.

Jeder Anwender kann mitmachen und seine eigenen Beiträge veröffentlichen. Eine umfangreiche Linksammlung führt direkt zu den Newsgroups, die sich ebenfalls mit Computerproblemen beschäftigen. Insgesamt ein recht interessantes Angebot, das Ihnen weiterhelfen kann.

6.5.4 Support Net

Auch das Support Net bietet Beiträge von Nutzern für Nutzer an. Das besondere an diesem System ist ein Rating-System, mit dem die Besucher die Tipps und Tricks der anderen Anwender bewerten. Recherchieren Sie gezielt in dem Datenbestand, so werden Ihnen zuerst die Beiträge angezeigt, die von den anderen Besuchern als besonders nützlich angesehen worden sind.

Alle Beiträge des Angebots sind übersichtlich nach Kategorien zusammengefasst, die wohldurchdacht sind. Alle Artikel sind sowohl über diese Kategorien wie auch über eine integrierte Volltextsuche zugänglich. Eine entsprechende Eingabemaske finden Sie bereits auf der Homepage. Die Suchfunktion könnte aber etwas umfangreicher sein. So ist die Nutzung von logischen Verknüpfungen leider nicht möglich.

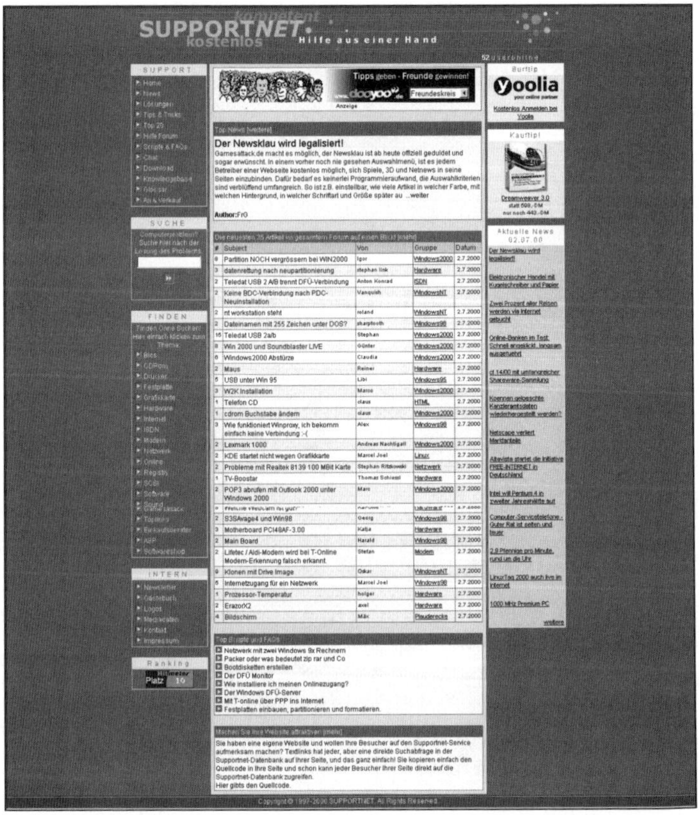

Abbildung 6-37: Die Homepage von Support Net.

Sie erreichen das Angebot unter der Adresse:

`www.supportnet.de.`

6.5.5 Das PC Lexikon

Die EDV-Welt scheint nur aus kryptischen Abkürzungen zu bestehen, und auch das Internet selbst ist voll davon: SCSI, PCI, BRB, Account...wer versteht schon alle diese Bezeichnungen und weiß, was hinter Ihnen steckt?

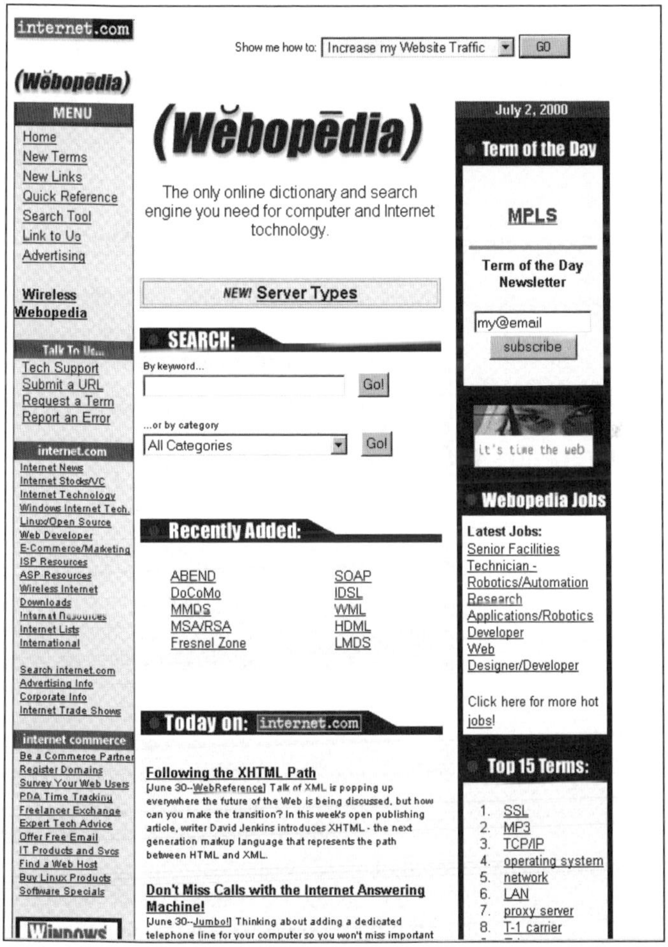

Abbildung 6-38: Das Wörterbuch für die EDV-Welt: PC Webopedia.

Und der Tipp des Nachbarn, man müsse doch nur im Bios die Refresh-Rate erhöhen, hilft wenig weiter, wenn man nicht weiß, was ein BIOS ist, geschweige denn eine Refresh-Rate. Den Besuchern zu ein bisschen mehr Durchblick in all dem Fachchinesisch zu verhelfen, hat sich Webopedia zum Ziel gesetzt. Es handelt sich bei diesem Angebot um eine Enzyklopädie des EDV-Slang, das Sie mit der Adresse

`http://www.webopedia.com`

erreichen.

Auf der Homepage des Angebots finden Sie zwei Formularzeilen vor, in denen Sie Eingaben machen können. Zum einen können Sie nach einem beliebigen Stichwort suchen, zum anderen auch mit Hilfe der Kategorien in dieser Wissensdatenbank nachschlagen. Tragen Sie beispielsweise den Ausdruck „PCMCIA“ in das Feld `By Keyword` ein, wird Ihnen kurze Zeit später auf einer neuen Bildschirmseite in englischer Sprache erklärt, was es mit dieser Abkürzung auf sich hat. Die Datenbank wird regelmäßig ergänzt und erweitert: wann immer Sie eine Frage zu einem Fachausdruck haben sollten, lohnt es sich mit Sicherheit einmal bei Webopedia nachzuschauen.

6.6 Die neuesten Nachrichten aus aller Welt

Das Internet ist ein sehr schnelles Medium. Gerade wenn Sie auf der Suche nach den neuesten Nachrichten aus aller Welt sind, haben Sie die besten Chancen Ihren Wissensdurst stillen zu können. In diesem Abschnitt sollen einige der interessantesten Quellen mit aktuellen Informationen vorgestellt werden.

6.6.1 Nachrichten aus der Technikwelt

Für die Nutzung des Internet ist (leider) immer noch einiges an technischem Fachwissen notwendig und eine gewisse Affinität zu den Themen Computer und Technik darf dem Internet-Nutzer immer noch unterstellt werden, jedenfalls beweisen die Zugriffszahlen entsprechender Angebote, das diese Themen in der Gunst der Nutzer ganz oben stehen. In diesem Abschnitt, lernen Sie einige Angebote kennen, die Sie mit neuesten Informationen aus dem Bereich EDV und Informationstechnologien versorgen.

6.6.1.1 Tecchannel

Der Tecchannel ist eines der ersten deutschsprachigen Computermagazine, das ausschließlich im WWW erscheint. Betrieben wird das Angebot von der Firma IDG, die in Deutschland durch den Titel „PC Welt“ bekannt ist. Die Online-Redaktion versorgt die Internetgemeinde mit den neuesten Informationen rund um den PC, wobei der Blickwinkel durchaus über den Tellerrand von Windows hinausgeht. Es finden sich auch Nachrichten zu den Themen Macintosh, mobiles Computing oder Mobiltelephonie. Neben den tagesaktuellen Nachrichten finden sich umfangreiche weitere Bereiche. Jeder Tag steht unter einem bestimmten Schwerpunktthema, wobei Tipps und Tricks zu Anwendungen im Vordergrund stehen. Selbstverständlich bietet der Tecchannel auch einen umfangreichen Downloadbereich. Alle Artikel, Testberichte und Workshops lassen sich zum einen über die Rubriken wiederfinden, aber auch über die Suchfunktion erreichen. Gewinnaktionen und Umfragen runden das Angebot ab. Sie erreichen den Tecchannel unter der Adresse

`www.tecchannel.de`

6.6.1.2 Computerchannel

Der Computerchannel aus dem Hause Gruner+Jahr ist zur CeBIT 2000 offiziell an den Start gegangen und stellt, wenn Sie so wollen, die direkte Konkurrenz zum Tecchannel dar. Auch hier werden tagesaktuelle Nachrichten aus der EDV-Branche aufbereitet. Daneben gibt es aber auch aktuelle Tests und Produktvergleiche. Interessant ist auch der Downloadbereich, in dem sich Shareware findet. So genannte Premiumdownloads sind Vollversionen von Sharewareprogrammen, die von den Autoren exklusiv für den Computerchannel freigeschaltet worden sind. Hier haben Sie durchaus die Möglichkeit interessante Schnäppchen zu machen. Selbstverständlich kommt auch die Interaktivität nicht zu kurz. Im Bereich „Community" finden Sie Diskussionsforen, in denen die Anwender sich austauschen oder bei Problemen gegenseitig helfen können. Die Adresse für das Angebot lautet:

`www.computerchannel.de`

6.6.1.3 News.com

News.com wird vom Unternehmen clnet betrieben, das mit einigen Angeboten im Internet vertreten ist. News.com informiert in englischer Sprache werktäglich über neue Entwicklungen rund um die EDV-Branche. Das Layout orientiert sich an Vorbildern aus dem Printbereich und ist sehr übersichtlich gestaltet. Alle Artikel sind nach Rubriken geordnet. Der Leser kann sich über aktuelle Geschehnisse im Internet informieren, Klatsch und Tratsch der Branche lesen, die erstaunlichsten Entwicklungen aus den Forschungslabors der Industrie zur Kenntnis nehmen und sich über die wirtschaftliche Situation der datenverarbeitenden Industrie informieren. Wem die angebotenen Meldungen nicht ausreichen, findet zu jedem Artikel weitere Hinweise auf andere im Netz abrufbare Informationen.

Abbildung 6-39: Die Homepage des Informationsdienstes NEWS.COM.

Wer sich gezielt auf die Suche nach bereits zurückliegenden Artikeln zu einem Spezialthema begeben möchte, kann dies über eine eingebaute Suchfunktion tun. Die URL für diesen Informationsdienst lautet:

`http://www.news.com`

6.6.2 Nachrichten aus der Welt des Sport

Beinharte Fans des Sport behaupten immer, dass Sport die Welt regiert. Nun ganz so ist es wahrscheinlich nicht, dennoch ist das Fachsimpeln über König Fußball oder die Welt der Formel 1 mit Sicherheit ein wichtiges Gesprächsthema überall.

6.6.2.1 Sport 1

Sport 1 ist ein exklusiv im WWW erscheinendes Angebot, das Nachrichten und Berichte aus allen Teilen des Sports präsentiert. Bei wichtigen Ereignissen sind Sie fast so nah am Geschehen, als ob Sie sich die entsprechende Übertragung im Fernsehen ansehen würden. So informiert Sie ein Liveticker bei Formel 1 Übertragungen etwa kurz über das Renngeschehen und zeigt Ihnen die aktuellen Zwischenstände an. Die Nachrichten und Beiträge bei Sport 1 sind nach Sportarten geordnet. Dabei nehmen die populären Sportarten wie Fußball, Motorsport oder Eishockey die vorderen Plätze in der Rangfolge ein. Interessant ist auch der Bereich US-Sport, in dem Sie sich über die NHL, NBA und andere US-Events informieren können. Selbstverständlich finden die Besucher auch interaktive Elemente auf den Seiten von Sport 1! So gibt es Diskussionsforen, wo sich die Experten miteinander austauschen können. Und über den Eintrag „Games" auf der Homepage gelangen Sie zu einem Spielebereich, in dem Onlinespiele für den Sportfan angeboten werden.

Sie erreichen dieses journalistisch vorzüglich aufbereitete Angebot unter der URL:

`www.sport1.de`

6.6.2.2 ESPN Sportzone

ESPN ist der TV-Sender für alle Sportbegeisterten in den USA. Ob Eishockey, Basketball, Football oder Leichtathletik: Rund um die Uhr werden die wichtigsten Veranstaltungen live übertragen und alle Neuigkeiten aus der Welt des Sports in Wort und Bild gemeldet. Genauso aktuell zeigt sich ESPN Sportzone, die Web Präsenz des Cable Networks. Brillant in der Aufmachung und topaktuell, zeigen die Betreiber, was mit dem Medium Internet möglich ist. Wann immer Sie auf der Suche nach Sportinformationen (insbesondere aus den USA) sind, sollten Sie

`http://www.espn.com`

wählen.

Abbildung 6-40: Eine schnelle Internet-Verbindung wird für den Besuch von ESPN Sportzone empfohlen.

6.6.3 Zeitgeschehen

Selbstverständlich werden im Internet auch Nachrichten angeboten, die sich nicht nur mit Sport oder Computern an und für sich beschäftigen. Auch das politische Tagesgeschehen spielt bei vielen Informationsportalen eine wichtige Rolle.

6.6.3.1 N-TV

Das deutsche CNN wird dieser Sender gelegentlich genannt. Auf den Seiten von N-TV erfährt die Internetgemeinde rund um die Uhr, was sich in der Welt tut. Die Nachrichten sind übersichtlich nach Rubriken geordnet. So kann der Besucher sich schnell über die wesentlichen Neuigkeiten informieren. Interessanterweise bietet N-TV auch Livemitschnitte aus seinem laufenden Programm an. Um diese Live-Streams verfolgen zu können, ist die Installation eines Plugins für den Browser notwendig. Der RealPlayer überträgt das bewegte

Bild direkt in das Internet. So können Sie überall auf der Welt das aktuelle Programm von N-TV verfolgen. Sie erreichen N-TV unter der Adresse

`www.n-tv.de`

6.6.3.2 N 24

Zyniker könnten behaupten, dass N 24, der neueste deutsche Nachrichtensender über das Internet eine höhere Reichweite besitzt, als in den Kabelnetzen der deutschen Telekom. Tatsächlich ist der Sender erst vereinzelt terrestrisch zu empfangen und auch nur in einigen Großstädten über Kabel. Im Internet werden aber alle Inhalte des Programms journalistisch hervorragend gemacht auch für das Internet aufbereitet. Auf der Homepage hat der Anwender über die übersichtlichen Rubriken schnellen Zugriff auf die neuesten Nachrichten aus Politik, Wirtschaft und Sport. Selbstverständlich können Sie sich auch über das aktuelle Programm mit Hilfe der Vorschau einen Überblick verschaffen.

Alle Artikel sind über das umfangreiche Archiv im Volltext erreichbar. Dazu folgen Sie einfach dem Verweis „Recherche" auf der Homepage. Sie gelangen damit zu einem Abfrageformular, wobei Ihre Suchbegriffe auch über logische Verknüpfungen miteinander verbunden werden können. Ein vorzügliches Informationsangebot, das eigentlich keine Wünsche offen lässt. Sie erreichen es unter der URL:

`www.n24.de`

6.6.3.3 Handelsblatt

Trotz des Starts der Financial Times Deutschland ist das Handelsblatt immer noch eine der wichtigsten Tageszeitungen in Deutschland mit dem ausschließlichen Focus auf Wirtschaftsinformationen. Auch im Internet bietet die Zeitung ein sehr umfangreiches Angebot an fundierten Informationen aus dem nationalen und internationalen Wirtschaftsleben. Unter der Adresse

`www.handelsblatt.com`

finden Sie eine gefüllte, aber dennoch übersichtliche Homepage. Am linken Rand der Seite erhalten Sie Zugriff auf die einzelnen Rubriken, die dann auf die jeweiligen Unterseiten verzweigen.

Die Onlineredaktion bietet zahlreiche Suchfunktionen an, um dem Besucher die Gelegenheit zu geben, schneller Zugriff auf die für ihn relevanten Informationen zu erhalten. So haben Sie zum einen die Möglichkeit, sich über aktuelle Börsenkurse zu informieren und das umfangreiche Archiv einzusehen. Dazu tragen Sie einfach den gewünschten Begriff in die kleine Eingabezeile auf der Homepage ein und klicken auf die Schaltfläche `Suchen`. Sollte diese Schnellsuche zu keinem Ergebnis geführt haben, wird Ihnen automatisch die Detailsuche eingeblendet. Hier stehen Ihnen mehr Möglichkeiten zur Verfügung die Suche einzuschränken. Dazu gehört etwa die Verknüpfung von Begriffen mit Hilfe logischer Verknüpfungen oder die Option, die Suche auf eine bestimmte Rubrik einzuschränken.

6.6.3.4 Wetter.de

Aktuelle Wetterdaten sind immer ein Thema. Beim Smalltalk mit Unbekannten ist es immer gut, sich ein wenig mit dem aktuellen Wetter auszukennen, Piloten müssen wissen, womit sie im Luftraum zu rechnen haben, und für Auslandsreisende sind aktuelle Wettermeldungen ein Muss, wenn es darum geht die Koffer zu packen, schließlich will ja niemand mit einem warmen Winterpulli bei 30 Grad Hitze aus dem Flugzeug steigen.

Unter der URL

`www.wetter.de`

haben Sie die Möglichkeit, sich aktuelle Wetterinformationen und Vorhersagen zu beschaffen. Selbstverständlich bieten auch die Fernsehsender und Tageszeitungen aktuelle Wetterinformationen an, eine Besonderheit von Wetter.de ist es, dass Sie sich maßgeschneidert für Ihren Wohnort einen Wetterbericht verschaffen können. Dazu geben Sie in die kleine Eingabezeile auf der Homepage Ihre Postleitzahl ein. Dieser Service ist allerdings auf die Bundesrepublik Deutschland beschränkt. Wenige Augenblicke nach Ihrer Eingabe finden Sie einen kurzen Wetterbericht für Ihre Region vor. Dieser Service lässt sich sogar abonnieren.

6.6.3.5 Paperball

Paperball macht Ihnen die Nachrichten und Meldungen der deutschen Presse im Internet zugänglich. Es handelt sich dabei um eine Suchmaschine für Presseartikel, die online verfügbar sind. Seinen Datenbestand besorgt sich die Suchmaschine über diverse Tageszeitungen, die ebenfalls im Netz vertreten sind. Gleich auf der Homepage finden Sie eine Reihe von Rubriken, die Sie aus Ihrer Tageszeitung kennen. Wenn Sie sich nur für Sportmeldungen interessieren, wechseln Sie mit Hilfe der Registermarken in die entsprechende Rubrik. Geben Sie dann die gewünschten Begriffe in das Formular ein und drücken Sie auf die Schaltfläche `Suchen`. Sind Artikel zu den gesuchten Begriffen im Web verfügbar, werden Ihnen die passenden Links am Ende der Seite angezeigt. Da sich das Angebot auf die renommiertesten deutschen Tageszeitungen verlässt, können Sie hier wie ein professioneller Journalist recherchieren. Die Adresse lautet:

`http://www.paperball.de`

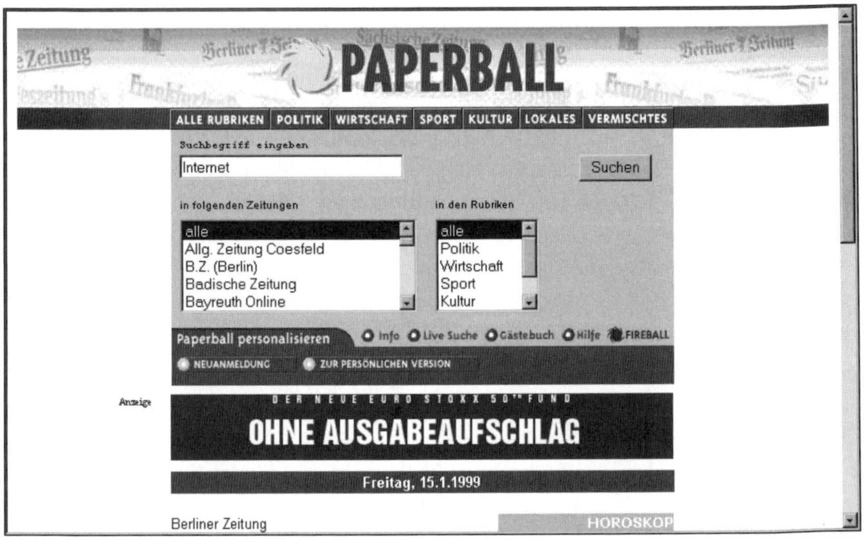

Abbildung 6-41: Mit Paperball wird die Suche in Zeitungsartikeln leicht.

6.6.3.6 Paperboy

Hunderte von Zeitungen sind inzwischen mit ihren Angeboten im WWW vertreten, dazu kommen noch Illustrierte, Fachzeitschriften, PR-Dienste und die zahllosen Firmen mit ihren Presseinformationen. Wer kann da die Übersicht behalten? Wer kann dies alles lesen? Und wie kommt man ganz gezielt an Informationen, die in der Presse erschienen sind? Paperboy will Ihnen bei der Suche nach aktuellen Nachrichten und Mitteilungen behilflich sein. Bei diesem Dienst handelt es sich um eine Suchmaschine für Zeitungs- und PR-Meldungen. Fast 400 Quellen liefern der Suchmaschine Artikel, Features und Pressemitteilungen zu. Zwei Serviceleistungen werden angeboten. Zum einen können alle Nachrichten und Artikel nach Stichworten durchsucht werden, zum anderen bieten die Betreiber Ihnen an, sich Ihre persönliche Tageszeitung zusammen zu stellen.

Um sich eine eigene Tageszeitung zusammen zu stellen, müssen Sie zunächst einen Account einrichten. Mit Hilfe dieses Benutzerkontos erkennt Sie der Dienst wieder und weiß auch, welche Themen für Sie von Bedeutung sind. Folgen Sie dem Verweis `Paperboy einrichten`, den Sie auf der Homepage finden. Geben Sie nun einen Namen und ein Passwort ein, mit dem Sie sich zukünftig identifizieren möchten. Nachdem Sie den Namen und das Passwort bestätigt haben, gelangen Sie zu einem einfachen Formular.

Paperboy kann für Sie verschiedene Themen beobachten. Damit Sie vernünftig mit dem Instrument arbeiten können, empfiehlt es sich, Themen, zu denen täglich wahrscheinlich sehr viele Nachrichten auflaufen, in kleine spezielle Fragestellungen aufzuspalten. Also statt nach dem Begriff „Internet“ zu suchen, definieren Sie lieber genaue Stichpunkte, die Sie im Zusammenhang mit dem Internet interessieren, etwa „Electronic Commerce“, „AOL“, „Provider“ oder ähnliches. Tragen Sie die Suchbegriffe in die Formularzeile ein. Dabei können Sie die gleiche Syntax wie für eine Recherche im Datenbestand nutzen. Diese wird gleich im Anschluss erläutert.

Drücken Sie nun auf `Thema hinzufügen`, um eine weitere Fragestellung zu erfassen. Dies können Sie so oft wiederholen, wie Sie möchten. Wenn Sie das nächste Mal Paperboy besuchen, können Sie über den Link `Personal Paperboy abrufen` direkt zur Übersicht der gefundenen Meldungen springen. Allerdings werden Sie kurz in einem separaten Fenster nach Ihrem Benutzernamen und dem Passwort gefragt.

Der zweite Service von Paperboy ist die Recherche innerhalb der tagesaktuellen Nachrichten. Tragen Sie dazu die gesuchten Begriffe in die kleine Formularzeile auf der Homepage ein, wobei Sie mit Verknüpfungen arbeiten können.

Paperboy erlaubt die Suche nach Wortstämmen. Es lassen sich also Wildcards verwenden, wobei das übliche Zeichen, der Stern, verwendet wird. Müssen Suchbegriffe innerhalb eines Dokuments vorkommen, so werden diese durch ein vorangestelltes Pluszeichen kenntlich gemacht, während ein Minuszeichen Begriffe von der Suche ausschließt. Mit Hilfe von runden Klammern lassen sich Suchbegriffe gruppieren. Fast selbstverständlich scheint, dass Paperboy auch die Phrasensuche gestattet.

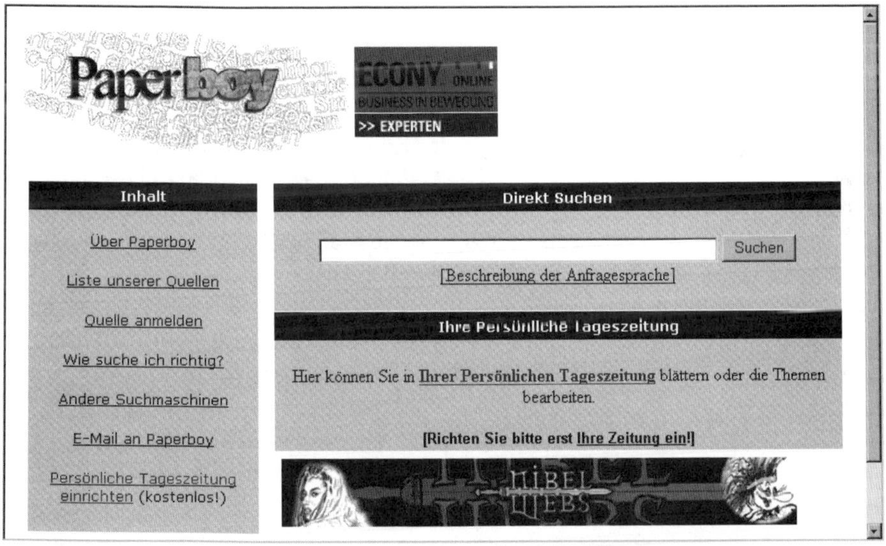

Abbildung 6-42: Die Homepage von Paperboy.

Ein Beispiel für eine Suchanfrage könnte demnach etwa so aussehen:

```
+(+"helmut kohl" waigel) (steuer* +erhöh*)
```

Sie erreichen Paperboy über seine Adresse: `http://www.paperboy.de`

6.6.4 Nachrichten aus der Medienszene

Bei den vielen Tageszeitungen, Illustrierten und Fernsehsendern, die ihre Informationen auch online im WWW anbieten, dürfte es niemanden wundern, dass sich auch zahlreiche Angebote finden, die, wenn Sie so wollen, Metainformationen über die Medienwelt bereithalten. Diese Branchendienste informieren über das Geschehen hinter den Kulissen der Redaktionen und Verlage. Zwei davon sollen an dieser Stelle einmal vorgestellt werden.

6.6.4.1 Kress Online

Der Kress Report ist ein Brancheninformationsdienst, der sich der Medienlandschaft und Werbewirtschaft widmet. „Täglich Kress“ ist die Online-Ausgabe des gedruckten Kress und vermeldet neben allerlei Branchentratsch („Wer wechselt zu wem“) auch handfeste Nachrichten aus der Medienszene, wie etwa Einschaltquoten aktueller Fernsehsendungen, Etatvergaben an Werbeagenturen oder Start und Relaunches neuer Webangebote. Die Darstellung des Inhalts ist alles andere als spröde und trocken. Kress versteht es, seine Leser mit einer sehr witzigen und frechen Schreibweise zu fesseln. Wenn Sie über das aktuelle Geschehen in den Medien informiert sein wollen, ist die Adresse

`http://www.kress.de`

mit Sicherheit eine gute Wahl.

6.6.4.2 Horizont

Die Zeitschrift Horizont beschäftigt sich wie der Konkurrent Kress Report mit Themen aus dem Bereich Neue Medien und Marketing. Die Onlinepräsenz des Verlages informiert täglich über aktuelle Entwicklungen im Internet. Dieser Service lässt sich sogar abonnieren: Die Nachrichten wandern dann ganz bequem in die eigene Mailbox. Wer die Geschehnisse in der Medienszene verfolgen möchte, sollte neben Kress Online also auch die URL

`http://www.horizont.net`

besuchen.

Abbildung 6-43: Die Startseite von Horizont.

6.6.4.3 Weitere Zeitungen und Zeitschriften im Netz (eine Auswahl)

In diesem Abschnitt finden Sie noch eine kleine Zusammenstellung von Zeitschriften und Zeitungen, die sich ebenfalls im WWW präsentieren und aktuelle Nachrichten und Artikel bereithalten.

Zeitung	Adresse
Der Spiegel	http://www.spiegel.de
Brigitte	http://www.brigitte.de
Stern	http://www.stern.de
Focus	http://www.focus.de
Berliner Zeitung	http://www.berlinonline.de
Das Sonntagsblatt	http://www.sonntagsblatte.de
Der Tagesspiegel	http://www.tagesspiegel.de
Die Tageszeitung	http://www.taz.de
Die Welt	http://www.welt.de
Hamburger Morgenpost	http://www.mopo.de
Neue Zürcher Zeitung	http://www.nzz.ch
Handelsblatt	http://www.handelsblatt.de
Süddeutsche Zeitung	http://www.sueddeutsche.de

Zeitung	Adresse
<e>-market	http://www.emar.de
Werben & Verkaufen	http://www.wuv.de
Net-Business	http://www.net-business.de
Börse Online	http://www.boerse-online.de
Capital	http://www.capital.de

6.6.4.4 Fernsehsender im Internet (eine Auswahl)

Im Internet sind einige Fernsehsender mit einem Angebot vertreten. Neben Programminformationen finden sich häufig auch aktuelle Nachrichten und vor allem Begleitinformationen zur Sendung.

Sender	Adresse
ARD	http://www.ard.de
ZDF	http://www.zdf.de
3sat	http://www.3sat.de
arte	http://www.arte-tv.com
Pro Sieben	http://www.pro-sieben.de
RTL	http://www.rtl.de
tm3	http://www.tm3.de
RTL2	http://www.rtl2.de
Kabel 1	http://www.kabel1.de
Sat1	http://www.sat1.de

6.7 Finden Sie Personen, Adressen und Telefonnummern

Eine Form der Recherche, die bei jedem von uns wohl fast jeden Tag anfällt, ist die Suche nach E-Mail-Adressen und Telefonnummern von Bekannten und Geschäftspartnern. Haben Sie eine Telefonnummer nicht zur Hand und Ihr Register nicht dabei, können Sie von überall die Auskunft anrufen, die Ihnen dann die gewünschte Telefonnummer angibt und Sie unter Umständen sogar direkt mit dem Gesprächsteilnehmer verbindet. Ganz so einfach haben Sie es im Internet nicht, wenn Ihnen die E-Mail-Adresse einer Person abhanden gekommen ist. Denn hier gibt es ja leider keine zentrale Instanz, die das Netz verwaltet und damit Zugriff auf alle E-Mail-Adressen der Teilnehmer hat.

Haben Sie die Adresse einer Person nicht, ist es trotzdem kein hoffnungsloses Unterfangen, eine E-Mail-Adresse oder Telefonnummer herauszufinden. Wie Sie dies mit Angeboten aus dem Internet bewerkstelligen, erfahren Sie in diesem Abschnitt des Kapitels.

6.7.1 E-Mail-Adressen finden

Bereits früh haben einige Anbieter damit begonnen, E-Mail-Adressen zu sammeln und für Abfragen bereitzustellen. Die Anbieter gelangen hier auf zwei unterschiedliche Arten an die gewünschten Adressen. Zum einen werden die Newsgroups des Internet abgefragt. Wer hier einen Beitrag veröffentlicht, tut dies in der Regel immer unter Nennung seiner E-Mail-Adresse, damit er unter Umständen auch privat erreicht werden kann. Zum anderen fordern die Anbieter dazu auf, sich hier kostenlos einzutragen. War es in den frühen Tagen des Internet vielleicht ein Risiko solchen Aufforderungen nachzukommen, weil man sich der Gefahr ausgesetzt hat, unter einer Flut von unaufgeforderten Werbe-E-Mails zu ersticken, haben sich die Verhältnisse in den letzten beiden Jahren doch stark gewandelt. Inzwischen gibt es kaum ein Angebot, das keine so genannte Privacy Policy veröffentlicht und darüber informiert, was mit den gespeicherten Daten so geschieht. Haben Sie sich also noch nicht bei einem der hier vorgestellten Dienste registriert, können Sie dies ohne größere Bedenken ruhig tun.

6.7.1.1 SUCHEN.DE

Schon recht kurze Zeit nach seinem Start konnte dieses deutschsprachige Angebot auf eine stattliche Nutzerzahl zurückblicken. Der Datenbestand setzt sich ausschließlich aus freiwilligen Eintragungen zusammen.

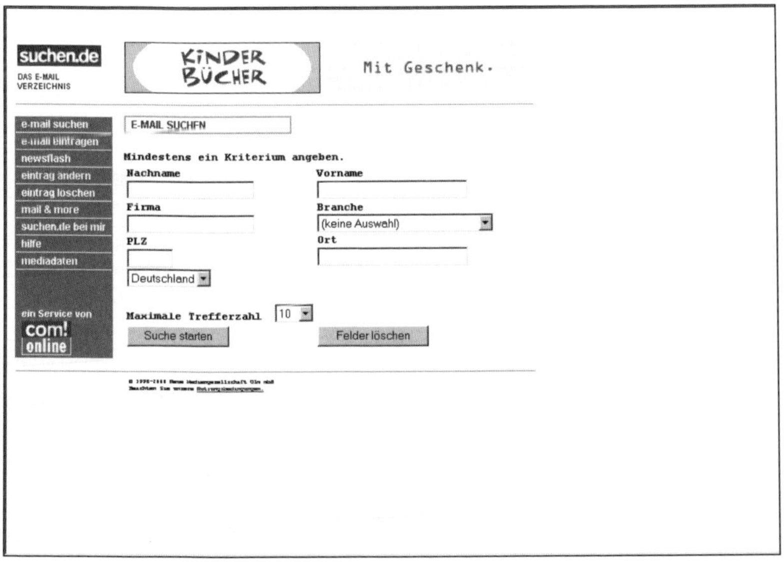

Abbildung 6-44: Startseite von SUCHEN.DE.

Suchen.de ist ein Service der Zeitschrift „COM Online", die sich mit Themen rund um das Internet auseinander setzt. Sie erreichen den Dienst unter der Adresse:

`http://www.suchen.de`

Sie blicken anschließend auf eine schlicht gestaltete, aber dafür leicht bedienbare Oberfläche. Tragen Sie in die dafür vorgesehenen Felder möglichst viele der bereits bekannten Informationen ein, also nicht nur den Namen und Vornamen der gesuchten Person, sondern unter Umständen auch den Namen der Firma oder die Postleitzahl des Wohnortes.

Hat sich die gesuchte Person in das Verzeichnis eingetragen, werden Sie einen Moment später seine E-Mail-Adresse auf dem Bildschirm vorfinden.

6.7.1.2 Mesa

Mesa steht für Meta Email Search Agent. Dieses Angebot wird am Rechenzentrum der Universität Hannover betrieben, das sich bereits mit MetaGer, einer Metasuchmaschine für Dokumente des WWW, einen Namen gemacht hat. Das gleiche Grundprinzip haben die Betreiber auch für diese Suchmaschine für Mailadressen zugrunde gelegt. Es werden verschiedene Verzeichnisse zugleich abgefragt und die Ergebnisse dann zusammengefasst. Sie erreichen den Dienst unter der Adresse:

`http://mesa.rrzn.uni-hannover.de/`

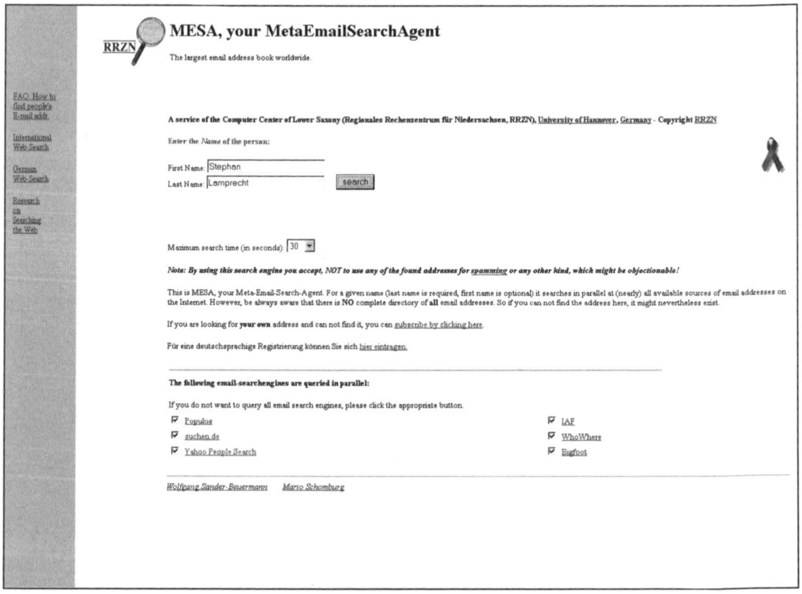

Abbildung 6-45: Die Homepage von Mesa, einem neuen Suchdienst für Mailadressen.

Es baut sich vor Ihnen nun eine sehr schlicht gestaltete Homepage auf. Tragen Sie hier den Vor- und Nachnamen der gesuchten Person ein. Mit Hilfe der Dropdownliste können Sie weiter festlegen, wie lange Mesa auf die Antwort der anderen Verzeichnisse warten soll.

Wird das System fündig, so erhalten Sie kurz darauf auf einer weiteren Seite die E-Mail-Adresse oder -Adressen. Diese sind so als Link ausgeführt, dass Ihr E-Mail-Programm automatisch starten sollte, sobald Sie einem der Verweise folgen.

6.7.1.3 My.email.address.is

Der Name dieses Angebots liest sich zunächst wie ein Zungenbrecher, verwendet aber einen sprechenden Namen. „My.email.address.is" ist ein Verzeichnisdienst, der in der Lage ist, fünf verschiedene Adressverzeichnisse nach einer Mailadresse zu durchsuchen. Nach dem Aufruf von

`http://my.email.address.is`

erreichen Sie die Homepage des Suchdienstes.

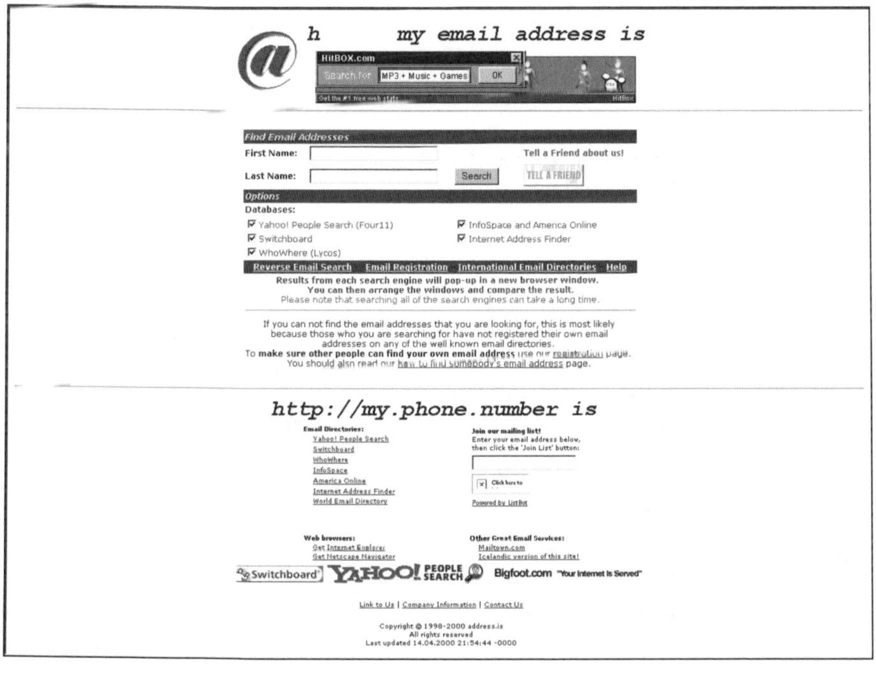

Abbildung 6-46: My.email.address.is verfolgt einen originellen Ansatz bei der Anzeige der Treffer.

Hier finden Sie zwei kleine Eingabezeilen vor, in die Sie den Vor- und Nachnamen der Person eintragen. Nach einem Druck auf die Schaltfläche `Suchen` wird die Anfrage eingeleitet. Etwas ungewöhnlich ist, dass für die Anzeige der Ergebnisse bis zu fünf verschiedene Fenster Ihres Browsers geöffnet werden. Es bleibt zu hoffen, dass die Betreiber diesen Missstand bald beseitigen. Dennoch liefert der Service zuverlässige Auskünfte.

6.7.1.4 Yahoo People Search

Yahoo People Search ist aus einem bekannten Adressverzeichnis der ersten Tage des kommerziellen Internet hervorgegangen: Four 11 gehörte zu den ersten Anbietern im WWW, die sich auf die Sammlung von Mailadressen spezialisiert hatten. Sie erreichen das Verzeichnis über die Adresse:

`http://people.yahoo.com`

Der Datenbestand der Yahoo People Search ist immens groß. Die Daten speisen sich zum größten Teil aus freiwilligen Eintragungen, zum anderen werden die Nachrichten der Newsgroups nach E-Mail-Adressen abgesucht. Die freiwillige Eintragung ist binnen weniger Minuten erledigt und die Betreiber versichern, dass mit den Daten kein Missbrauch betrieben wird.

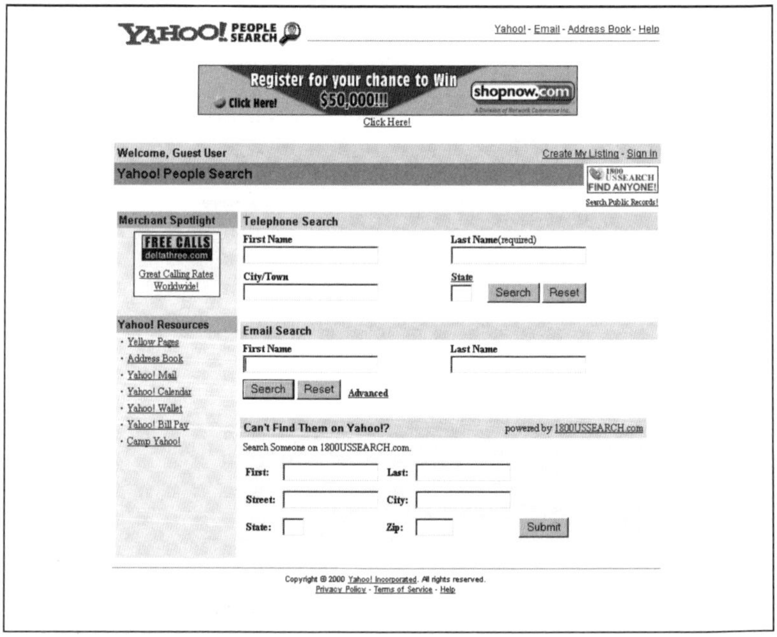

Abbildung 6-47: Homepage Yahoo People Search.

Zusätzlich zu Mailadressen können Sie mit People Search auch auf amerikanische Telefonbücher zurückgreifen. Es werden Ihnen in diesem Service insgesamt zwei unterschiedliche Abfragemöglichkeiten angeboten. Die einfache Suche erreichen Sie direkt über die Homepage des Angebots. Hier tragen Sie den Vor- und Nachnamen der gesuchten Person in die beiden Eingabefelder in der Rubrik E-Mail ein. Nach einem Klick auf die

Schaltfläche werden Ihnen alle Fundstellen in einer Liste präsentiert. Führt die Suche zu keinem Ergebnis oder erhalten Sie zu viele Treffer, kann die Abfrage weiter eingeschränkt werden.

Diese erweiterte Suche erreichen Sie über den Eintrag `Advanced`, der sich direkt neben den beiden Eingabefeldern befindet. Zusätzlich zu den Einträgen, die sich bereits in dem einfachen Formular finden, haben Sie hier die Möglichkeit, eine postalische Adresse zu hinterlegen und andere E-Mail-Adressen der Person einzutragen. Dies macht etwa dann Sinn, wenn Sie feststellen, dass die Adresse, die Ihnen bekannt ist, nicht mehr gültig ist.

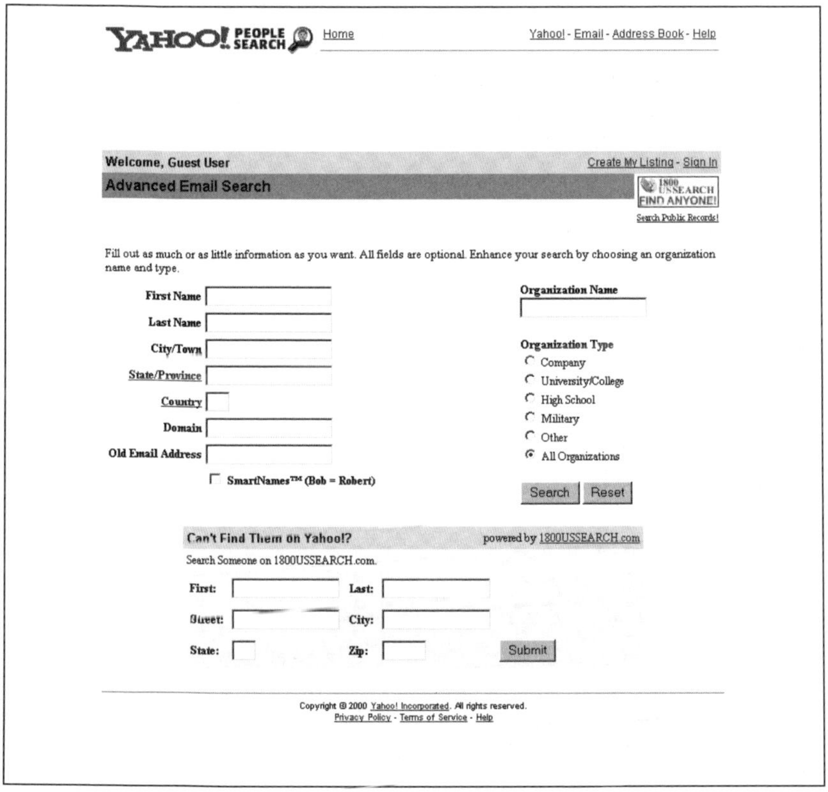

Abbildung 6-48: Die erweiterten Optionen der Yahoo People Search.

6.7.1.5 Bigfoot

Bigfoot ist ein Adressverzeichnis, das in verschiedenen Sprachen abgefragt werden kann. Direkt auf der Homepage des Angebots können Sie den Namen und den Vornamen der Person eintragen. Das Verzeichnis erreichen Sie unter

`http://www.bigfoot.com`

Ein sehr guter Service für alle, die häufiger im Internet „umziehen", also den Provider wechseln, ist das Angebot einer „lebenslangen" E-Mail-Adresse. Sie sind dann zukünftig unter der Domain „bigfoot.com" erreichbar. An diese Adresse geschickte Mails werden automatisch an eine andere Adresse, die Sie vorher angegeben haben, weitergeleitet. So brauchen Sie nicht ständig Freunden, Bekannten und Geschäftspartnern neue Adressen mitzuteilen. Dieser Service von Bigfoot ist kostenlos.

Abbildung 6-49: Die Startseite von Bigfoot.

6.7.1.6 Internet Address Finder

Mit über 6 Millionen Adressen, die online abfragbar sein sollen, ist der Internet Address Finder nach eigener Aussage eines der größten Verzeichnisse weltweit. Der Datenbestand wird zum einen durch E-Mail-Adressen aus den Newsgroups gespeist, zum anderen durch freiwillige Eintragungen von Nutzern. Unter der URL

`http://www.iaf.net`

wird das Verzeichnis erreicht.

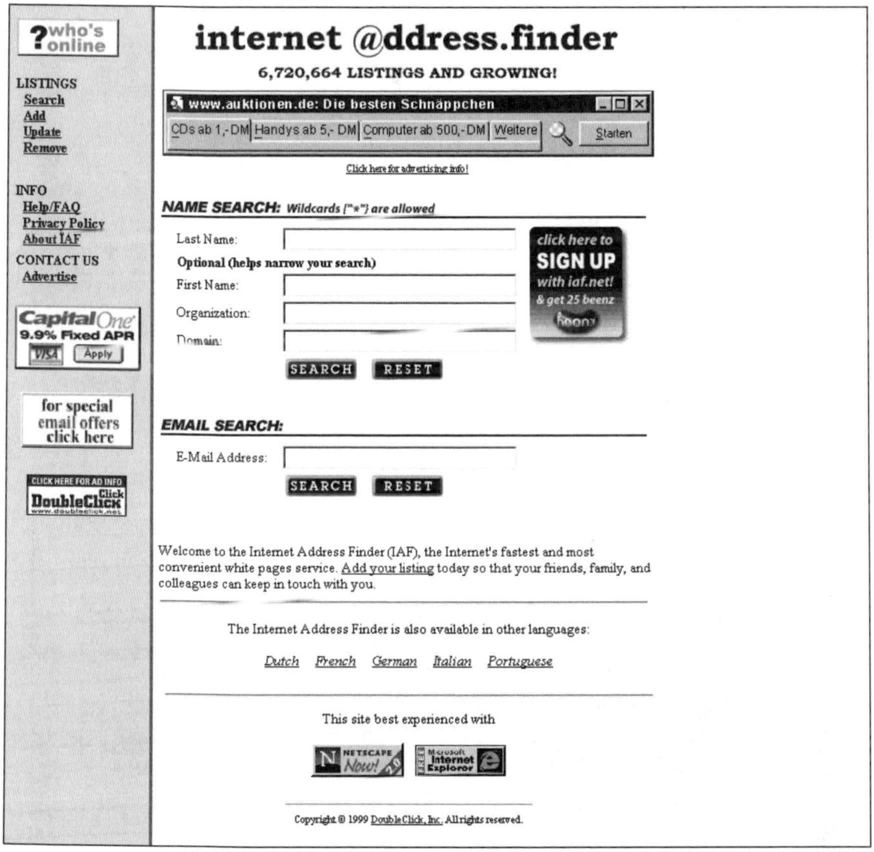

Abbildung 6-50: Nach eigenen Angaben das derzeit größte Verzeichnis von Internet-Adressen: Der Internet Adress Finder.

Auf der Homepage werden Ihnen zwei Suchmöglichkeiten offeriert. Zum einen können Sie wie gewohnt nach Name und Vorname suchen und diese beiden Parameter um Angaben zur Domain ergänzen. Zum anderen gestattet der Internet Adress Finder die interessante Möglichkeit, sich den Namen der Person anzeigen zu lassen, die sich hinter einer E-Mail-

Adresse verbirgt. Der Internet Address Finder gestattet die Suche mit Wildcards. Dazu fügen Sie nach dem Suchbegriff ein Sternchen „*“ ein.

6.7.1.7 Die Funktionen von Outlook Express nutzen

Sofern Sie den Mail-Client Outlook Express einsetzen, der Bestandteil des Internet Explorers ist, können Sie sich die Suche nach E-Mail-Adressen noch komfortabler gestalten, denn das Programm verfügt über einen eingebaute Schnittstelle zu den wichtigsten Suchdiensten im Internet. Klicken Sie einfach auf den Eintrag `Personen suchen` auf der Startseite von Outlook Express oder verwenden Sie den Befehl `Personen suchen` aus dem Menü `Bearbeiten`. Es öffnet sich daraufhin ein kleines Fenster, in das Sie den Namen der gesuchten Person eintragen können. Außerdem finden Sie eine kleine Dropdown-Liste, aus der Sie den Suchdienst selektieren, den Sie zunächst befragen wollen. Dabei werden Ihnen einige Bekannte begegnen, aber auch Dienste, die an dieser Stelle nicht vorgestellt worden sind. Mit einem Klick auf den Schalter `Jetzt suchen` wird eine Verbindung mit dem Internet hergestellt und die Abfrage an das Adressverzeichnis übergeben. Ist die Suche erfolgreich, werden Ihnen die gefundenen Adressen innerhalb des Programmfensters dargestellt. Mit Hilfe der Suchfunktion können Sie auch die Web-Site des jeweiligen Dienstes besuchen. Dazu wählen Sie seinen Namen aus der Dropdown-Liste aus und drücken auf den Schalter Website, worauf der Internet Explorer gestartet und die entsprechende Seite geladen wird.

Abbildung 6-51: Über ein kleines Programmfenster können Sie auch mit Outlook Express Adressen ermitteln.

6.7.1.8 Telefonauskunft online

Die Liberalisierung des Telefonmarkts hat für Wettbewerb unter den Telefongesellschaften gesorgt. Fast jede von ihnen unterhält auch eine eigene Auskunft. Interessanterweise landet der Ratsuchende in 80% der Fälle bei der Auskunft der Deutschen Telekom AG, da diese immer noch über den aktuellsten Datenbestand der Telefonkunden in Deutschland verfügt. Je nach Anbieter kann eine Auskunft aber auch ganz schön teuer werden – vorbei sind die

Zeiten, in denen dieser Service kostenlos war. Im Internet kann man die gleiche Dienstleistung aber immer noch gratis erhalten. Unter der URL

`http://www.teleauskunft.de`

gelangen Sie auf die Seiten der Telefonauskunft.

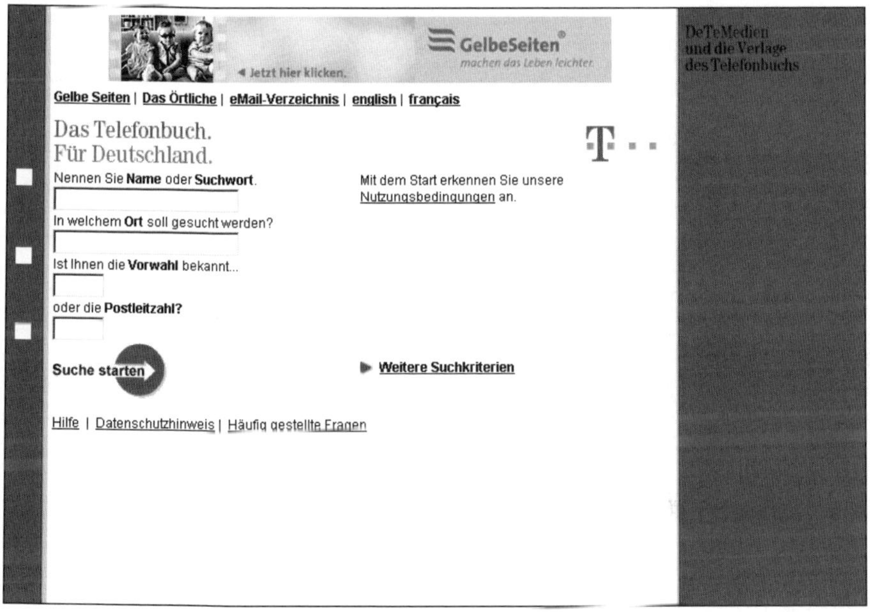

Abbildung 6-52: Die Homepage der Telefonauskunft.

Wechseln Sie nun zum Telefonbuch oder den Gelben Seiten hinüber und tragen Sie die bereits vorhandenen Informationen zum Teilnehmer in das Formular ein. Wenig später erhalten Sie dann die gesuchte Telefonnummer. Unter Umständen müssen Sie manchmal etwas länger auf die Beantwortung Ihrer Frage warten: Da das Angebot kostenlos ist, erfreut es sich einer großen Beliebtheit, was den Server der Deutschen Telekom gelegentlich in die Knie zwingt.

Nachdem Sie in diesem Kapitel einige besondere Fälle der Internetrecherche kennen gelernt haben, sollen im nächsten Kapitel einige Quellen vorgestellt werden, die für Wissenschaft und Ausbildung von Interesse sind.

7 Recherchequellen zu speziellen Themen

Für nahezu jeden Berufsstand hält das Internet inzwischen Informationen und Spezialangebote bereit. In den letzten Jahren hat das Netz eine unüberschaubare Größe entwickelt, so dass an dieser Stelle nur eine kleine Anzahl aus der Flut der Angebote vorgestellt werden kann.

7.1 Quellen für Aus- und Fortbildung

Ganz am Anfang der Geschichte des Internets steht das Arpanet, über das Forschungseinrichtungen in den USA miteinander verbunden waren. Es ist sicherlich nicht falsch, in den Universitäten die Wiege des Internet zu sehen und noch heute stellen wissenschaftliche Angebote einen wesentlichen Teil des Ganzen dar. In den nächsten Abschnitten möchte ich Ihnen eine Reihe von besonderen Seiten zeigen, die sich als Quellen in der Aus- und Fortbildung nutzen lassen.

7.1.1 Allgemein

In diesem Abschnitt werden Sie einige Angebote kennen lernen, die sich nicht einer bestimmten Naturwissenschaft oder Gattung zuordnen lassen, sondern die Grenzen der einzelnen Disziplinen überschreiten.

7.1.1.1 Research-It!

Research-It! ist ein englischsprachiger Dienst, der mit verschiedenen Suchmaschinen und Serviceangeboten verbunden ist. Der Schwerpunkt von Research-It liegt auf sprachlichen Phänomenen, wobei allerdings nicht nur seriöse Dienste im Vordergrund stehen. So lässt sich in die „Rhyme Engine“ ein englischsprachiger Begriff eintippen und Research-It! liefert sich darauf reimende Worte zurück. Stoßen Sie einmal auf ein Wort, das Sie keiner Sprache zuordnen können, hilft Ihnen der „Language Identifier“ vielleicht weiter.

Wird hier ein Begriff eingegeben, wird Research-It! versuchen, das Wort zu analysieren. Unter dem Dach von ResearchIt! versammeln sich aber auch ein Programm zur Konjugation französischer Verben, verschiedene Wörterbücher, ein Währungsrechner und der Zugriff auf die Tracking Services von UPS und Federal Express, mit deren Hilfe man sich über den Aufenthaltsort von verschickten Paketsendungen informieren kann. Unter der URL

`http://www.iTools.com/research-it/research-it.html`

können Sie die vielen nützlichen Funktionen dieser Site nutzen.

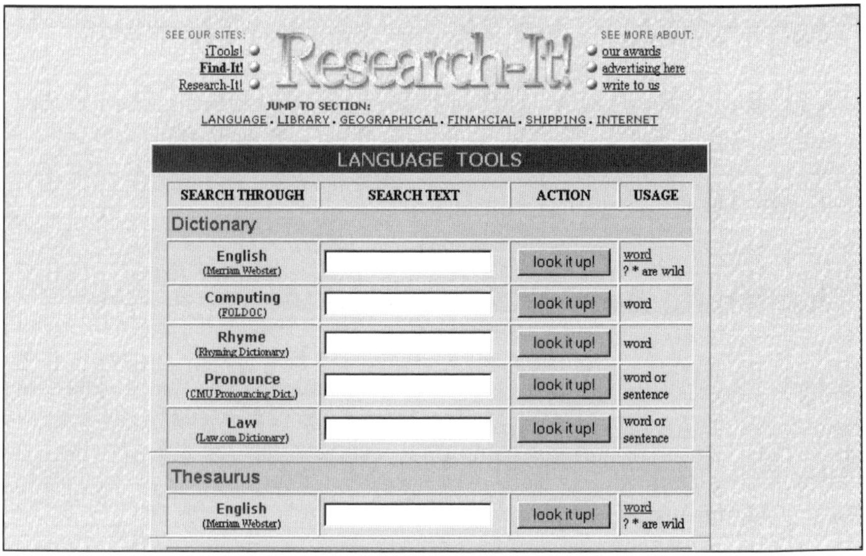

Abbildung 7-1: Unter einer Oberfläche Zugriff auf viele nützliche Informationen: Research-It!

7.1.1.2 Xipolis

Xipolis ist ein neuer deutschsprachiger Service, der verschiedene Nachschlagewerke unter einem gemeinsamen Dach vereint. Dabei ist ein Teil der Benutzung gratis, ein anderer kostenpflichtig. Für eine Antwort auf Ihre Fragen werden innerhalb des gebührenpflichtigen Teils „Punkte" von Ihrem Benutzerkonto abgezogen. Diese Punkte können Sie gegen Zahlung verschiedener Beträge in voraus erwerben. Zu den Werken, die online genutzt werden können, gehören etwa der „Brockhaus in einem Band", das „Fremdwörterbuch" der DUDEN-Redaktion oder auch „Kindlers Literaturlexikon". Nachdem Sie sich bei Xipolis als Nutzer angemeldet haben, steht Ihnen das umfangreiche Angebot offen. Dazu geben Sie einfach das gewünschte Stichwort in die kleine Eingabezeile im oberen Teil der Seite ein. Ist in dem Archiv etwas vorhanden, werden Ihnen die entsprechenden Fundstellen angezeigt. Dabei wird auch eingeblendet, ob es sich um einen kostenfreien Beitrag handelt oder ob die Auskunft aus einem Werk stammt, das Sie nur gebührenpflichtig nutzen können. Hat diese einfache Suche zu viele Resultate an den Tag gebracht, kann über die „Profisuche" die Anfrage stärker eingeschränkt werden. In dem Formular haben Sie die Möglichkeit, mehrere Begriffe einzutragen, die Sie mit logischen Operatoren miteinander verknüpfen. Außerdem lässt sich die Suche auf bestimmte Lexika beschränken.

Neben diesen Auskünften werden weitere (gebührenpflichtige) Serviceleistungen angeboten. Zum Beispiel hilft die DUDEN-Redaktion bei Fragen zur deutschen Sprache oder ein Übersetzungsservice bei der Abfassung von fremdsprachlichen Texten. Die Arbeit mit dem System ist sehr unkompliziert und macht viel Spaß. Es sei den Betreibern gegönnt, dass sich möglichst bald genügend Abonnenten finden, die Xipolis auch wirtschaftlich interessant machen. Unter der Adresse

`www.xipolis.net`

können Sie sich selbst ein Bild machen.

Abbildung 7-2: Die Homepage von Xipolis.

7.1.1.3 Onelook Dictionaries

Onelook hält, was der Name verspricht. Mit einem Blick haben Sie Zugriff auf eine Vielzahl von Wörterbüchern aus allen möglichen Themenbereichen, darunter Sport, Religion, EDV und einige andere. Der Zugriff ist denkbar einfach. Tragen Sie das gesuchte Stichwort in die Eingabezeile ein und entscheiden Sie sich dann in welcher Sprache die Definitionen des Begriffs verfasst sein dürfen. Kurze Zeit später erhalten Sie eine Liste mit Fundstellen in den Datenbanken, die Links zu den entsprechenden Seiten im WWW enthalten.

Onelook bietet daneben auch eine Übersichtsseite mit Verweisen auf Wörterbücher im Netz, die sehr umfangreich ist. Wenn Sie auf der Suche nach speziellen Wörterbüchern sind, zum Beispiel Englisch-Japanisch, sollten Sie hier einmal nachsehen.

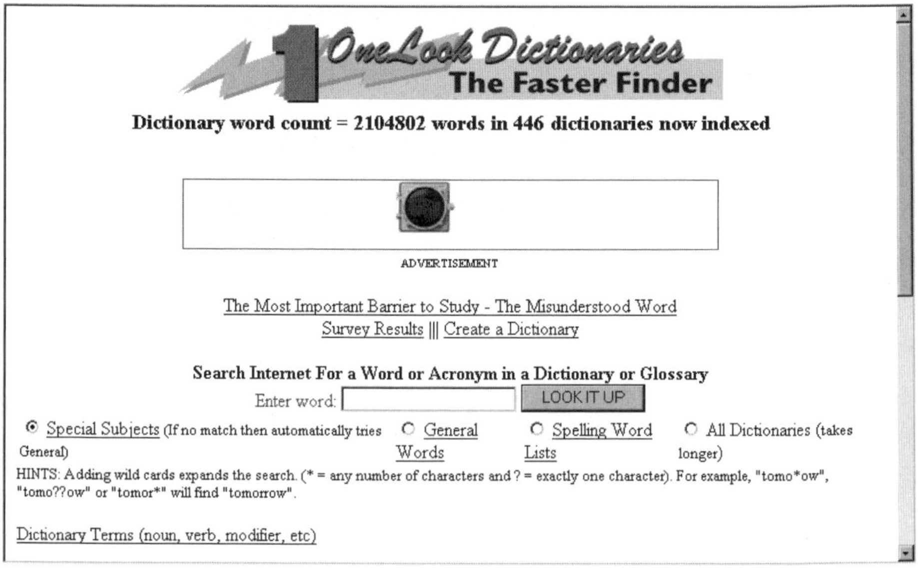

Abbildung 7-3: OneLook erleichtert den Zugang zu einer Reihe von Wörterbüchern.

Sie erreichen Onelook mit

`http://www.onelook.com`

7.1.1.4 Merriam Webster Dictionary

Der „Webster" dürfte jedem Anglistikstudenten wohlbekannt sein. Dieses Wörterbuch gilt als Standardwerk zur englischen Sprache. Sowohl in gedruckter Form als auch auf der Web-Site gibt das Werk zuverlässig über die Bedeutung und den Gebrauch englischsprachiger Begriffe Auskunft. Sie können sich über Aussprache, Synonyme und die Etymologie eines Begriffes informieren.

Darüber hinaus finden Sie auf dieser Site einen Thesaurus, der Ihnen im Zweifelsfall bei der Abfassung von englischsprachigen Dokumenten hilfreich zur Seite steht. Sie erreichen Merriam Webster Online unter der URL:

`http://www.m-w.com`

Tragen Sie dort einfach den Begriff entweder in die Zeile für das Wörterbuch oder den Thesaurus ein und drücken Sie auf die Schaltfläche. Kurze Zeit später wird Ihnen dann die genaue Bedeutung oder ein Synonym angezeigt. Allerdings erfreut sich der Dienst einer großen Beliebtheit. Tagsüber kann es schon einmal zu etwas längeren Wartezeiten kommen.

Abbildung 7-4: Das Wörterbuch wenn es um englische Sprache geht: Merriam-Webster im Web.

7.1.1.5 Free Internet Encyclopedia

Eine wahre Fundgrube an Wissen ist die Free Internet Encyclopedia, die Sie mit

```
http://clever.net/cam/encyclopedia.html
```

erreichen. Hier sind Referenzen zu allen erdenklichen Themen zusammengetragen, die nach übergeordneten Kategorien und Spezialthemen geordnet sind. Die übergeordneten Kategorien werden hier Makro-Referenzen genannt. Darunter finden Sie etwa eine Sammlung von Homepages, die sich mit Australien beschäftigen. Die Spezialthemen werden entsprechend Mikroreferenzen genannt. Darunter fassen die Betreiber etwa spezielle Fragestellungen aus der Philosophie oder der Astronomie und Physik ("Was ist ein Quasar?") zusammen. Die Free Internet Encyclopedia ist im wesentlichen nichts weiter als eine umfangreiche Linksammlung, deren Besuch sich aber auf jeden Fall lohn.

7.1.1.6 Meyers Lexikon

Meyers Großes Lexikon ist nicht ganz so umfangreich wie der legendäre Brockhaus, erfreut sich aber regen Zuspruchs, da es etwas preisgünstiger als der renommierte Konkurrent ist. Reich illustriert gibt es zuverlässig Auskünfte zu allen erdenklichen Themenbereichen, wie es von einem modernen Konversationslexikon erwartet werden kann.

Den kompletten Inhalt von Meyers Lexikon findet man auch im Internet, allerdings existieren zwei Einschränkungen: Zum einen ist das Angebot recht beliebt, so dass es zum Teil schon einige Zeit dauern kann, bis die Antwort auf dem eigenen Rechner zu sehen ist, zum anderen handelt es sich bei der online verfügbaren Ausgabe um die Auflage aus dem Jahr 1993. Wenn Sie dies beides nicht stört, finden Sie unter der Adresse

`http://www.iicm.edu/ref.m10/`

eine zeitgemäße Art des Lexikons vor.

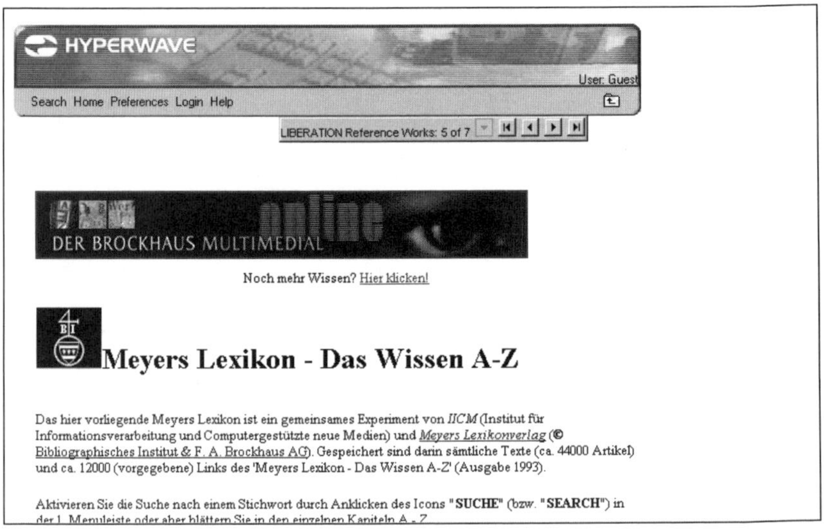

Abbildung 7-5: Meyers Lexikon ist auch online abzufragen.

7.1.1.7 Dictionaries

Eine Übersicht im Netz vorhandener Wörterbücher stellt der mathematische Lehrstuhl der Universität Paderborn zur Verfügung. Darunter sind zum einen Wörterbücher für die englische Sprache, aber auch Lexika zur Biochemie und ein Namenslexikon greifbar. Überaus interessant ist auch Infomedical, wo Patienten sich Informationen über viele Krankheiten beschaffen können. Die Sammlung kann unter

`http://math-www.uni-paderborn.de/HTML/Dictionaries.html`

eingesehen werden.

7.1.1.8 Onlinekataloge

Die bedeutendsten wissenschaftlichen Bibliotheken bieten inzwischen einen Onlinezugang zu ihren Katalogen an. Ein sehr interessantes Angebot finden Sie auf dem Server der Universitätsbibliothek der Universität Karlsruhe. Hier haben Sie die Gelegenheit, über einen zentralen Katalog in über 60 Millionen Titeln zu recherchieren! Der Karlsruher Virtuelle

Katalog (KVK) macht es möglich. Über die Seiten des Anbieters haben Sie auch Zugang zu webis, einem Dienst, mit dem Sie die Sammelschwerpunkte anderer Bibliotheken recherchieren können. Auf diese Weise gelangen Sie schnell an die richtige (Web-)Adresse, wenn Sie auf der Suche nach Spezialliteratur sind. Stellt das jeweilige Institut seinen Katalog online zur Verfügung, können Sie auch hier direkt recherchieren. Die Adresse:

`http://www.ubka.uni-karlsruhe.de/hylib/`

Auf einen besonderen Dienst möchte ich Sie an dieser Stelle ebenfalls noch hinweisen. Subito.doc ermöglicht es Ihnen, Dokumente aus Bibliotheken abzurufen und sich schnell und bequem nach Hause liefern zu lassen. Dabei sind Recherchen in Zeitschriften und im Buchbestand möglich. Benötigen Sie also schnell Material sollten Sie einmal unter

`http://www.subito-doc.de`

vorbeischauen.

7.1.1.9 Fragen Sie einen Experten!

Sie kommen bei einem Problem partout nicht weiter? Schön wäre es, Sie hätten jemanden an der Hand, der Ihnen weiterhelfen könnte? Kein Problem! Stellen Sie einfach eine Verbindung mit dem Internet her und geben Sie die URL

`http://www.askanexpert.com/`

ein. Diese Site verfügt über Links und Adressen zu über 200 Experten der unterschiedlichsten Themenbereiche. Egal, ob es sich um Fragen zur Programmiersprache Java oder um einen Kniff für Karate handelt: Bei Ask An Expert finden Sie mit Sicherheit jemanden, der Ihnen weiterhelfen kann. Sogar ein Astronaut ist unter den Experten!

7.1.2 Geisteswissenschaften

Auf den nachfolgenden Seiten werden Ihnen verschiedene Anlaufstellen im WWW im Bereich der Geisteswissenschaften vorgestellt. Dabei kann es sich immer nur um eine subjektive Auswahl handeln. Aufgeführt wurden insbesondere Quellen, die sich durch zwei Dinge besonders auszeichnen: Zum einen enthalten sie eine Reihe von Verweisen auf weiterführende Angebote, zum anderen sind die Quellen seit Jahren im Internet verfügbar, so dass davon ausgegangen werden kann, dass diese auch noch einige Zeit nach Redaktionsschluss dieses Buches erreichbar sind.

7.1.2.1 Geschichtswissenschaften

Der Computer und das Internet haben längst auch in der Geschichtswissenschaft ihren Einzug gehalten. Wer meint, ein Historiker würde sich nur in staubigen Archiven inmitten von Folianten und alten Handschriften herumtreiben, der irrt. Viele Dokumente sind heute elektronisch verfügbar und für vergleichende Quellenkunde ist die moderne Datenverarbeitung eine Arbeitserleichterung. Einen sehr guten deutschsprachigen Überblick über Angebote zum Thema Geschichtswissenschaft findet man unter der URL

`http://www-geschichte.fb15.uni-dortmund.de/links/links.htm`

Der Linkkatalog „Geschichte im Internet" existiert nun bereits seit fünf Jahren und dürfte eine der vollständigsten Zusammenstellungen von Verweisen zum Thema Geschichte sein, der sich derzeit finden lässt.

Ein ebenfalls sehr umfangreiches englischsprachiges Angebot kann unter der Adresse

`http://www.ukans.edu/history/VL/`

im Web gefunden werden. Hier kann der Besucher nach den verschiedenen Epochen und Themengebieten stöbern und in Archiven, Quellensammlungen und Angeboten unterschiedlichster Fakultäten blättern.

Abbildung 7-6: Ein umfangreicher Index von Ressourcen zur Geschichtswissenschaft.

7.1.2.2 Mediävistik

Das sogenannte dunkle Mittelalter war alles andere als barbarisch und dunkel. Zu dieser Erkenntnis haben uns Mediävisten verholfen, deren Berufsstand im Zeichen von Umberto Ecos "Der Name der Rose" an Popularität gewonnen hat. Zwar wurde schon sehr viel Licht in das angebliche Dunkel gebracht, dennoch erfordert das komplizierte gesellschaftliche Gefüge des Mittelalters mit seinem Lehnswesen, den Fehden und dem vielleicht bekanntesten Phänomen, dem Minnesang, noch einiges an Forschungsarbeit. Eine gut sortierte Sammlung von Verweisen zu Forschungseinrichtungen und Ergebnissen rund um das Thema Mittelalter ist unter der Adresse:

`http://www.mediaevum.de/`

zu finden. Das Angebot gliedert sich nach Verweisen und Adressen, Handschriften und Texte im Internet oder auch der Bibliographischen Recherche. Ebenfalls eine gut sortierte Sammlung an Referenzen zum Thema ist unter

`http://www.georgetown.edu/labyrinth/`

zu besuchen. Das „Labyrinth" gliedert sich nach Epochen und Forschungsgebieten und bietet damit einen sehr vollständigen Überblicke aller Ressourcen im WWW.

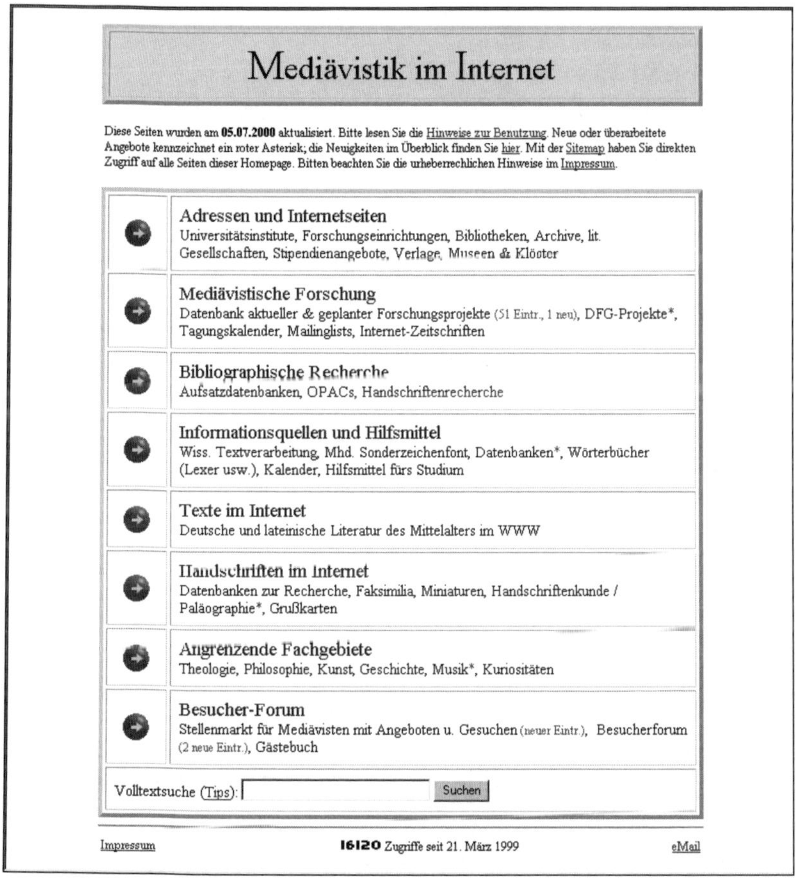

Abbildung 7-7: Schöner Überblick zum Thema Mittelalterforschung.

7.1.2.3 Frauengeschichte

Inzwischen scheint der Streit innerhalb der Geschichtswissenschaft darüber, ob es überhaupt so etwas wie Frauengeschichte geben kann, entschieden – zumindest ruhen jedoch die intellektuellen Waffen. Im Netz finden Sie eine recht komplett erscheinende Sammlung von Ressourcen, die online besucht werden können. Die englischsprachige Seite ist dabei nach

Epochen unterteilt, was die Orientierung erleichtert. Die Seiten werden regelmäßig aktualisiert und weisen damit die neuesten Quellen zur Frauengeschichte im Internet nach.

Die Adresse:

`http://libraryweb.utep.edu/acrlwss/history.html`

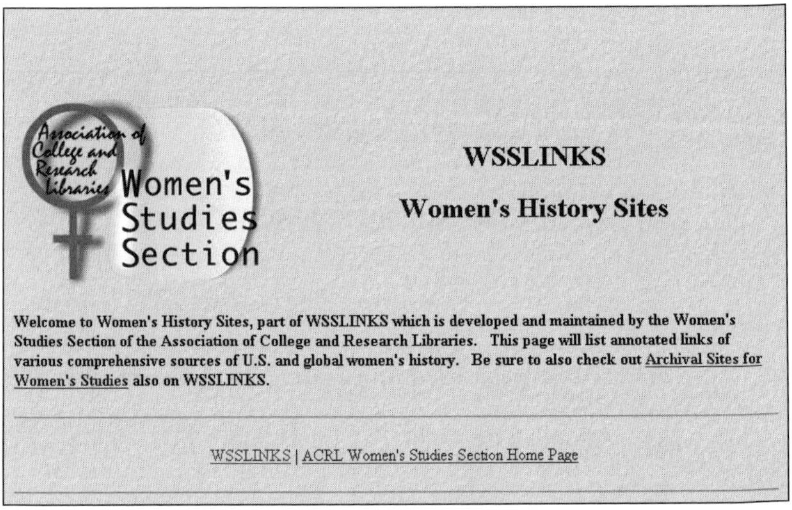

Abbildung 7-8: Die erste Übersicht über Ressourcen zum Thema Frauengeschichte.

7.1.2.4 Deutsches Historisches Museum

Auch das Deutsche Historische Museum präsentiert sich mit seiner Sammlung im Netz. Das Angebot ist nicht nur dann interessant, wenn Ihnen die Zeit oder die Möglichkeit fehlt, das Museum zu besuchen, sondern die Seite lohnt sich auch für alle Geschichtsinteressierten, da ganz vorzügliche Essays zur deutschen Geschichte abrufbar sind.

Wer sich auf einen Besuch in Berlin vorbereiten möchte, kann sich auf der Web-Site bereits einmal über die Abteilungen und Mitarbeiter der Einrichtung informieren. Das Museum erreichen Sie unter

`http://www.dhm.de`

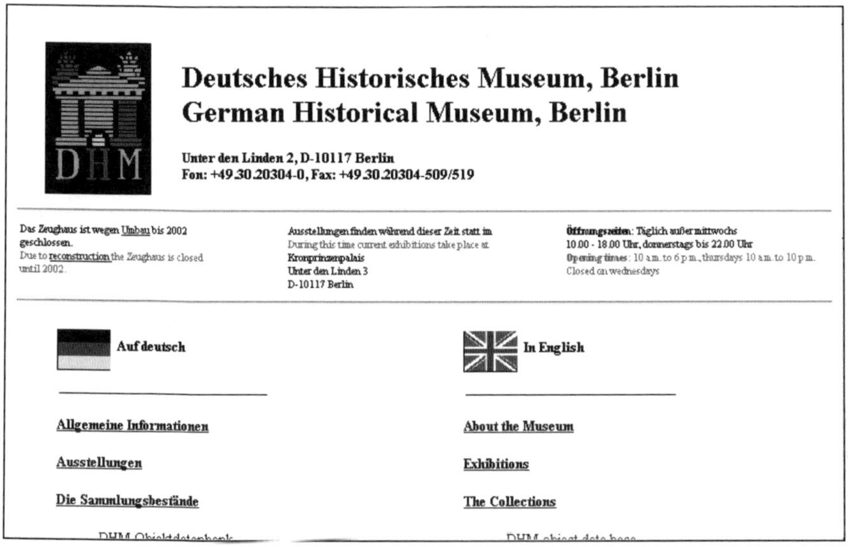

Abbildung 7-9: Die Homepage des Deutschen Historischen Museums.

7.1.2.5 EuroDocs

EuroDocs ist eine Sammlung historischer Dokumente zur europäischen Geschichte. Die auf der Site angebotenen Quellentexte sind mit zahlreichen Illustrationen und Faksimiles angereichert. Die Zusammenstellung der Texte ist nach Regionen und Epochen geordnet. Zum Datenbestand gehören Materialien zu Luthers Thesen ebenso wie das Faksimile einer während der Besatzungszeit verbotenen dänischen Zeitung.

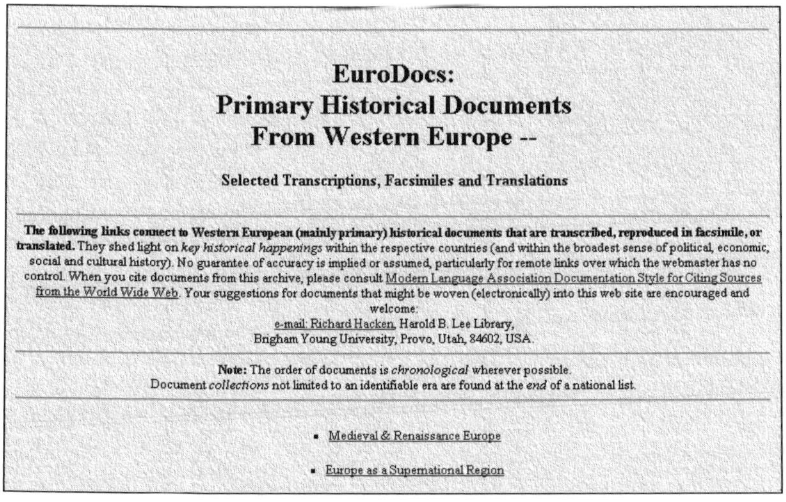

Abbildung 7-10: Eine Seite mit Dokumenten zur deutschen Geschichte bei Eurodocs.

Diese umfangreiche Quellensammlung finden Sie unter der URL:

`http://library.byu.edu/~rdh/eurodocs/`

7.1.2.6 Complete Works of William Shakespeare

Die Werke des großen Meisters aus England erfreuen sich einer zeitlosen Beliebtheit. Egal ob Sie nun ein Bewunderer Shakespeares sind, oder Texte von ihm innerhalb einer Fortbildung lesen "müssen": Sie werden von dieser Site begeistert sein, denn hier finden Sie das komplette Werk Shakespeares im Volltext, unterteilt nach Komödien, Tragödien, Poesie und Historien. Alle Texte lassen sich auf den eigenen Rechner kopieren und dann ausdrucken. Eine Recherchefunktion ist von den Betreibern eingebaut worden, so dass die Besucher sich den Text in einer bestimmten Szene ansehen können, oder aber ein Verzeichnis der in einem Stück auftretenden Personen zusammenstellen können. Stoßen Sie im Text auf eine heute nicht mehr ohne weiteres verständliche Vokabel, wird diese in aller Regel im Text durch einen Link auf eine Erklärung näher erläutert. Oder hätten Sie gewusst, dass "customer" in Sinne von "gewöhnlicher Frau" zu gebrauchen ist? Das komplette Werk Shakespeares ist unter

`http://www-tech.mit.edu/Shakespeare/works.html`

abrufbar.

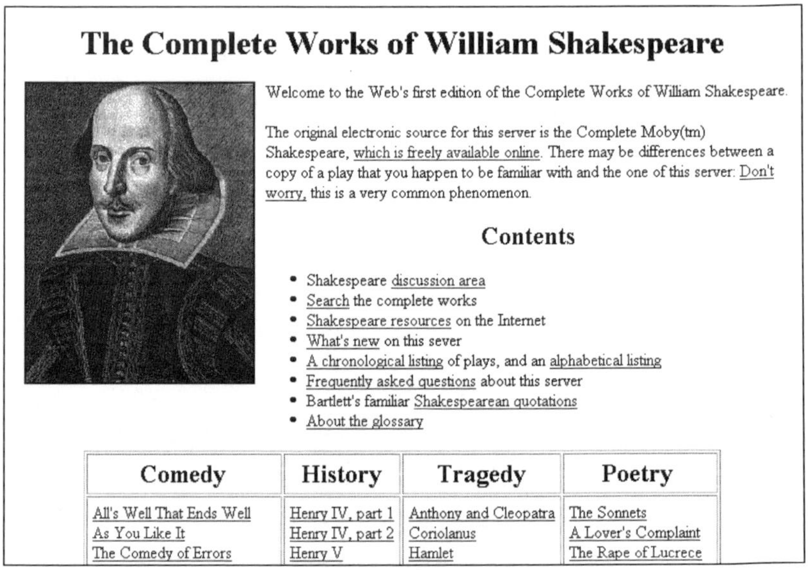

Abbildung 7-11: Der komplette Shakespeare im Netz.

7.1.2.7 Projekt Gutenberg

Das Projekt Gutenberg hat es sich zum Ziel gesetzt, über 10.000 Buchtitel bis zum Jahre 2001 in elektronischer Form verfügbar zu machen. Dazu werden Texte von freiwilligen Helfern eingescannt und im ASCII-Format abgespeichert, quasi der Lingua Franca der Computerwelt. Dieses Format lässt sich von jedem Computer einlesen und weiterverarbeiten. Da die Urheberrechte in aller Welt allerdings eine freie Verbreitung von geistigem Eigentum nicht vorsehen, beschränkt sich das Projekt Gutenberg auf Texte, an denen der Urheberschutz durch den Tod des Verfassers und seiner Nachkommen erloschen ist. Die vom Projekt Gutenberg verfügbar gemachten Werke lesen sich wie ein Who is Who der Weltliteratur: Cicero, Oskar Wilde, Balzac, selbst die Werke von Descartes liegen nun in digitaler Form vor. Bei den Texten handelt es sich allerdings nicht um kommentierte Werkausgaben mit ihrem wissenschaftlichen Apparat, sondern meist um Leseausgaben für das breite Publikum. Wer einmal während einer Bahnfahrt Oscar Wildes "Dorian Gray" in englischer Sprache auf seinem Laptop lesen möchte, kann sich den Text unter der URL

`http://promo.net/pg/`

auf seinen Rechner kopieren.

7.1.2.8 Etext Archives

Das Internet bietet Ihnen Zugriff auf unzählige Dokumente, darunter viele elektronisch aufbereitete Bücher, die längst vergriffen sind. Um solche Quellen aufzufinden, ist das Etext Archiv ein guter Einstiegspunkt.

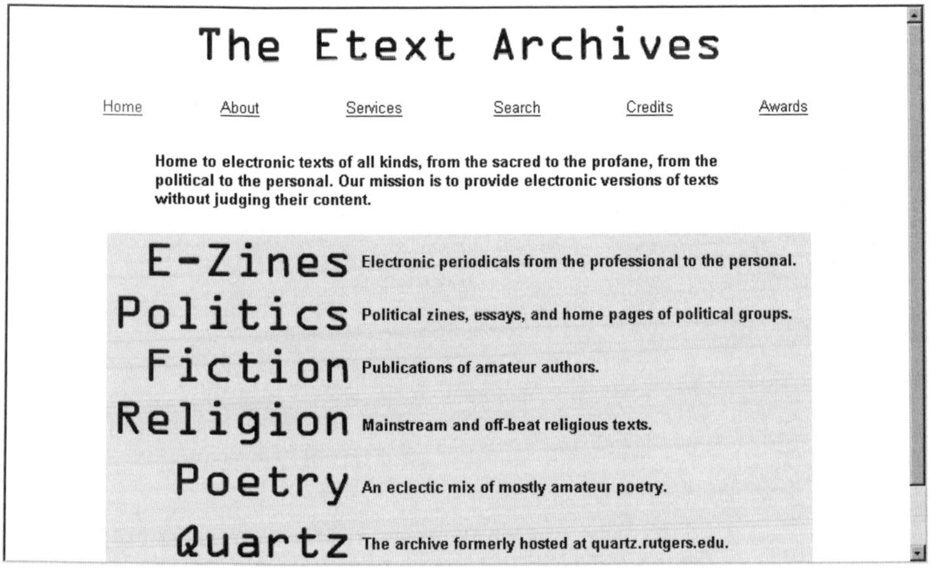

Abbildung 7-12: Die Homepage des Etext Archivs.

Sie finden hier Materialien zu wirklich jedem nur erdenklichen Themengebiet: Gesetzestexte, Magazine, elektronische Bücher. Klassische Texte von Vergil und Horaz sind ebenso nachgewiesen wie Drehbücher zu Walt Disney Filmen. Die Quellensammlung von religiösen bis zu profanen Dingen erreichen Sie unter:

`http://www.etext.org`

7.1.2.9 Samizdat Express

Die Betreiber dieses Dienstes haben darauf verzichtet, intensiv mit Grafiken zu arbeiten und so kann man jederzeit recht schnell auf den Datenbestand zugreifen. Es erwartet den Besucher ein kunterbuntes, aber dennoch geordnetes Sammelsurium von Texten aller Art, zum Beispiel finden Sie Hinweise auf Dokumente in Braille Schrift oder Links zu Comics im WWW. Auch die Betreiber von Samizdat versuchen, der Öffentlichkeit längst vergriffene Standardwerke aus allen Fachbereichen in elektronischer Form zugänglich zu machen. Wer nicht auf den Download warten will, kann Texte auch auf Disketten käuflich erwerben oder abonnieren.

`http://www.samizdat.com`

7.1.2.10 Architecture

Architecture ist ein Sprungbrett für alle, die auf der Suche nach Informationen rund um das Thema Architektur sind.

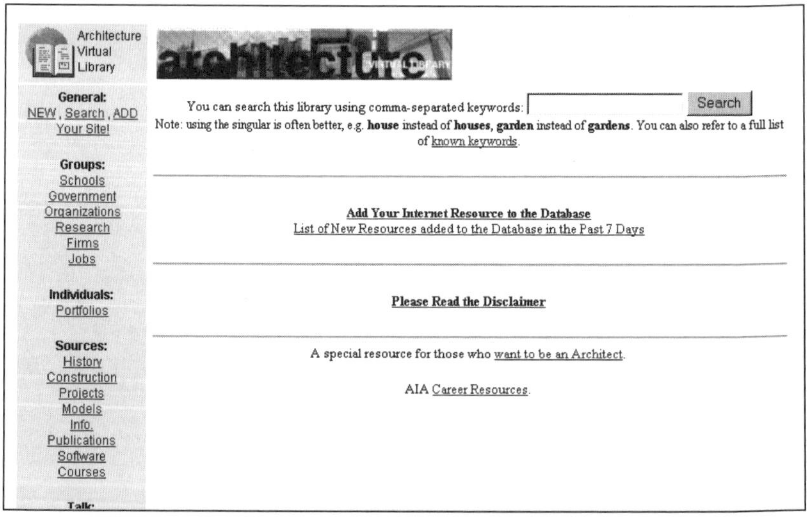

Abbildung 7-13: Wie man es von Architekten erwarten darf, erweist sich Architecture auch graphisch als Leckerbissen.

Die Site gliedert sich in verschiedene Kategorien. So gibt es eine Zusammenstellung von Architekturstudiengängen und Ausbildungsstätten sowie einen Stellenmarkt. Sie finden eine interaktive Rubrik, in der diskutiert werden kann und schließlich die "Sources" genannte Linksammlung. Diese Rubrik wird regelmäßig gepflegt und weist wirklich vorzügliche neue Angebote auf. Sie finden Architecture unter

`http://www.clr.toronto.edu:1080/VIRTUALLIB/arch.html`

7.1.2.11 Inkspot

Noch vor einigen Jahren wurden literarische Werke von Weltgeltung mit Füllfederhaltern, Bleistiften, Kugelschreibern oder klapprigen Reiseschreibmaschinen geschrieben. Bei dem einen oder anderen Autoren mag das auch heute noch so sein, doch sind viele Literaten inzwischen von den Vorzügen moderner Textverarbeitungen überzeugt. Schriftsteller haben aber oft eines gemeinsam: Sie werkeln allein vor sich hin. Einen Ausweg aus der (selbstgewählten) Isolation kann das Netz bieten. Eine Site hat es sich zum Ziel gesetzt, Ressourcen für Schriftsteller zu sammeln. Allerdings verstehen die Betreiber unter "Writer" nicht allein den Verfasser klassischer Literatur, sondern auch den technischen Redakteur, der in seinem Heimbüro gerade das Handbuch für die neue Office Suite verfasst, den Ghostwriter, der Prominenten möglichst sinnstiftende Worte in den Mund legen soll oder auch den Verfasser von Reiseberichten oder Steuertipps.

Abbildung 7-14: Versammelt Angebote für die schreibende Zunft im WWW: inkspot.

Ob Sie nun selbst schreiben oder nicht, der „Tintenklecks" bietet eine sehr gute Zusammenstellung von Verweisen auf Angebote rund um das Schreiben und die Schriftstellerei. Die Adresse:

`http://www.inkspot.com/`

7.1.2.12 Journalisten

Die Verlagsbranche hat sich als eine der ersten Branchen stark im Netz engagiert und tut dies auch heute noch, nicht zuletzt aus Angst, das umsatzträchtige Anzeigengeschäft an sich vorbeilaufen zu sehen. Bei der ungeheuren Pressedichte ist es nur eine logische Erscheinung, dass Homepages von freien Journalisten, Seiten mit Tipps für die Recherche und anderes informatives Material für Journalisten zuhauf im Netz erhältlich ist. Eine aufwendige Recherche mit den Suchmaschinen zu diesem Thema kann man sich zunächst ersparen, denn die Wahl von

`http://209.8.151.142/`

versorgt einen mit reichlich Hinweisen auf nützliche Infos rund um den Journalistenberuf. Verbände, Institutionen und Seiten zu besonderen Themen sind von nun an schnell und bequem aufzufinden.

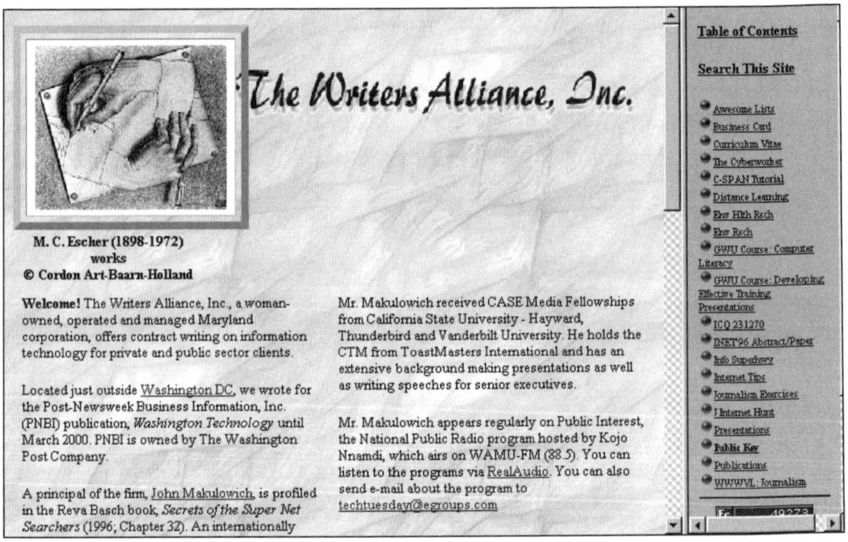

Abbildung 7-15: Homepage mit Ressourcen für Journalisten.

7.1.2.13 Jura

Internet und Jurisprudenz– ein spannender Kontrast. Auf der einen Seite hochmoderne Technologien wie SMIL oder WAP, auf der anderen Seite Tradition und organisch gewachsene Rechtsvorstellungen. Vorreiter bei der Nutzung des Internets für Rechtsfragen waren wieder einmal die USA. Dort werden Urteile nach einem Spruchrecht gefällt, d.h. Richter, Staatsanwälte und Rechtsanwälte müssen eine Vielzahl von bereits gefällten Urteilen und Präzedenzfällen kennen. Hier spielt die Hypertextfähigkeit des WWW seine Vorteile voll aus. Die Zusammenstellung von Ressourcen zum Thema Jura gliedert sich in unterschiedliche Kategorien: So werden Universitäten und andere Institutionen der

Rechtspflege aufgelistet, aber auch Standesverbände und Kanzleien, die über das Netz erreichbar sind. Selbstverständlich fehlen auch nicht Verweise auf Datenbanken, wo sich Urteile abrufen und einsehen lassen.

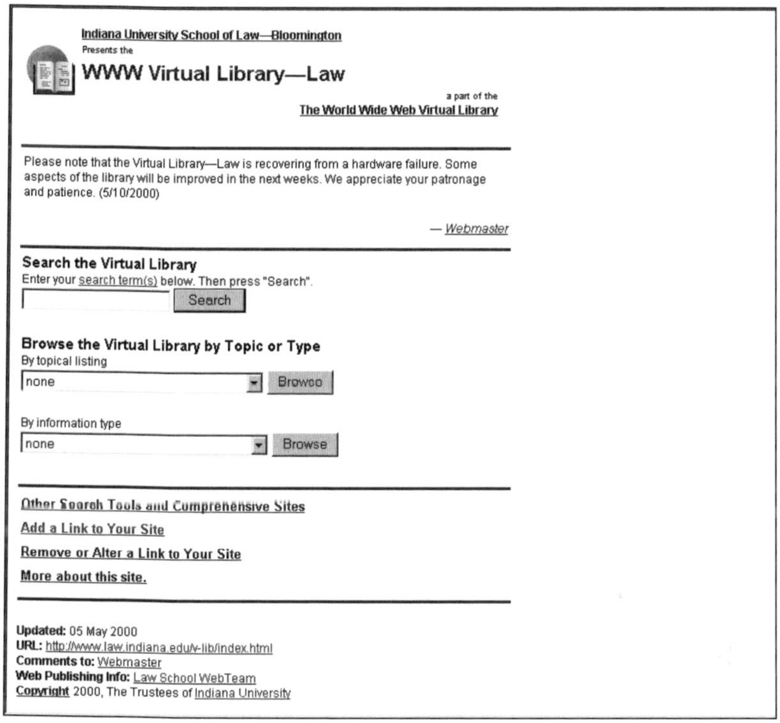

Abbildung 7-16: Referenzseiten zum Thema Recht.

Die URL

`http://www.law.indiana.edu/v-lib/`

ist mit Sicherheit nicht nur für Studenten der Rechtswissenschaften interessant.

7.1.2.14 Wissenschaftsgeschichte

Zu einem spannenden Kapitel der Geschichtsschreibung gehört zweifellos die Wissenschaftsgeschichte, die versucht, die Entwicklung der modernen Wissenschaften nachzuzeichnen. Warum konnte sich die eine philosophische Schule gegen eine andere durchsetzen, welche gesellschaftlichen Faktoren können dafür verantwortlich gemacht werden? Wie ist es der Medizin gelungen, ihren heutigen Kenntnisstand zu erreichen? Um solche Fragen kreist die Geschichte der Wissenschaften. Eine recht umfangreiche und spannende Sammlung von Referenzen zum Thema findet sich unter der Adresse

`http://www.asap.unimelb.edu.au/hstm/hstm_ove.htm`

Das Datenmaterial ist dabei alphabetisch geordnet sowie nach Kategorien aufbereitet. So lassen sich separat Museen und wissenschaftliche Einrichtungen einsehen oder Verweise auf Biographien, die in das Netz gestellt sind, verfolgen. Die Sammlung ist dabei nicht nur für Experten eine interessante Lektüre, sondern auch für alle allgemein Interessierten.

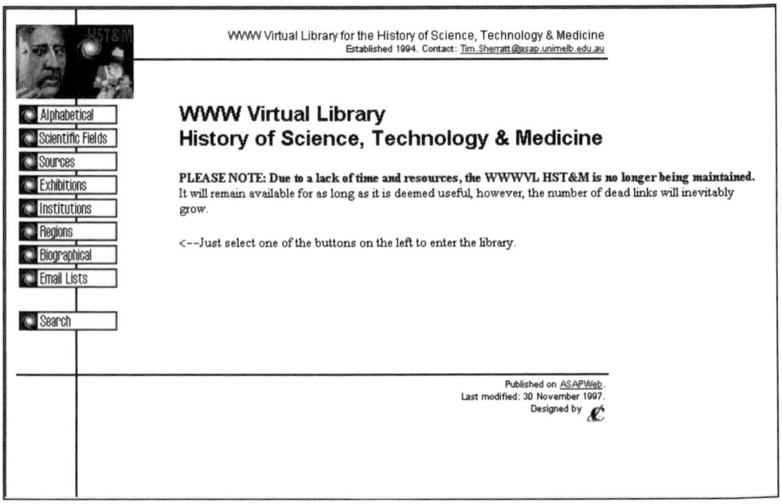

Abbildung 7-17: Graphisch etwas unscheinbar, hat es diese Sammlung in sich: Infos zur Wissenschaftsgeschichte.

7.1.2.15 Philosophie

Das Denken und Handeln des Menschen, die Welt in ihren Grundfesten zu erklären, ist die Aufgabe der Philosophie. Und obwohl das Netz immer noch von den Naturwissenschaften dominiert wird, haben sich in den letzten beiden Jahren einige Projekte zum Thema Philosophie im WWW etabliert, um den Austausch von Wissen zu erleichtern. So lassen sich heute philosophische Texte in elektronischer Form finden, aber auch Newsgruppen und Mailing-Listen. Eine Reihe von elektronischen Magazinen zum Fachgebiet Philosophie sind ebenfalls einsehbar. Das Material dieser Site ist nach Internet-Diensten geordnet, weniger nach Epochen oder Strömungen. Ein besonderer Schwerpunkt liegt aber auf Angeboten im WWW. Die recht umfassend wirkende Zusammenstellung erreichen Sie unter der Adresse:

`http://www.bris.ac.uk/Depts/Philosophy/VL/`

Abbildung 7-18: Referenzen zur Philosophie.

7.1.2.16 Horologie

Die Wissenschaft von der Zeit und der Zeitmessung wird Horologie genannt. Im Netz haben Sie Zugriff auf eine Reihe von ausgezeichneten Materialien und Serviceleistungen zur Horologie.

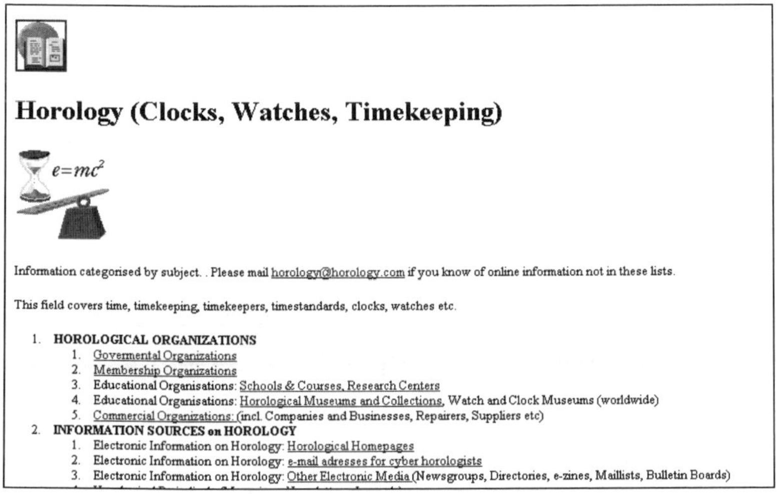

Abbildung 7-19: Mit der Wissenschaft von der Zeit beschäftigt sich diese Sammlung.

So lässt sich die Uhr Ihres PC mit absolut exakt gehenden Uhren synchronisieren, die über eigene Server abfragbar sind. Oder Sie erfahren mit nur einem Mausklick, wie spät es gerade in Tokyo ist. Auf der Linksammlung zum Thema Horologie finden sich auch Ressourcen zum Thema Chronologie. Dabei geht es um Altersbestimmung von Fundstücken und der genauen Datierung von Dokumenten aus früheren Zeiten bzw. die Umrechnung verschiedener Kalendarien. Die Sammlung von Materialien finden Sie unter der Adresse:

`http://www.horology.com/vir-lib-horology.htm`

Dabei muss es nicht ganz wissenschaftlich und trocken zugehen, denn die Site verzeichnet auch Verweise auf Ausstellungen und Sammlungen von alten Uhren.

7.1.2.17 Kryptologie

Die Geheimhaltung von Dokumenten und Schriftstücken mit Hilfe von geheimen Verschlüsselungstechniken gehört sicherlich zu einem der spannendsten Bereiche der Mathematik aber auch der Geisteswissenschaften. Die Geheimhaltung von Botschaften kann in kriegerischen Auseinandersetzungen über Sieg oder Niederlage entscheiden, und interessanterweise wurden Vorläufer unserer heutigen Computer von Großbritannien im zweiten Weltkrieg dazu eingesetzt, den Code der deutschen Chiffriermaschine Enigma zu entschlüsseln. Heutzutage beschäftigt sich die Kryptologie hauptsächlich mit der Entwicklung von Techniken für die Geheimhaltung von Computerdaten, denn mit der Datensicherheit im Netz steht und fällt die Entwicklung des Electronic Commerce und letztendlich auch die Akzeptanz des neuen Mediums in weiten Kreisen der Bevölkerung. Die Kryptologie steht im Mittelpunkt der Ressourcensammlung, die Sie unter der Adresse

`http://world.std.com/~franl/crypto.html`

erreichen. Sie finden hier ausführliche Erklärungen zu einem der bekanntesten Verschlüsselungsprogramme des Internet, das sich „Pretty Good Privacy“ nennt, erhalten Hintergrundinformationen zu öffentlichen und privaten Schlüsseln, detaillierte Beschreibungen, wie Verschlüsselungsprogramme arbeiten und an welche Stellen Sie sich für weitere Informationen wenden können.

7.1.2.18 Erkenntniswissenschaft

Wie läuft der Prozess des Denkens eigentlich ab? Können Sie wissen, wie es sich anfühlt „ich“ zu sein, oder kann das nur „ich“? Wie nehmen wir Dinge eigentlich wahr und gibt es tatsächlich ein Gebilde, das als Seele bezeichnet werden kann? Diese Fragen versucht die Erkenntniswissenschaft zu beantworten. In Deutschland sind Kognitionstheorien in den letzten Jahren vor allem durch Bücher von Douglas R. Hofstadter populär geworden. Trotz der nicht gerade leicht verständlichen Materie war sein Werk „Gödel, Escher, Bach“ wochenlang auf den Bestsellerlisten weit oben.

Gemeinsam mit der Informatik arbeiten Erkenntniswissenschaftler an der Entwicklung von „künstlicher Intelligenz“, technischen Systemen, die selbständig lernen sollen, um uns noch bessere Dienste zu leisten. Erkenntniswissenschaftliche Ressourcen werden unter der URL `http://server.bmod.athabascau.ca/html/aupr/cognitive.shtml`

gesammelt.

7.1.2.19 Wirtschaftswissenschaften

Während der Handel über das Internet, der Electronic Commerce noch in seinen Kinderschuhen steckt, bedienen sich die Wirtschaftswissenschaftler bereits in größerem Umfang dieses Mediums. Wenn Sie die URL

`http://www.hkkk.fi/EconVLib.html/`

anwählen, baut sich vor Ihnen ein sehr umfangreiches Angebot auf.

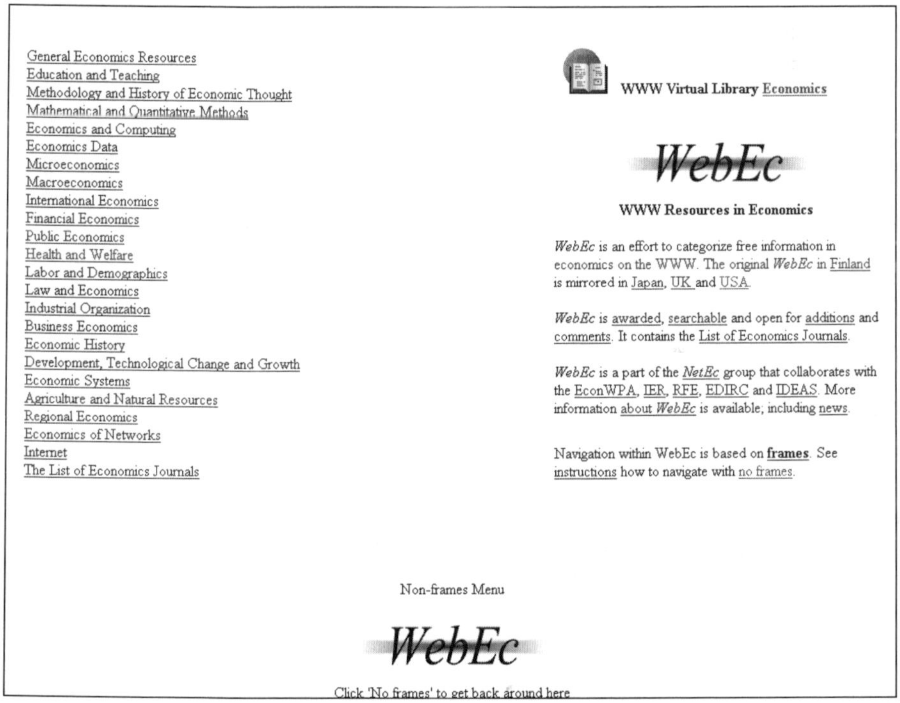

Abbildung 7-20: Die Referenzen zum Thema Wirtschaftswissenschaften.

Die angebotenen Ressourcen gliedern sich nach Institutionen wie Banken, Börsen und wissenschaftlichen Einrichtungen sowie nach Zielgruppen. So finden Investoren hier eigene Bereiche genauso wie Studenten, Betriebswirte und Wissenschaftler. Interessant für alle, die auf der Suche nach aktuellen Börsenkursen sind, dürfte eine eigens dafür geschaffene Rubrik sein, die nahezu vollständig alle Offerten im Netz nachweist, wo sich Tageskurse abrufen lassen.

7.1.2.20 Design

Gutes und ergonomisches Design von Produkten wurde lange etwas stiefmütterlich behandelt. Entsprach ein Produkt dem Anspruch, nicht nur funktional, sondern auch schön zu sein, erreichte es oftmals Kultstatus, wie in den 70er und 80er Jahren die Geräte des Elektroherstellers Braun. Auf der hier vorgestellten Site finden sich Ressourcen zu allen erdenklichen Aspekten des Designs: Gestaltung von Gebrauchsgegenständen, Graphik- oder Kommunikationsdesign. Der Datenbestand ist zum einen nach Berufsgruppen geordnet, untergliedert sich dann aber weiter in verschiedene Institutionen wie Lehreinrichtungen, Museen, Designsammlungen und Bibliotheken. Ganz der Zunft gemäß zeigt sich die Gestaltung der Bildschirmseiten: Optisch ansprechend und funktional. Der Besuch von

`http://www.dh.umu.se/design_lib/design_library.html`

ist für jeden am modernen Design Interessierten ein Muss.

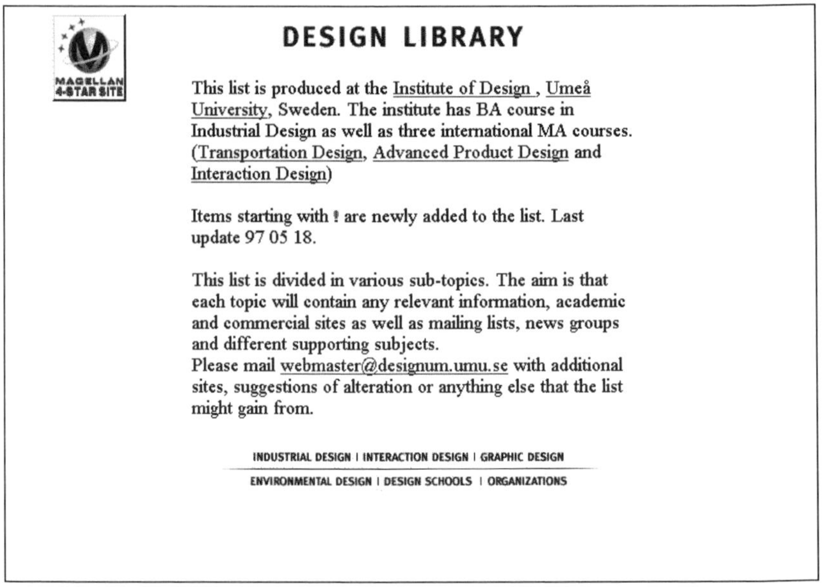

Abbildung 7-21: Homepage zum Thema Design.

7.1.2.21 Theaterwissenschaft

Theater ist auf den ersten Blick nicht mehr als das Agieren von Schauspielern nach den Anweisungen eines Regisseurs auf einer Bühne. Doch das, was eine Handlung spannend macht, ist eine komplizierte Abfolge gewisser Stilelemente. Die Entwicklung des Theaters seit dem Beginn in der Antike bis hin zur modernen Aufführung ist inzwischen recht gut erforscht und vor allem auch im Internet gut dokumentiert. Der mehrsprachige Index zur Theaterwissenschaft versammelt nicht nur Referenzen zu Fachpublikationen und universitären Einrichtungen, sondern ist auch für alle interessant, die sich über den Beruf des

Schauspielers oder über ein bestimmtes Theater informieren wollen. Die Site dient also nicht nur der Wissenschaft, sondern durchaus auch der Unterhaltung. Zwar ist das Datenmaterial graphisch nicht gerade sehr aufregend gemacht, bietet aber unter der Adresse

`http://www.brookes.ac.uk/VL/theatre/index.htm`
oder
`http://vl-theatre.com/`

eine reichhaltige Auswahl an guten Verweisen.

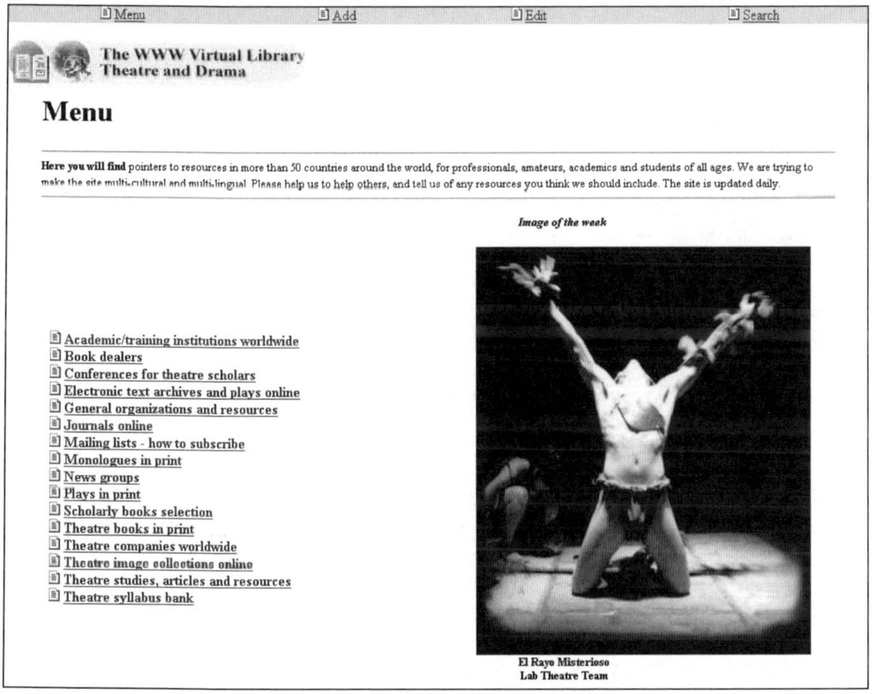

Abbildung 7-22: Referenzen zum Thema Theater und Theaterwissenschaften sind hier versammelt.

7.1.2.22 Religionswissenschaft

Religionswissenschaft muss nicht nur eine trockene Angelegenheit sein, wie die auf dieser Site gesammelten Angebote beweisen. Natürlich finden sich hier auch Links auf sehr ernsthafte Aufsätze zur Religions- und Kirchengeschichte, wie etwa zum großen Schisma der katholischen Kirche im Mittelalter, doch gerade die Religionsausübung auf anderen Kontinenten kann eine sehr farbenprächtige und unterhaltsame Angelegenheit sein. Die auf den Seiten verzeichneten Religionen sind nach ihrem Ursprungsort gegliedert und innerhalb der beiden Kategorien Orient und Asien nach ihrem Entstehungszeitpunkt. Von hier verzweigen sich die Referenzen weiter und führen zu Forschungseinrichtungen, Museen und ähnlichem.

Die Adresse:

`http://www.bcca.org/~cvoogt/Religion/`

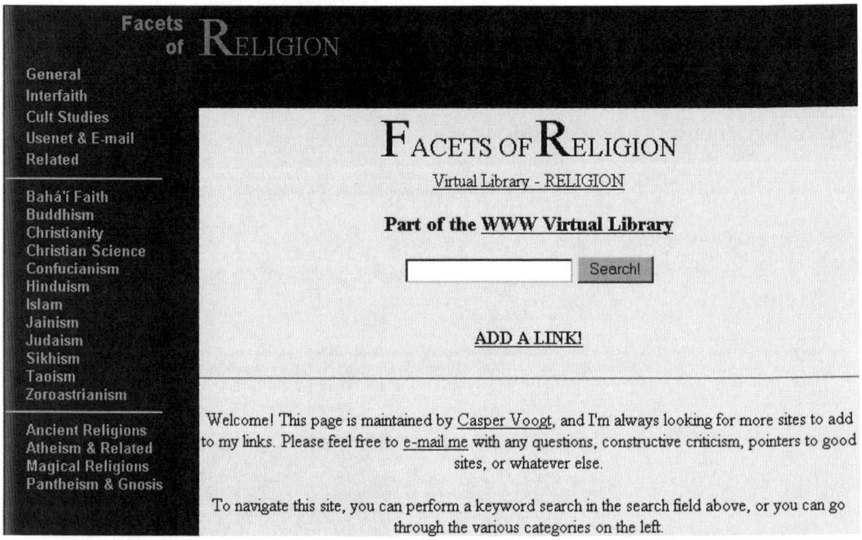

Abbildung 7-23: Reichlich Fakten zur Religion finden sich auf dieser Site.

7.1.2.23 Sprachwissenschaften

Auf der Erde existieren unzählige Sprachen und Dialekte. Wenn Sie auf der Suche nach Informationen und Ressourcen zu den Sprachen der Welt sind, sollten Sie einmal die Adresse

`http://www.hardlink.com/~chambers/HLP/`

besuchen. Sie finden hier einen alphabetischen Index, der Material zu Sprachen ausweist, von denen Sie wahrscheinlich noch nie gehört haben. Dabei werden Bildungseinrichtungen und Sprachlabore, Grammatikverzeichnisse und Wörterbücher, Diskussionsforen und Mailing-Listen berücksichtigt.

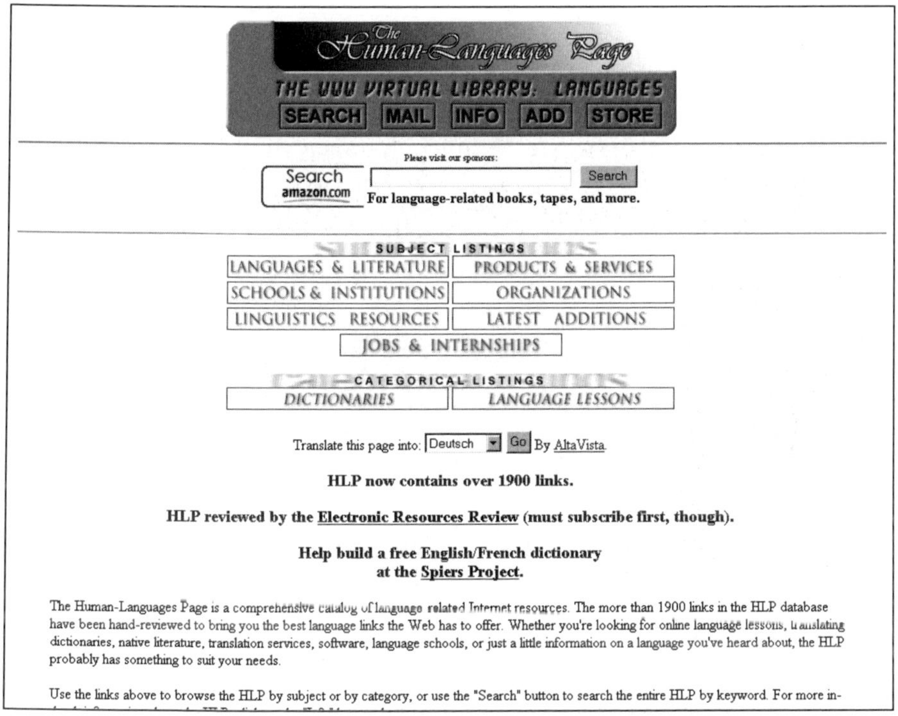

Abbildung 7-24: Zugang zu den Sprachen der Welt vermitteln diese Seiten.

7.1.3 Naturwissenschaften

In diesem Abschnitt werden Sie Angebote mit naturwissenschaftlichem Hintergrund kennen lernen. Begeben Sie sich also auf die virtuelle Reise durch Chemie, Physik und Biologie.

7.1.3.1 Periodensystem der Elemente

Physiker und Chemiker benötigen ein Periodensystem der Elemente für ihre Arbeit. In einer solchen Tafel sind alle derzeit bekannten Elemente übersichtlich aufgeführt und mit Daten zu ihrem Atomgewicht und der Elektronenzahl versehen. Eine Hypertextversion eines solchen Periodensystems ist im WWW abrufbar.

Durch das Anklicken auf das Elementsymbol werden weitere Informationen zugänglich, wie etwa die Angabe von Schmelz- und Siedepunkt, aber auch Erscheinungsformen und Vorkommen. Die nützliche Übersicht kann unter

`http://www.chemicool.com/`

erreicht werden.

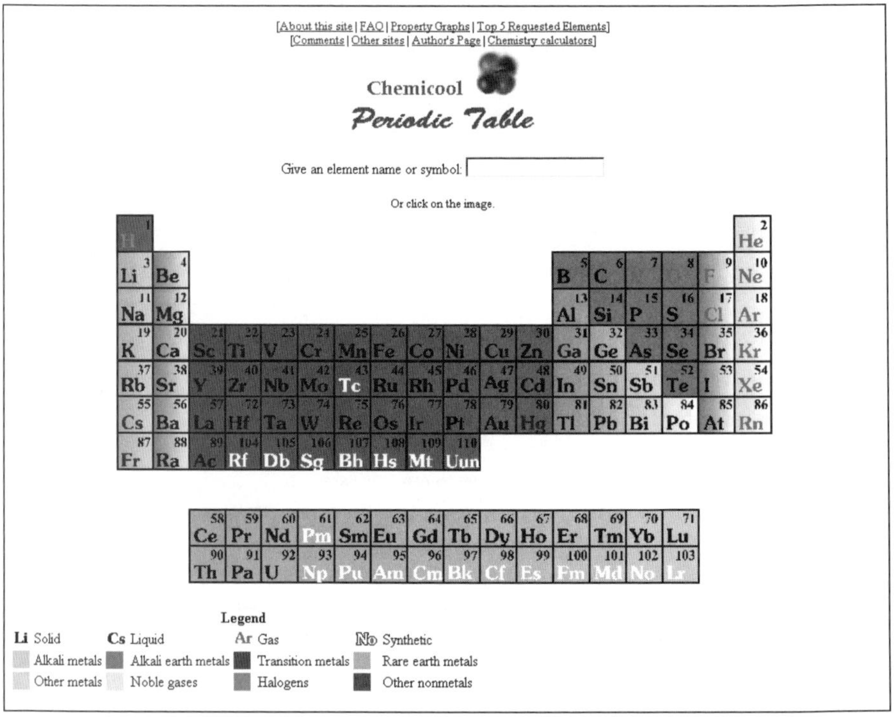

Abbildung 7-25: Das Periodensystem der Elemente im WWW.

7.1.3.2 Beilstein Informationsdienst

Beilstein hat sich das Ziel gesetzt, der führende Informationsdienst für Chemiker zu sein und wird diesem Ziel auch im WWW gerecht. Unter der URL

`http://www.beilstein.com`

stoßen Chemiker auf einen wahren Fundus an Informationen. Wissenschaftliche Meldungen, Ressourcen auf andere Internetangebote, Stellenanzeigen für Chemiker und Praktikanten, Zusammenfassungen wissenschaftlicher Aufsätze und Periodika. Beilstein wird damit auch online zu einer unverzichtbaren Informationsquelle für Chemiker.

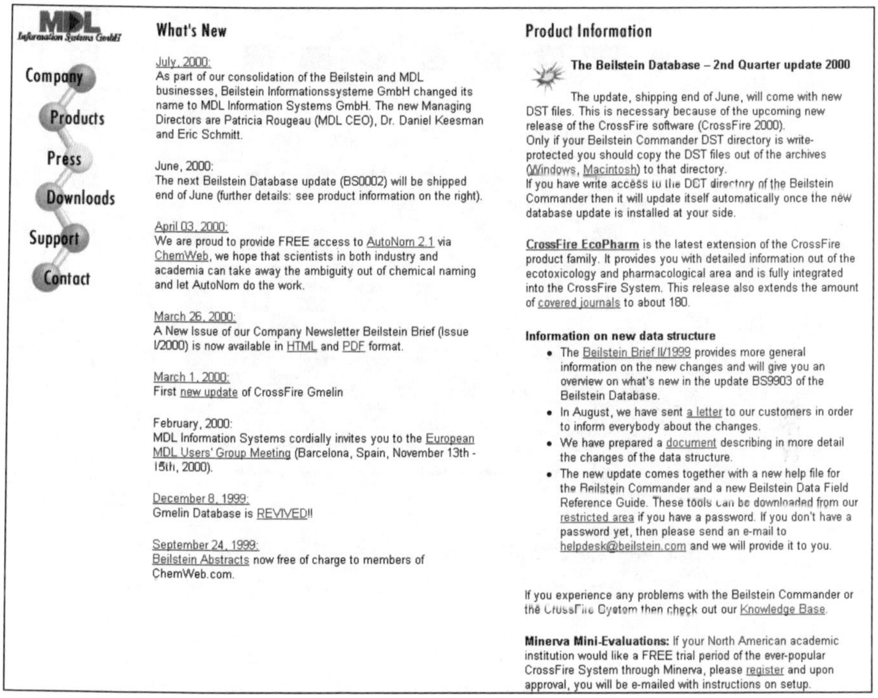

Abbildung 7-26: Die Homepage des Beilstein Informationsdienstes

7.1.3.3 Math Forum

Der Mathematik widmet sich das Math Forum. Mathematiker und Physiker können sich hier über Probleme aus den Bereichen Algebra, Stochastik, Geometrie und Differentialrechnung austauschen. Werden Informationen zum Gebiet Mathematik gesucht, hilft die sehr umfangreiche und gepflegte Linksammlung weiter.

Es stehen beim Math Forum aber nicht nur Fachfragen im Vordergrund, sondern auch Tipps zur Stellensuche für Mathematiker, ja sogar komplette Stellenangebote sind hier zu finden. Die nützliche URL lautet:

`http://forum.swarthmore.edu`

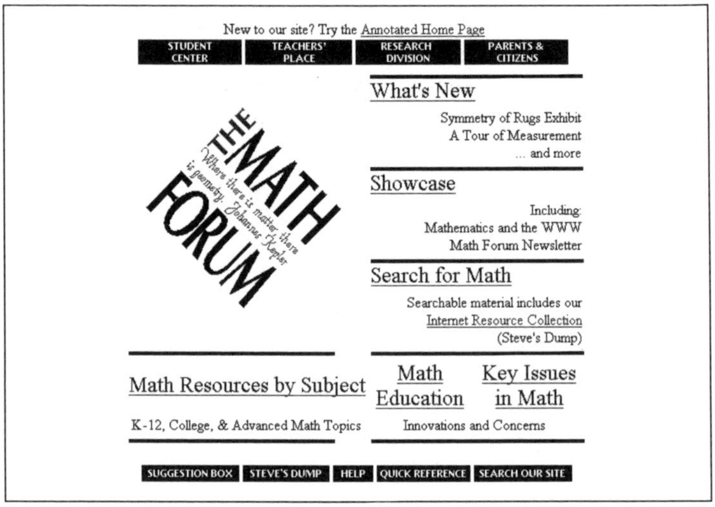

Abbildung 7-27: Die Homepage des Math Forum.

7.1.3.4 Mathematik

Neben dem Math Forum, wo sich mathematische Fachfragen diskutieren lassen, existiert für Mathematiker noch eine zweite wichtige Adresse im Netz. Auf nur wenigen Seiten, die noch dazu sehr hübsch gemacht sind, finden sich viele Links zu den Einzeldisziplinen der Wissenschaft.

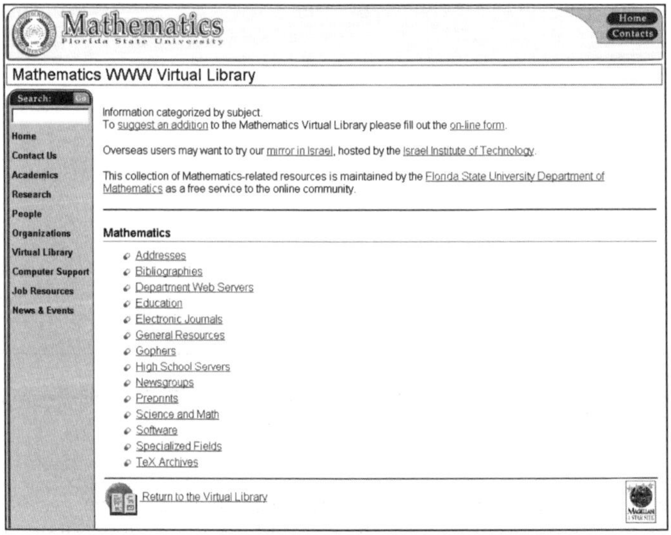

Abbildung 7-28: Eine Quellensammlung für alle Mathematiker im Netz.

Besonders interessant für alle Berufsmathematiker dürfte eine Sammlung von Links zu Anbietern von Spezialsoftware sein, da sich diese Adressen sonst nur recht mühselig zusammensuchen lassen. Neue Angebote im Web auf mathematischem Gebiet werden recht schnell referenziert, Mathematiker sind hier also stets aktuell informiert. Die Adresse:

`http://euclid.math.fsu.edu/Science/math.html`

7.1.3.5 Genetik

Die Genetik, insbesondere die Humangenetik, ist nicht gerade eine unumstrittene Wissenschaft. Die Erforschung von Chromosomen und der DNS kann Chancen für die Besiegung von Krankheiten bedeuten, lässt aber auch in vielen Köpfen Ängste auftauchen. Das Internet bietet einige Ressourcen zu dieser Wissenschaft, die sich ja hauptsächlich im Mikrokosmos abspielt. Unter der Adresse

`http://www.ornl.gov/TechResources/Human_Genome/`

sind Ressourcen rund um das Thema Genetik versammelt.

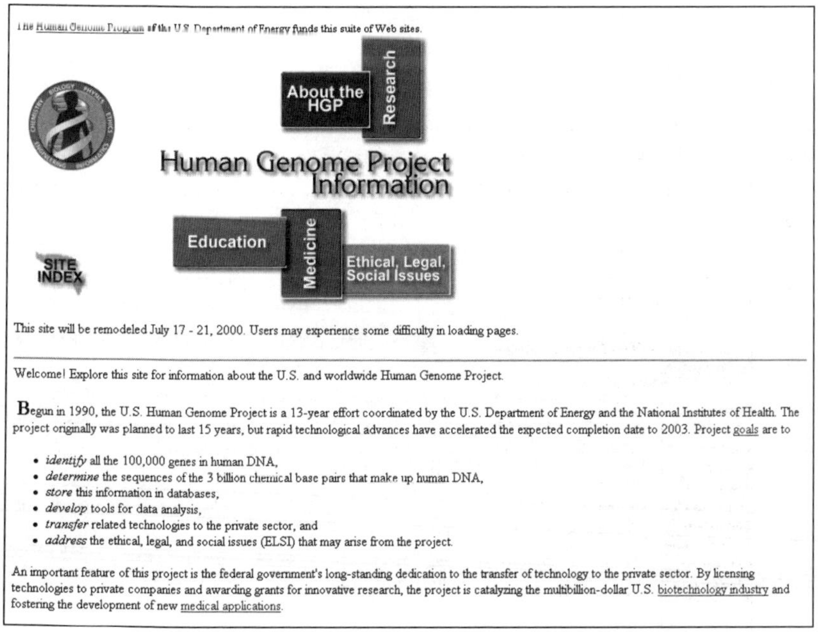

Abbildung 7-29: Auch graphisch sehr schön gemacht ist die Zusammenstellung zum Thema Genetik.

Der Datenbestand wurde nach biologischen Arten geordnet. So kann gezielt Material zur Genetik von Hunden oder Pferden eingesehen werden. Einen Schwerpunkt der Sammlung bildet der Bereich Humangenetik. Das Angebot umfasst die fast schon üblichen Referenzen zu Forschungseinrichtungen und deren Ergebnisse. Die Sammlung fördert zahlreiche verblüffende Angebote zu Tage, etwa Server, auf denen die Struktur des Erbmaterials sehr aufwendig und anschaulich dargestellt wird.

7.1.3.6 Ozeanographie

Die Erde ist zu sieben Zehntel mit Wasser bedeckt und dennoch gehören die Meere nicht gerade zu einem der am besten erforschten Teile dieses Planeten. Dies liegt sicherlich daran, dass ein technisch recht hoher Aufwand betrieben werden muss, um am Meeresboden Forschung zu betreiben. Die Wissenschaftler zeigen uns eine völlig neue Welt am Boden der Ozeane und lassen die Netzgemeinde an ihren aufregenden Entdeckungen teilhaben. Auf der hier vorgestellten Site finden sich Referenzen zur Erforschung der Meere, gegliedert nach Regionen, elektronischen Publikationen, Gesellschaften und wissenschaftlichen Einrichtungen sowie regelmäßig stattfindenden Konferenzen. Dabei wird nicht nur Material im WWW aufgezeigt, sondern auch der Blick auf Mailing-Listen, Mailboxen und Diskussionsforen in den Newsgroups geworfen.

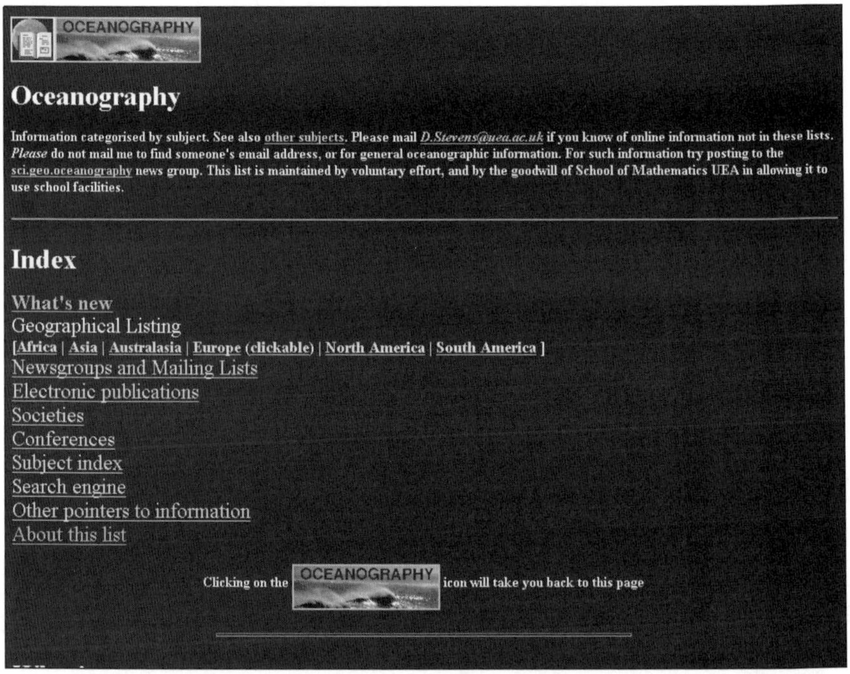

Abbildung 7-30: Die Referenzsammlung zum Thema Ozeanographie.

Wenn Sie nicht an Bildmaterial interessiert sind, sollten Sie besser die Graphikfunktion Ihres Browsers abstellen, denn die Seiten provozieren mit ihren reichen Illustrationen zum Teil sehr lange Ladezeiten. Die URL lautet:

`http://www.mth.uea.ac.uk/ocean/vl/`

7.1.3.7 Statistiken

Es dürfte kaum einen Aspekt des täglichen Lebens geben, den die Statistik nicht bereits untersucht hätte. Über Statistiken lässt sich herausfinden, wie lange im Durchschnitt Ehen halten, wie oft wir in der Woche Sex haben, wie groß der durchschnittliche Mensch ist, was wir verdienen, wie wir wohnen usw. Wenn Sie auf der Suche nach statistischem Material für den gesamten Globus sind, finden Sie unter der Adresse

`http://www.stat.ufl.edu/vlib/statistics.html`

eine reichhaltige Zusammenstellung relevanter Sites zum Thema. Zusammengestellt und betreut wird das Angebot von der Universität von Florida, die den Bestand regelmäßig aktualisiert. Ausgebildete Statistiker finden hier auch einen Stellenmarkt, der ihnen offene Beschäftigungsverhältnisse anzeigt.

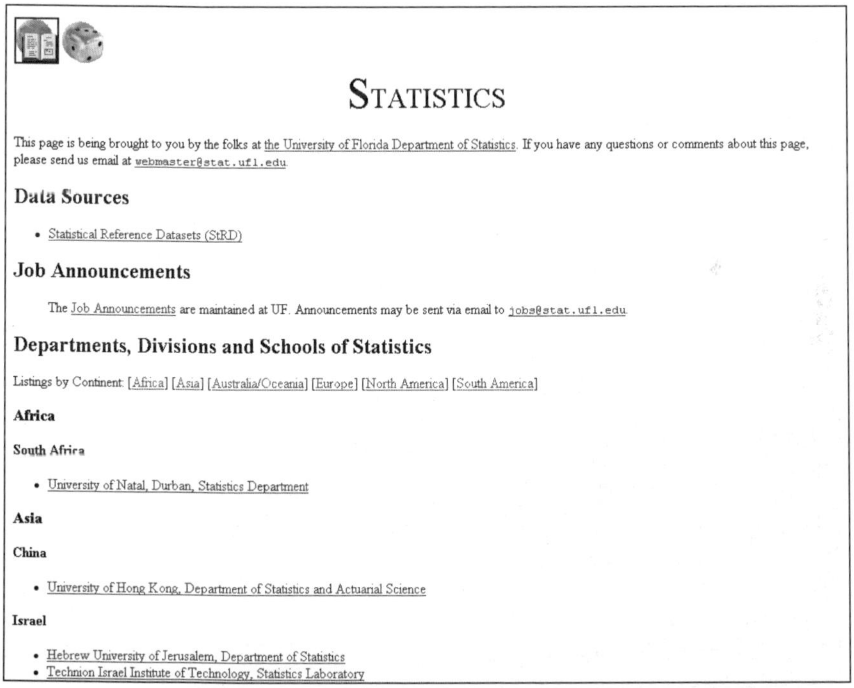

Abbildung 7-31: Macht weltweites Zahlenmaterial zugänglich: Die Sammlung rund um das Thema Statistik.

7.1.3.8 Map-Related Web-Sites

Landkarten und Atlanten sind nicht nur für Geographen interessant, sondern auch Politologen, Historiker und Journalisten müssen sich häufig über geographische Zusammenhänge informieren. Seine graphischen Möglichkeiten prädestinieren das WWW geradezu für die interaktive Darstellung von Landkarten, Wetterkarten und Stadtplänen. Auf vielen Servern verstreut lagert diverses Kartenmaterial im Netz, das nur darauf wartet abgerufen zu werden. Die Universität von Texas hat eine Sammlung von Verweisen auf wichtige Karten zusammengestellt und übersichtlich aufbereitet. Sie finden eine Reihe von Kategorien vor, aus denen Sie dann die gewünschte Karte auswählen können.

http://www.lib.utexas.edu/Libs/PCL/Map_collection/Map_collection.html

7.1.3.9 ArchNet

Die Archäologie zählt wohl zu einem der interessantesten Fächer, die sich heutzutage noch studieren lassen und für viele Menschen ist Archäologe ein Traumberuf. Obwohl die Zahl der Studenten der Archäologie weltweit sicherlich nicht übermäßig hoch ist, zeigt sich dieser Fachbereich doch sehr stark im Internet vertreten. Einen sehr guten Überblick mit vielen Verweisen auf die wichtigsten Ressourcen dieser Wissenschaft im Netz finden Sie unter der URL:

`http://archnet.uconn.edu/.`

Auf diesen Seiten finden Sie eine gute Übersicht von Archäologischen Museen, wissenschaftlichen Einrichtungen, Journalen und Magazinen, die sich im WWW finden lassen. Die dargebrachten Informationen sind nach Fachbereichen, Epochen und geographischen Regionen geordnet. Wer sich nicht durch die langen Listen von Links lesen möchte, findet eine Suchfunktion vor, mit der sich im Inhalt der Site recherchieren lässt.

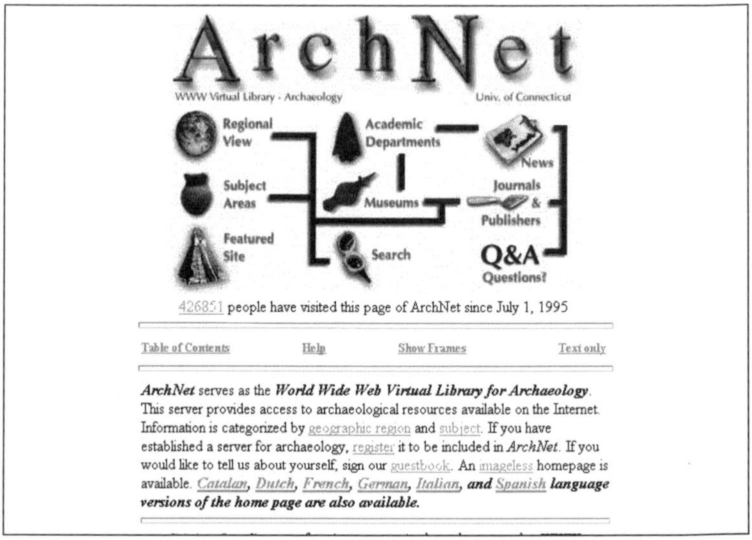

Abbildung 7-32: Einen guten Überblick über Ressourcen zum Thema Archäologie finden Sie bei ArchNet.

Ebenfalls einen sehr guten Überblick über das Thema Archäologie im Internet finden Sie auf den deutschsprachigen Seiten, die Sie unter

`http://www.ufg.uni-freiburg.de/d/link/subject/index.html`

erreichen können.

7.1.3.10 Astronomie

Zwischen Internet und der Astronomie besteht eine fast eigenartige Verbundenheit. Es existieren zahllose Angebote, die sich mit Sternen und Planeten, Schwarzen Löchern und Galaxien beschäftigen. Und die Liveübertragung der Marserforschung im Internet war einer der Meilensteine in der Entwicklung dieses noch jungen Mediums. Wissenschaftler stellen ihren Kollegen und der Netzgemeinde die Ergebnisse ihrer Forschungen im Netz zur Verfügung. Unter der Adresse:

`http://www.mpia-hd.mpg.de/`

können Sie sich am Max-Planck-Institut einen schönen Überblick über die aktuelle Forschung verschaffen.

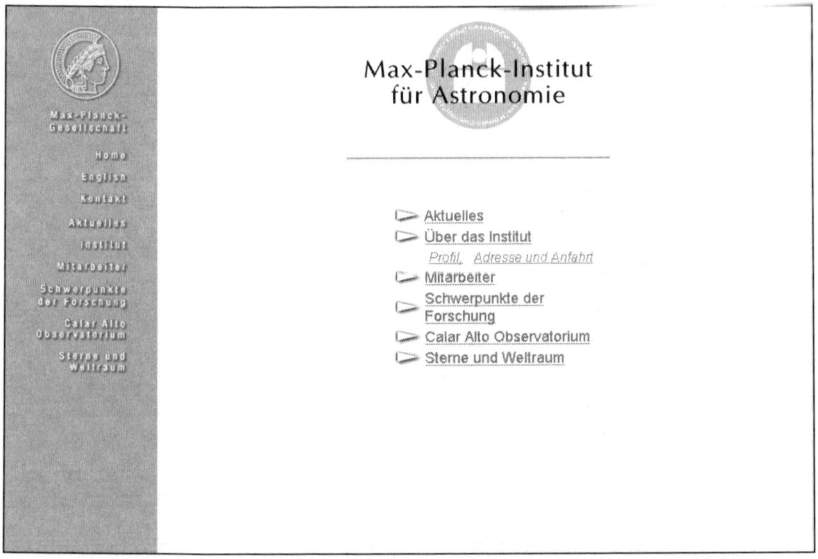

Abbildung 7-33: Sehr schön gemachte Zusammenstellung von Ressourcen zur Astronomie.

7.1.3.11 Mediziner

Für Mediziner ist es nicht so einfach sich im Internet zu präsentieren. Insbesondere niedergelassene Ärzte haben das Problem, dass das Standesrecht einer offensiven Werbung entgegensteht, aber ein Medium wie das Internet noch nicht berücksichtigen konnte. Doch bietet das WWW weitaus mehr als bloße Werbung für medizinische Dienste. Sie können durchaus ernstzunehmende Publikationen und Präsentationen im Netz finden, die sich beispielsweise mit AIDS, Rheumaerkrankungen und Krebsleiden auseinandersetzen. Einen kompletten Index für Seiten zum Thema Medizin zu präsentieren, versprechen die Betreiber der hier vorgestellten Site. Tatsächlich hinterlässt der Index einen sehr kompetenten Eindruck. Erfreulicherweise lassen sich alle Verweise auch gemeinsam in einer Textdatei herunterladen. Damit kann dann Onlinezeit gespart werden.

`http://www.ohsu.edu/cliniweb/wwwvl/`

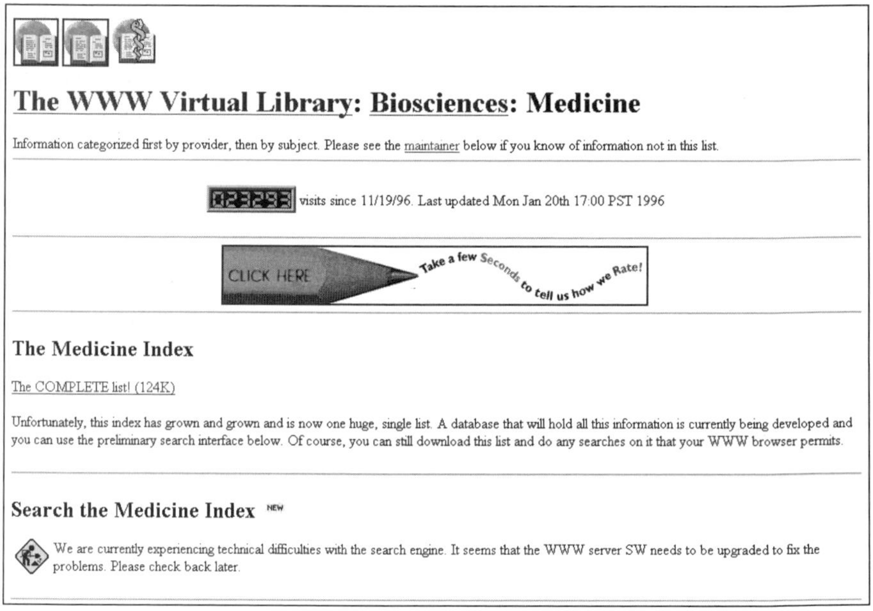

Abbildung 7-34: Der komplette Index zum Thema Medizin?

7.1.3.12 Evolutionsgeschichte

Zu seiner Zeit lösten die Thesen von Charles Darwin Entsetzen aus. Niemand wollte so recht von den Affen abstammen, und das Theoriegebäude Darwins mit der Grundannahme "Only the fittest will survive" wurde in den Bereich der Gotteslästerung gerückt. Heute sehen wir das anders, und gerade die Evolutionsgeschichte bringt Licht in unsere Vergangenheit. Woher kommen wir, wohin geht möglicherweise unsere Entwicklung? Solche Fragen lassen sich mit Hilfe der Evolution zumindest zum Teil beantworten. Das Internet bietet zahlreiche Quellen zum Thema Evolution an. Die beste Zusammenstellung von Links erreichen Sie unter

`http://mcb.harvard.edu/BioLinks.html`

Hier finden Sie, fein säuberlich nach Kategorien geordnet, Hinweise auf Forschungseinrichtungen, Ausstellungen, Verbände und Literatur zum Thema. Einen besonderen Schwerpunkt bildet die Molekular-Evolution.

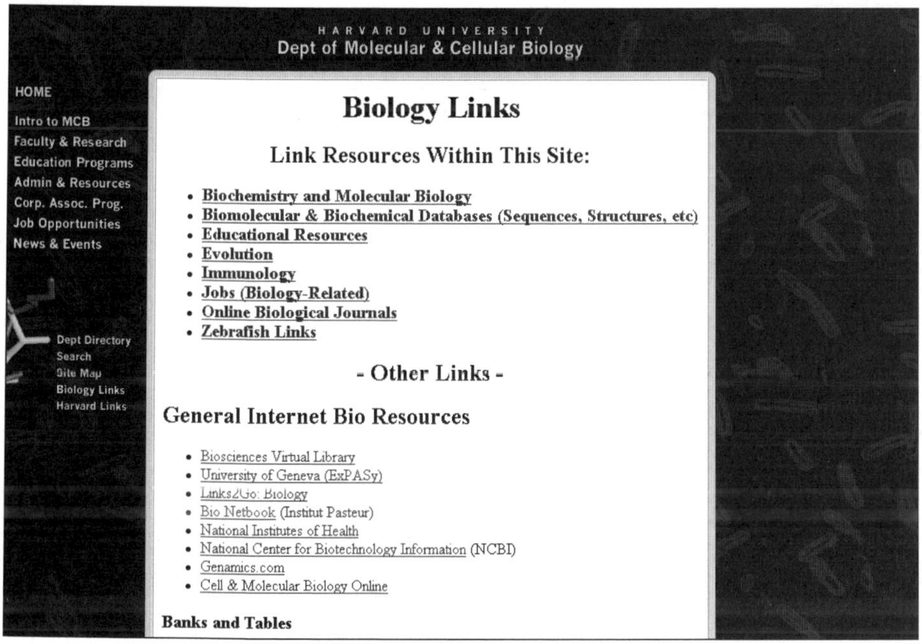

Abbildung 7-35: Verweise zum Thema Evolution finden Sie auf dieser Site in geballter Form.

7.1.3.13 Meteorologie

Aus unser eigenen Erfahrungen weiß jeder von uns, dass die Wettervorhersage nicht immer so exakt ist, wie es sich von einer exakten Wissenschaft erwarten ließe. Doch Piloten etwa sind auf exakte Wetterdaten angewiesen. Wenn es einen Wissenszweig gibt, der internationale Informationen benötigt, dann ist es die Wetter- und Klimakunde. Im Netz sind viele Ressourcen verfügbar, die sich mit dem Wetter im Allgemeinen und der Meteorologie im Besonderen beschäftigen. Die Hypertextmöglichkeiten, gepaart mit der multimedialen Technologie des WWW, machen das Netz zu einer idealen Plattform für den Austausch von Daten . Die Adresse

`http://www.mpimet.mpg.de/`

bereitet Ressourcen zu diesen Themen auf. Es finden sich viele Links zu anderen Forschungseinrichtungen aus dem Bereich Meteorologie sowie Infos zu neuen Forschungsergebnissen.

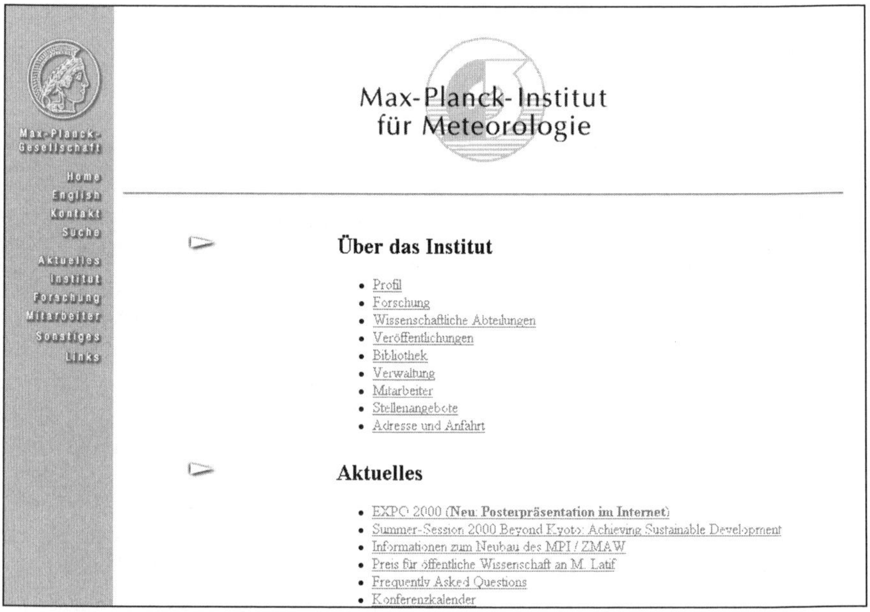

Abbildung 7-36: Homepage für meteorologische Referenzen.

7.1.3.14 Optische Physik

Zu einer der Schlüsseltechnologien der Zukunft zählt sicherlich die optische Physik. Dieser Wissenschaftszweig beschäftigt sich mit Lasertechnologie und der Fotovoltaik, also der Gewinnung elektrischen Stroms mit Hilfe des Lichts. Gerade auf diesen beiden Gebieten darf in den nächsten Jahren noch einiges erwartet werden. Laser werden im Bereich der Medizin heute bereits sehr erfolgreich eingesetzt, sei es beim Zahnarzt oder bei Operationen. Und mit Sonnenkollektoren lässt sich umweltfreundlich der Strom gewinnen, den die heutige Informationsgesellschaft so dringend für Computer, Telefone, Pager und Modems benötigt. Eine umfangreiche Sammlung zum Thema optische Physik finden Sie unter der Adresse

`http://www.spie.org/wwwvl_optics.html`

Hier werden Hinweise auf Angebote im WWW gegeben, die nach Technologien geordnet sind, wie zum Beispiel Hochenergie-Laser, Mikroskopie und die bereits erwähnte Fotovoltaik.

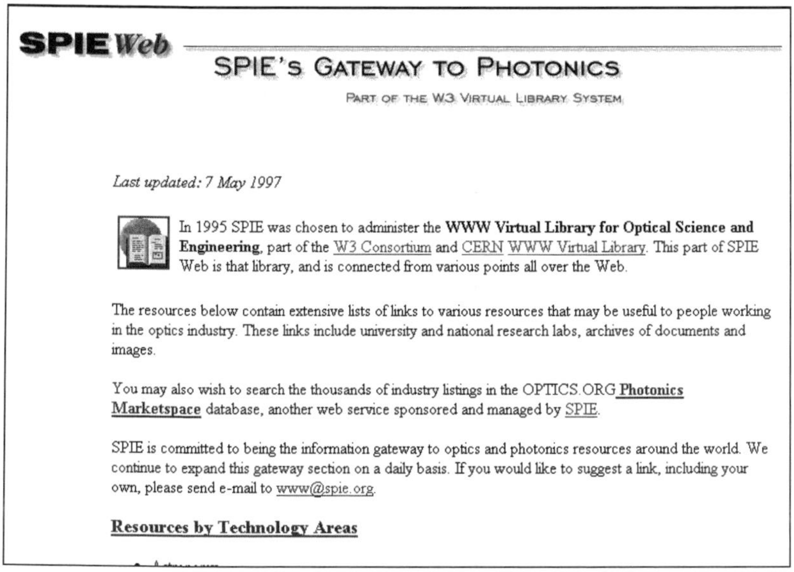

Abbildung 7-37: Eine der Schlüsseltechnologien der Zukunft: Optische Physik.

7.1.3.15 Zoologie

Zoologische Gärten zählen zu den Attraktionen fast jeder Stadt. Zu einer ihrer wesentlichen Aufgaben gehört es, sich für den Erhalt bedrohter Arten vehement einzusetzen. Eine Referenzliste von Ressourcen zum Thema Zoologie finden Sie im Netz unter

`http://www.mindspring.com/~zoonet/www_virtual_lib/zoos.html`

Dabei sind zoologische Gärten, die im Netz vertreten sind, genauso berücksichtigt wie Kontaktadressen von Verbänden und Institutionen. Zu einer Erweiterung Ihres Konversationslexikons wird die Site durch Hinweise auf Abbildungen und Klangdateien exotischer Tiere im Netz. Sofern Sie noch nie einen Tapir mit eigenen Augen gesehen haben sollten, finden Sie unter den zahlreichen Referenzen auf den Seiten einen entsprechenden Nachweis, der Sie das Versäumte nachholen lässt. Das Angebot ist gut gegliedert und erschließt sich dem Benutzer schnell.

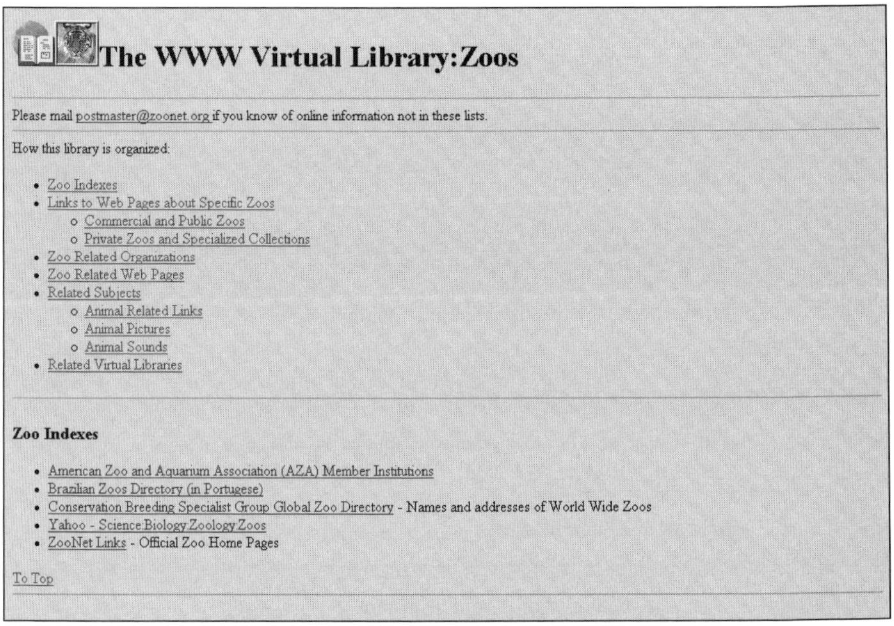
The WWW Virtual Library:Zoos

Please mail postmaster@zoonet.org if you know of online information not in these lists.

How this library is organized:

- Zoo Indexes
- Links to Web Pages about Specific Zoos
  - Commercial and Public Zoos
  - Private Zoos and Specialized Collections
- Zoo Related Organizations
- Zoo Related Web Pages
- Related Subjects
  - Animal Related Links
  - Animal Pictures
  - Animal Sounds
- Related Virtual Libraries

Zoo Indexes

- American Zoo and Aquarium Association (AZA) Member Institutions
- Brazilian Zoos Directory (in Portugese)
- Conservation Breeding Specialist Group Global Zoo Directory - Names and addresses of World Wide Zoos
- Yahoo - Science:Biology:Zoology:Zoos
- ZooNet Links - Official Zoo Home Pages

To Top

Abbildung 7-38: Eine sehr gute Sammlung von Hinweisen auf Angebote zum Thema Zoologie.

7.1.3.16 Biotechnologie

Die Biotechnologie wird ebenfalls als eine Schlüsseltechnologie für das nächste Jahrtausend eingestuft. Vielfältig sind die Anwendungsmöglichkeiten von Biotech zum Beispiel in der Pharmazie, bei der Herstellung von besonderen Apparaten für Mediziner oder auch im Bereich Toxikologie. Ein Schlüsselindex für die inzwischen zahlreichen Angebote zum Thema findet sich unter der URL:

`http://www.cato.com/biotech/`

Lobenswerterweise beschränken sich die Anbieter nicht allein auf Referenzen zu wissenschaftlichen Ressourcen, sondern nehmen auch die Seiten von Unternehmen auf, die mit Biotechnologie zu tun haben. Daneben finden sich Stellenangebote, Verweise auf Ressourcen zum verwandten Thema Genetik und ein hervorragender Index aller im WWW vertretenen Firmen, die sich mit Pharmazie beschäftigen.

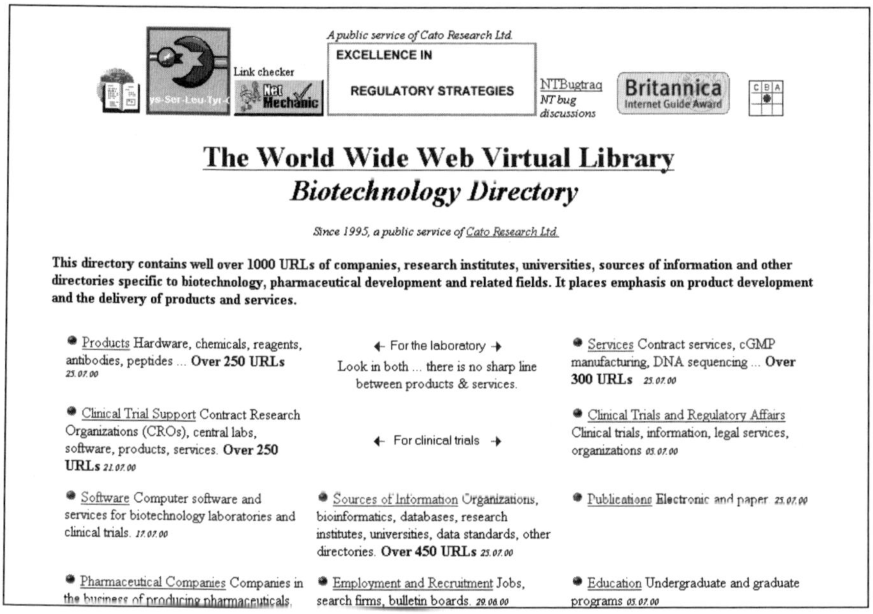

Abbildung 7-39: Eine Übersicht zum Thema Biotechnolgie.

7.2 Wirtschaftsinformationen

In diesem Abschnitt werden einige Adressen vorgestellt, unter denen sich Informationen abrufen lassen, die für Selbständige, Wirtschaftsjournalisten und Betriebe von Belang sein konnen.

7.2.1 VWD

Aktuelle Wirtschaftsinformationen und Nachrichten von den Geldmärkten der Welt sind bei VWD erhältlich. Ob Steuerreform oder Optionsscheine, wirtschaftliche Eckdaten oder Börsenkurse: VWD nennt sich zu Recht „The Information Company". Da ein solcher Informationsdienst nicht alle seine Produkte verschenken kann, ist im Internet nur eine Auswahl zu finden, aber was angeboten wird, ist um ein Vielfaches besser als auf anderen Sites. Sie erreichen das Angebot mit

`http://www.vwd.de`

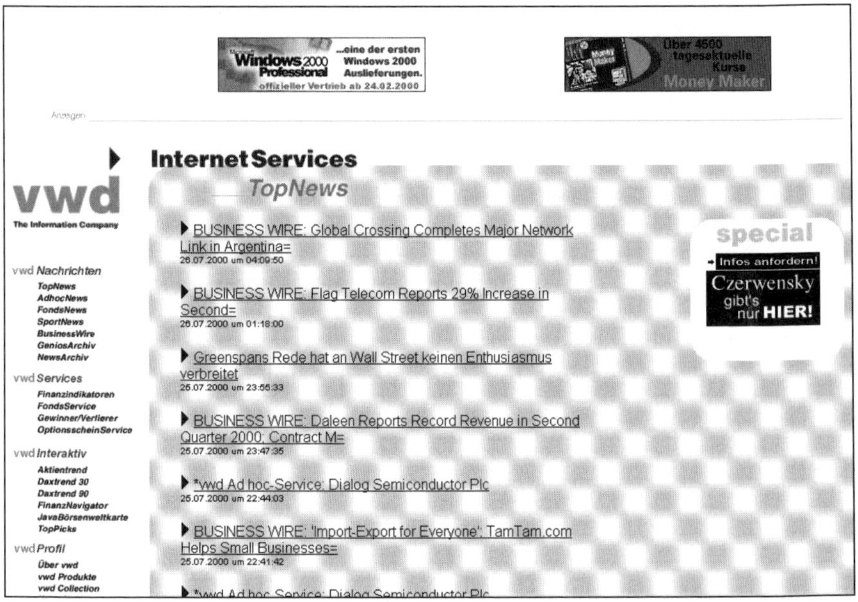

Abbildung 7-40: Aktuelle Wirtschaftsnachrichten rund um die Uhr: Die Homepage von VWD.

7.2.2 Wer liefert was?

Seit mehr als 50 Jahren gehört ein dickes Buch (seit einigen Jahren auch eine kleine runde Silberscheibe) zum Alltag fast jeden Unternehmens. "Wer liefert was?" kann mit Fug und Recht als die Bibel aller Einkäufer bezeichnet werden. In diesem umfangreichen Titel sind Tausende von Firmen mit ihren Produkten aufgelistet. Wer sich auf der Suche nach einer bestimmte Ware oder Dienstleistung befindet, wird hier mit hoher Wahrscheinlichkeit einen Lieferanten finden. Das Online-Angebot von "Wer liefert was" kann sich ebenfalls sehen lassen. Interessierte können die gesamte Datenbank abfragen und bekommen in einer Kurzanzeige alle wichtigen Informationen für eine erste Kontaktaufnahme mit dem entsprechenden Betrieb präsentiert.

Einkäufer sollten sich die URL

`http://www.wlw.de`

unbedingt merken.

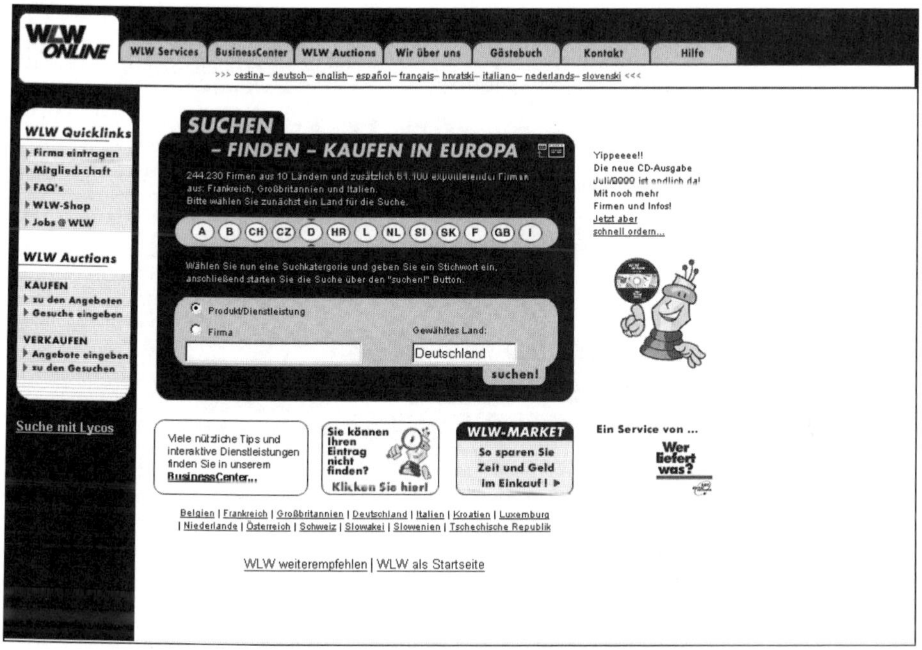

Abbildung 7-41: Die Homepage von "Wer liefert was?"

7.2.3 DIN-Normen

Das Deutsche Institut für Normung führt beispielhaft vor, wie ein informativer Internetauftritt aussehen sollte. Sie finden viel Wissenswertes über DIN-Normen und können in den Katalogen recherchieren. Alle gedruckten Normentexte sind online zu bestellen. Wenn Sie sich mit Normen beschäftigen müssen, ist die Adresse

`http://www.din.de`

absolut richtig.

7.2.4 International Organization of Standardization

Was DIN-Normen auf nationaler Ebene, sind ISO-Normen im internationalen Bereich. Hätten Sie gewusst, dass HTML Teil einer ISO-Norm ist? Recht bekannt sind die Normen der 9000er Reihe, die sich mit Qualitätssicherungsmaßnahmen beschäftigen. Auch die International Organization of Standardization mit Sitz in der Schweiz verfügt über eine Web-Site, auf der sich direkt nach Normen recherchieren lässt. Damit ist die Adresse

`http://www.iso.ch`

für wirklich jeden interessant, der sich mit Normen beschäftigen muss.

Abbildung 7-42: Auch auf der Site der International Organization of Standardization kann nach Normen recherchiert werden.

7.2.5 US-Patente

Die rechtzeitige Recherche nach bestehenden Patenten kann einem Unternehmen sehr viel Kosten sparen. Unnötige Ausgaben für Entwicklungen können ebenso eingespart werden wie hohe Prozesskosten, wenn ein Konkurrent der Meinung ist, man habe seine Patente verletzt. Bevor das Internet für jedermann zugänglich wurde, waren Patentrecherchen sehr aufwendig und kompliziert in der Durchführung. Der Aufwand kann heute durch das WWW deutlich reduziert werden, denn bestehende Patente lassen sich inzwischen auch über das Netz recherchieren und einsehen. Die URL

`http://www.uspto.gov`

führt direkt auf den Server des US-Patentamts, wo Sie nach in den USA registrierten Patenten suchen können.

7.2.6 Branchenbuch

Schon vor einiger Zeit hat sich ein deutschsprachiges Branchenbuch im WWW etabliert. Unter der URL

`http://www.branchenbuch.com`

können Sie gezielt nach Unternehmen aus dem deutschen Sprachraum suchen. Wie in den gedruckten „gelben Seiten“ sind die Unternehmen nach Branchen geordnet, lassen sich aber auch alphabetisch auflisten. Der Datenbestand umfasst inzwischen über 3 Millionen Adressen, so dass Sie garantiert fündig werden.

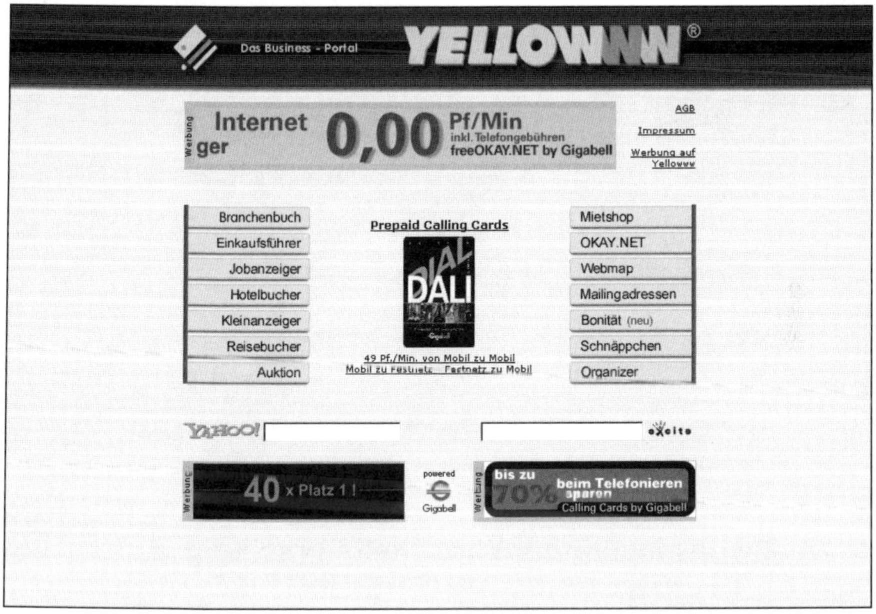

Abbildung 7-43: Die Homepage des elektronischen Branchenbuches.

7.2.7 Europages

Europages ist ein Branchenbuch für ganz Europa. Sie suchen nach einem neuen Lieferanten oder Geschäftspartner in Europa? Dann sollten Sie hier einmal online nachschlagen. Mehr als eine halbe Million Einträge sind in der Datenbank verfügbar. Sie erreichen die Europages unter der URL

`http://www.europages.com`

7.2.8 Statistisches Bundesamt

Fast jeder Berufszweig ist auf fundierte statistische Informationen angewiesen. Egal, ob es sich um Angaben zur Altersverteilung in der Bundesrepublik oder zur durchschnittlichen Wohnraumgröße handelt . Das Statistische Bundesamt führt regelmäßig seine Erhebungen zu allen erdenklichen Themen durch und stellt erfreulicherweise seine Ergebnisse im Internet bereit. Unter der URL

`http://www.statistik-bund.de`

verbirgt sich eine schmucklos anmutende Homepage, die es aber in sich hat. Sie finden wirklich jede erdenkliche Information auch online. Sie finden selbstverständlich auch eine Bestellseite vor, mit der Sie die Publikationen des Amtes nach Hause kommen lassen können.

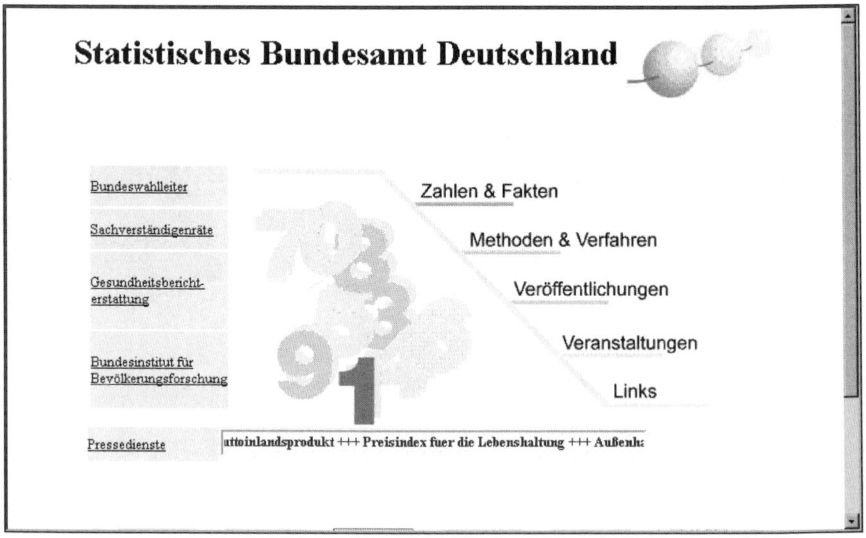

Abbildung 7-44: Die Homepage des Statistischen Bundesamt.

7.2.9 Deutsches Institut für Wirtschaftsforschung

Das DIW gehört zu den renommiertesten Einrichtungen auf dem Gebiet der Wirtschaftsforschung in der Bundesrepublik. Auf der Web-Site des Instituts finden sich Informationen zur Arbeit dieser Einrichtung. Daneben gibt es Übersichten zu den Publikationen des Instituts und konjunkturelle Eckdaten. Die Informationen können unter der Adresse

`http://www.diw-berlin.de`

abgerufen werden.

7.2.10 Creditreform

Was für Banken und Versandhäuser die Schufa, ist für Wirtschaftsunternehmen die Creditreform. Werden Informationen zu den wirtschaftlichen Verhältnissen eines Unternehmens und seine Kreditwürdigkeit gebraucht, lassen sich hier zuverlässige Informationen abrufen. Allerdings sind die Auskünfte bei der Creditreform kostenpflichtig und können nur im Rahmen einer Mitgliedschaft online im WWW abgerufen werden. Wer aber bereits Mitglied ist, wird sich über die schnelle Abfragemöglichkeit im Netz freuen.

Die Adresse:

`http://www.creditreform.de`

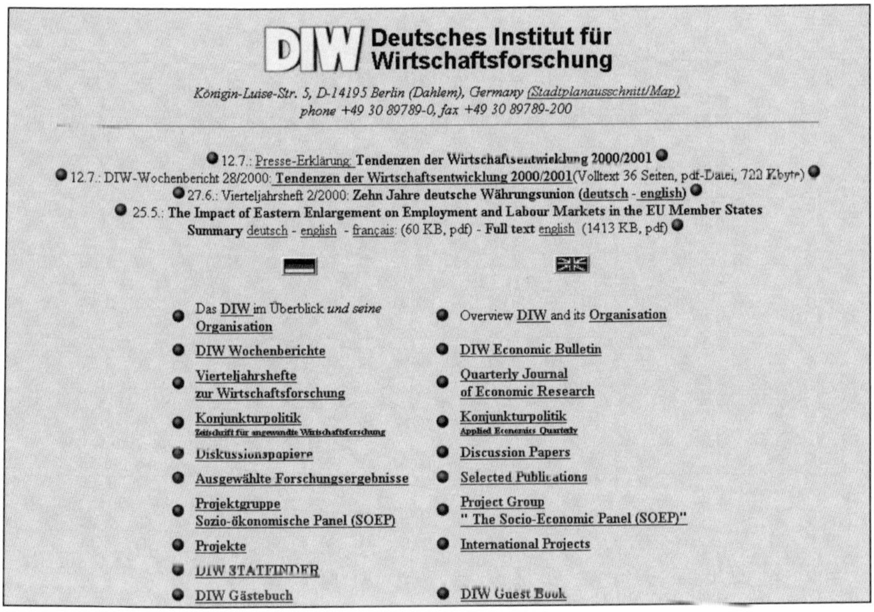

Abbildung 7-45: Homepage des Deutschen Instituts für Wirtschaftsforschung.

7.2.11 CIA

Der Central Intelligence Service ist nicht nur der Geheimdienst der USA, sondern quasi „nebenbei" eine Quelle ersten Ranges, wenn es um Informationen zu den Staaten der Welt geht. Jedes Jahr erscheint das CIA World Fact Book, in dem Sie wichtige Fakten wie Regierungsform, wirtschaftliche Haupteinnahmequellen, Bevölkerungszahlen, Geburtenrate und politische Organisation finden. Diese geballten Informationen werden online bereitgehalten.

Um gleich eine Übersicht der abrufbaren Informationen zu erhalten, geben Sie bitte die folgende URL ein:

`http://www.cia.gov/cia/publications/factbook/index.html`

Abbildung 7-46: Wie man es von einem Geheimdienst erwarten darf: Ausgesprochen fundierte Publikationen zu den Staaten der Welt gibt es beim CIA

7.2.12 S-Investor

Beim S-Investor handelt es sich um einen kostenlosen Service der Deutschen Sparkassenorganisation. Hier findet der Interessierte aktuelle Börsenkurse, kann sich die Wertentwicklung von Papieren über einen längeren Zeitraum besehen und erhält Hintergrundinformationen aus dem Wirtschaftsleben. Auf der Homepage müssen Sie zunächst die Sparkasse auswählen, bei der Sie Kunde sind. Hier wird allerdings keine Plausibilitätsprüfung vorgenommen, d.h. auch als „Nicht-Kunde" erhalten Sie Zutritt zu den nachfolgenden Seiten.

Sind Sie erst einmal angemeldet, steht Ihnen eine Vielzahl von Möglichkeiten zur Verfügung. Auf der Startseite haben Sie bereits viele aktuelle Kurse im Überblick, wie etwa den aktuellen Euro-Kurs und die wichtigsten Aktienindizes. Außerdem werden Ihnen aktuelle Wirtschaftsnachrichten angeboten.

Ein besonders interessantes Werkzeug ist das kostenlose Musterdepot, das Sie auf den Seiten des S-Investor führen dürfen. Durch ein Passwort geschützt, ist dieser Bereich nur für Sie persönlich zugänglich. Hier können Sie „virtuell" Aktien kaufen, die dann tagesaktuell bewertet werden.

Neben diesen Optionen bietet Ihnen der S-Investor eine Fülle von Wirtschaftsdaten an. Wenn Sie sich über historische Kurse informieren wollen, um zu beurteilen, wie sich ein Wert in der letzten Zeit entwickelt hat, werden Ihnen selbstverständlich auch Charts angeboten.

Sie erreichen das umfangreiche Angebot der Sparkassen unter der Adresse `www.s-investor.de`.

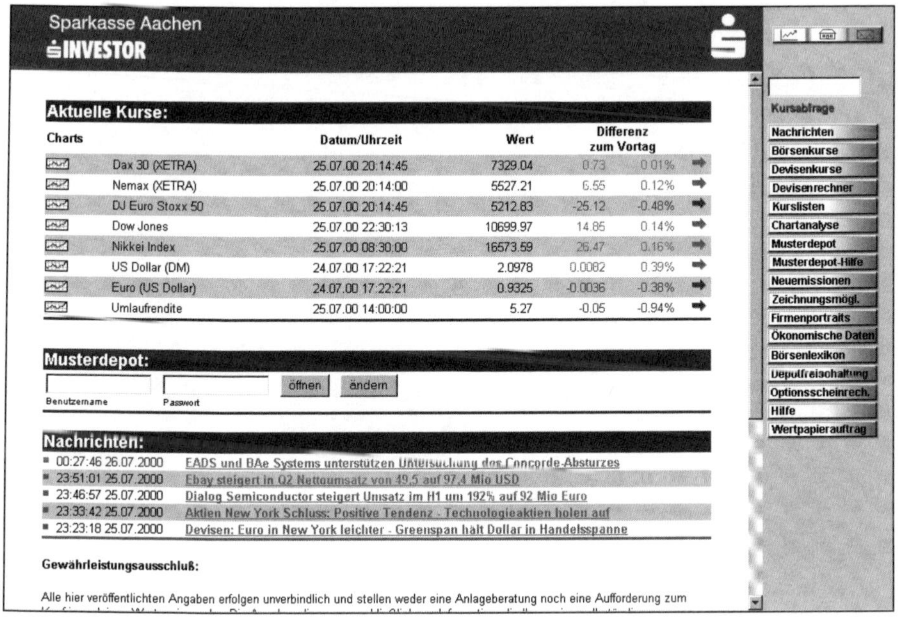

Abbildung 7-47: Der S-Investor bietet eine Reihe von wichtigen Börseninformationen.

7.2.13 BOERSE.DE

Wer sich über das Geschehen an deutschen Wertpapierbörsen informieren möchte, findet im WWW eine sehr gute Anlaufstelle. Boerse.de bietet aktuelle Aktienkurse und Charts an, aber auch viele interessante Links zum Thema Aktien. Alle Charts, Links und Ressourcen sind übersichtlich geordnet und werden regelmäßig aktualisiert. Wenn Sie nicht gerade professioneller Broker sind und damit auf Aktualisierung in Echtzeit angewiesen, ist die URL

`http://www.boerse.de`

die richtige Adresse für Sie.

Abbildung 7-48: Die Homepage von BOERSE.DE.

7.2.14 Dow Jones

Zu einem der wichtigsten Indikatoren der US-Finanzmärkte gehört der Dow Jones Index. Sein Anstieg oder Fall hat auch immer unmittelbare Wirkung auf die Stimmung der deutschen Finanzbörsen.

Auf der Site des Dow Jones im Internet finden sich börsentäglich aktuelle Wirtschaftsnachrichten aus den USA, natürlich auch der aktuelle Stand des Index und viel Hintergrundmaterial über seine Errechnung und Entstehung. Die URL lautet:

`http://www.dowjones.com`

7.2.15 Wall Street Journal

Ein Pflichtblatt für alle an Wirtschaft Interessierten ist das Wall Street Journal. Diese täglich erscheinende Zeitung hat sich aufgrund seiner umfangreichen und fundierten Artikel zu einer weltweit anerkannten Informationsquelle für Wirtschaftsfragen entwickelt. Die Web-Site der Zeitung geht im Internet neue Wege, da die Informationen kostenpflichtig sind. Für eine Abonnementsgebühr von 50 Dollar erhält man Zugang zu Artikeln der gedruckten Ausgabe, aber auch zu einem besonderen Serviceteil. Abonnenten der Printausgabe bezahlen für das Internet-Abonnement nur den halben Preis.

Wer in Wirtschaftsfragen informiert sein will, sollte die URL

`http://wsj.com`

wählen.

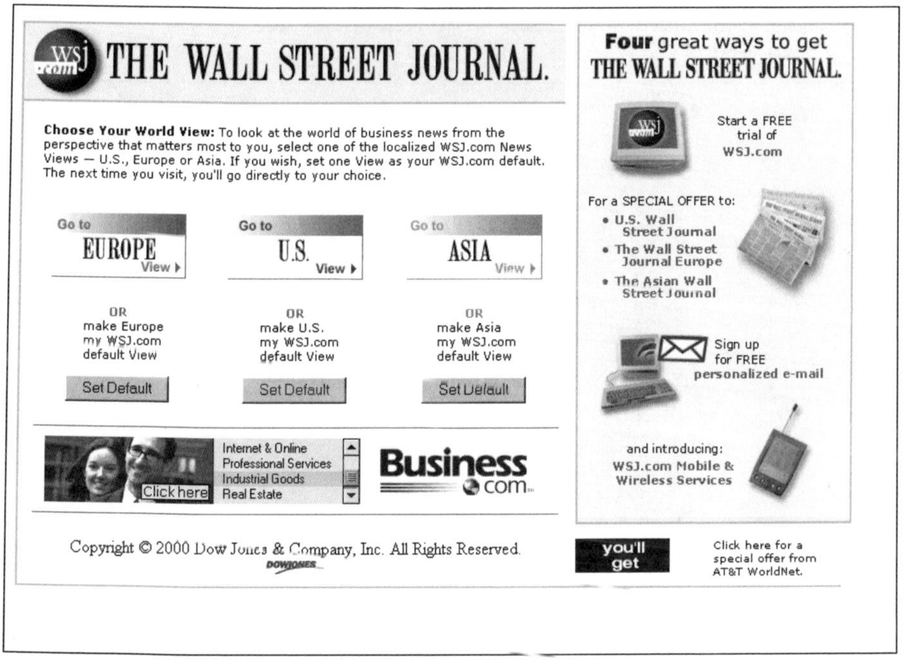

Abbildung 7-49: Die Homepage der interaktiven Ausgabe des Wall Street Journals.

7.2.16 Financial Times Deutschland

Einen ähnlich guten Ruf wie das „Wall Street Journal“ genießt die Financial Times, die vor einiger Zeit mit einer deutschen Ausgabe gestartet ist. Im Vergleich zur Konkurrenz zeichnet sich die „FTD“ durch sehr komprimierte Inhalte aus. Auf weniger Seiten im Vergleich zu anderen Wirtschaftstiteln kann sich der Leser über alle wichtigen Nachrichten und Trends aus dem Wirtschaftsleben informieren. Auch im Internet bietet das Blatt eine hervorragende Möglichkeit, sich zu informieren. Sie haben Zugriff auf wichtige Indizes und (zum Teil kostenpflichtige) Datenbanken. Wenn Sie dies wünschen, können Sie wichtige Schlagzeilen auf verschiedenen Endgeräten betrachten, wie etwa WAP-Handys oder Handheld-Computern. Die Seiten der FTD lassen bei Wirtschaftsinteressierten kaum einen Wunsch offen und sind über die URL

`www.ftd.de`

erreichbar.

7.2.17 Newo News Ressource

Das Internet hat eine fast nicht mehr zu überschauende Zahl von Zeitungen, Zeitschriften, Fernsehsendern, Branchendiensten und News-Anbietern angelockt. Einen Teil diese Quellen haben Sie bereits über dieses Buch kennen gelernt. Dabei handelt es sich aber nur um eine bescheidene Auswahl des tatsächlichen Angebots. Eine tolle Sammlung von Verweisen auf aktuelle Nachrichtenanbieter finden Sie bei Newo News Ressource.

Abbildung 7-50: Die Homepage von Newo News Ressource.

Auf der Homepage entschieden Sie sich zunächst für eine geographische Region, aus der Sie Verweise einsehen möchten oder geben mit Hilfe der „Keyword Search“ einen englischsprachigen Ausdruck eines Themas ein, das Sie interessiert. Anschließend werden Ihnen verschiedene Listen präsentiert. Dort finden sich Einträge zum Wetter, Nachrichten, Sport, Reise und vieles mehr.

Die Adresse:

`http://www.newo.com`

7.2.18 Newslink

Newslink ist ein schier unglaubliches Internetangebot, dass es leicht geschafft hat, zu den 5% der besten Sites zu gehören. Unter einem Dach sind über 6.000 Verweise auf andere Nachrichtenquellen versammelt. Die wichtigsten Schlagzeilen können Sie bereits auf der Homepage des Dienstes einsehen. Der ganze Index lässt sich über eine Suchfunktion gezielt nach Informationen zu einem besonderen Thema einsehen. Die Nachrichtenquellen sind übersichtlich nach geographischen Regionen unterteilt und umfassen zusätzlich einen Index von Fernseh- und Radiostationen im Netz. Wenn Sie wissen wollen, ob eine Zeitung bereits im Internet vertreten ist, sollte Newslink zu einer Ihrer ersten Adressen gehören. Sie erreichen Newslink unter:

`http://www.newslink.org`

Abbildung 7-51: Die Homepage von Newslink, einem der besten Verzeichnisse für Zeitungen im Netz.

7.2.19 Xplore Business

Diese Site ist eine sehr gut gemachte und vor allem umfangreiche Informationsquelle für den Bereich Wirtschaft. Die Zusammenstellung von Links beschränkt sich nicht auf die Vereinigten Staaten, auch wenn der Schwerpunkt eindeutig auf diesem Bereich liegt, sondern umfasst auch europäische und asiatische Staaten. Sie gelangen von hier etwa zum amerikanischen Trademark-Office, wo Sie nach registrierten Warenzeichen suchen können. Auf Wunsch werden Ihnen auf dieser Site die aktuellen Kurse von amerikanischen Börsen angezeigt. Sie können aber auch gleich zu einer Reihe von ausgewählten Anbietern weiterwechseln, um sich dort ein eigenes Aktienportfolio zu eröffnen. Diese wirklich sehr nützliche Site erreichen Sie unter:

`http://www.xplore.com/xplore500/medium/business.html`

7.2.20 Krislyn Strictly Business Sites

Auf diesen Webseiten finden Sie Verweise auf Wirtschaftsinformationen im Netz, die nach Kategorien geordnet sind. Die Links werden den Bereichen Steuern, Recht, Management,

Finanzmärkte usw. zugeordnet, wodurch sich leicht der Überblick behalten lässt. Das Angebot wird häufig aktualisiert und es finden sich zahlreiche „Perlen", nach denen man andernorts oft recht lange hätte suchen müssen, wie zum Beispiel Informationen zu den Bereichen Lean Management, Outsourcing, Technologietransfer oder Quellen für Venture Kapital. Angeschlossen ist zugleich eine Buchhandlung, die sich auf betriebswirtschaftliche Titel spezialisiert hat: Hier können Sie, vorausgesetzt Sie sind im Besitz einer gültigen Kreditkarte, auch gleich Literatur zu den Themenbereichen bestellen.

Die Adresse:

`http://www.krislyn.com/sites.html`

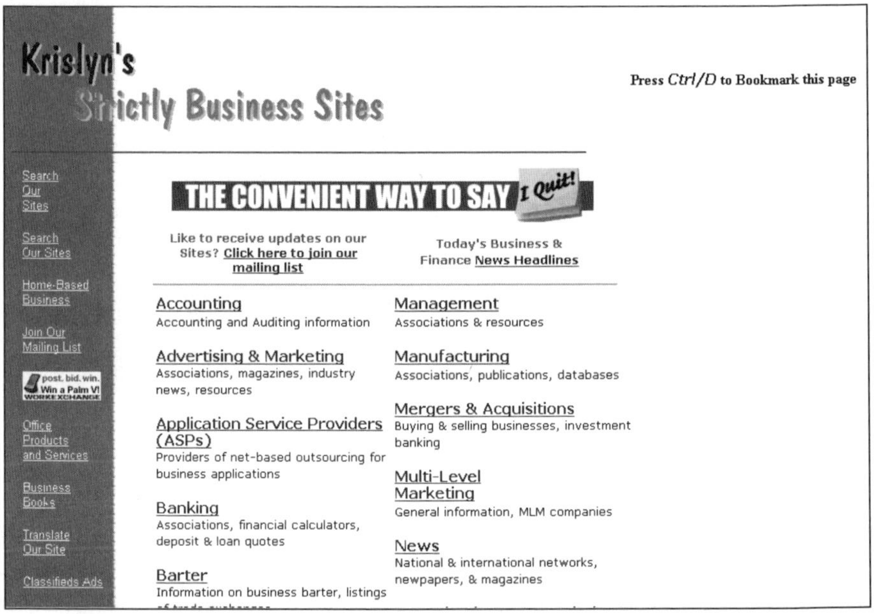

Abbildung 7-52: Die Homepage der International Business Ressources.

7.2.21 Börsen Zeitung

Wer über die Geschehnisse an den Aktienmärkten informiert sein will oder muss, kommt an der Börsen Zeitung nicht vorbei. Die gleiche professionelle Kompetenz wie die gedruckte Ausgabe strahlt auch das Onlineangebot der Zeitung aus. Tagesaktuell finden Sie dort die neuesten Nachrichten aus der Redaktion. Zu besonders herausragenden Themen, etwa die Einführung der neuen Währung Euro, werden längere Berichte und Analysen angeboten. Selbstverständlich kommt auch das für jeden Börsianer wichtige Zahlenmaterial nicht zu kurz. Ob Sie nun die Umsätze der deutschen Börsen inklusive Xetra suchen oder andere Indexzahlen einsehen müssen: bei der Börsen Zeitung werden Sie sicherlich die gewünschte Information schnell bei der Hand haben. Die Seiten sind überaus gut strukturiert und dank der journalistisch gut aufbereiteten Analysen und Features macht die Arbeit mit der Onlineausgabe viel Spaß.

Sie erreichen die Zeitung unter der URL

`http://www.boersen-zeitung.com`

Abbildung 7-53: Die Homepage der Börsen-Zeitung ist gespickt mit Informationen.

7.2.22 Reuters

Die Nachrichtenagentur Reuters ist eine wichtige Quelle für jeden Wirtschaftsjournalisten und damit auch für alle, die sich mit Wirtschaftsfragen beschäftigen. Das Abonnement einer Nachrichtenagentur ist keine gerade billige Sache und selbstverständlich kann eine Agentur nicht sämtliches Material, das sie zusammenstellt, der Netzgemeinde schenken. Die Seiten von Reuters gehen aber weit über eine Selbstdarstellung hinaus. Über ein Tickerfenster werden in Echtzeit aktuelle Schlagzeilen eingeblendet. Dabei handelt es sich bei weitem nicht ausschließlich um Wirtschaftsmeldungen, sondern auch um Nachrichten zu den Bereichen Politik und Sport. Wie Sie dies von Fernsehsender kennen, werden die aktuellen Zahlen der wichtigen Wirtschaftsindexe wie Dow Jones oder Nikkei ebenfalls in Echtzeit auf der Homepage eingeblendet.

Wer über das Tages- und Wirtschaftsgeschehen informiert sein möchte, der sollte die Adresse `http://www.reuters.com` in seinen Browser eingeben.

8 Literaturhinweise

Babiak, Ulrich: Effektive Suche im Internet. Suchstrategien, Methoden, Quellen. Köln, 1997, O'Reilly Verlag.

Franke, Thomas: Gezielt suchen im Internet, Düsseldorf 1995, Sybex Verlag.

Gilster, Paul: Suchen und Finden im Internet, München 1995, Hanser Verlag.

Otto, Michael: Suchstrategien im Internet. Bonn, 1997, International Thomson Publishing.

Index